#모든문제유형
#기본부터_실력까지

유형
해결의 법칙

Chunjae
Makes
Chunjae

▼

[유형 해결의 법칙] 초등 수학 1-2

기획총괄   김안나

편집개발   이근우, 서진호, 박웅, 최경환

디자인총괄   김희정

표지디자인   윤순미, 여화경

내지디자인   박희춘, 이혜미

제작   황성진, 조규영

발행일   2017년 5월 15일 초판 2023년 3월 1일 6쇄

발행인   (주)천재교육

주소   서울시 금천구 가산로9길 54

신고번호   제2001-000018호

고객센터   1577-0902

모든 유형을
다 담은
해결의 법칙

학습 플래너

활용법

사용법

학기 전에 사용을 하는 경우

[1단계+2단계], [단원평가]만 문제를 풀고, [3단계]는 학기 중에 응용 문제로 풀어도 됩니다.

시험 대비를 하는 경우

❶ 시험 범위에 속하는 단원을 확인합니다.
❷ [1단계-교과서 개념]과 [2단계-유형]을 다시 살펴봅니다.
❸ 각 단계별로 틀린 문제를 다시 점검합니다.

모든 유형을
다 담은
해결의 법칙

스케줄표 사용법

❶ 스케줄표에 공부할 날짜를 적습니다.
❷ 날짜에 따라 스케줄표에서 제시한 부분을 공부합니다.
❸ 채점을 한 후 확인란에 부모님께 확인을 받습니다.

예

※스케줄표는 **12주 진도**에 맞춘 **학습 진도표**입니다.
학생의 학습 기간, 학습 능력에 따라 조절하여 사용하세요.

	1일차		2일차		3일차		4일차		5일차	
1주	월	일	월	일	월	일	월	일	월	일
	1. 100까지의 수 8~10쪽		1. 100까지의 수 11~13쪽		1. 100까지의 수 14~16쪽		1. 100까지의 수 17~19쪽		1. 100까지의 수 20~22쪽	
2주	월	일	월	일	월	일	월	일	월	일
	1. 100까지의 수 23~25쪽		1. 100까지의 수 26~27쪽		1. 100까지의 수 28~29쪽		1. 100까지의 수 30~32쪽		1. 100까지의 수 33~35쪽	
3주	월	일	월	일	월	일	월	일	월	일
	2. 덧셈과 뺄셈(1) 38쪽~41쪽		2. 덧셈과 뺄셈(1) 42쪽~45쪽		2. 덧셈과 뺄셈(1) 46쪽~49쪽		2. 덧셈과 뺄셈(1) 50쪽~53쪽		2. 덧셈과 뺄셈(1) 54쪽~55쪽	
4주	월	일	월	일	월	일	월	일	월	일
	2. 덧셈과 뺄셈(1) 56쪽~57쪽		2. 덧셈과 뺄셈(1) 58쪽~60쪽		2. 덧셈과 뺄셈(1) 61쪽~63쪽		3. 여러 가지 모양 66쪽~69쪽		3. 여러 가지 모양 70쪽~73쪽	

문제 중심 해결서

유형 해결의
법칙

1_2

1~2학년군 수학②

개념과 실력을 다질 때나, 시험을 앞두고
있을 때 명쾌한 도움을 받을 수 있는
문제 중심 해결서 유형 해결의 법칙
천재교육 '해결의 법칙'과 함께 수학만큼은
미리 꼭 준비하세요!

유형 해결의 법칙 만의 학습 관리

① 핵심 개념

교과서 개념을 만화로 익히고 개념 확인 문제를 풀면서 개념을 제대로 이해했는지 확인할 수 있어요.

🎮 학습게임 제공

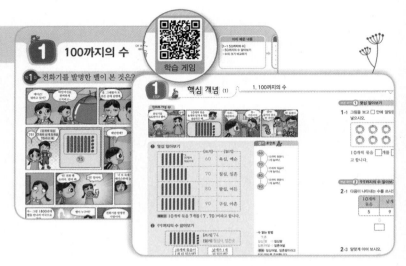

② 유형 탐구

다른 교재에서는 볼 수 없는 학교 선생님, 학원 선생님들의 개념 설명과 노하우를 비풀에 담았어요. 다양한 유형의 문제를 풀면서 개념을 완전히 내 것으로 만들어 보세요.

🎥 개념 동영상 강의 제공

🎥 플래쉬 학습 제공

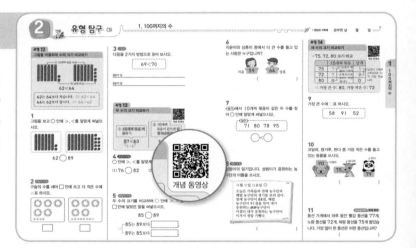

③ 해결의 법칙 특강

최근 새롭게 출제되는 창의융합 문제 유형을 연습할 수 있어요.

🎥 동영상 강의 제공

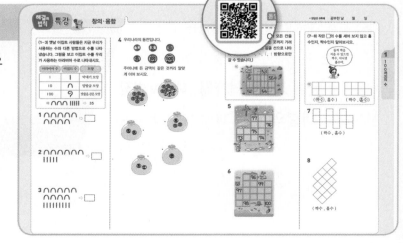

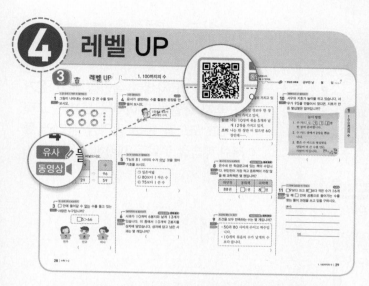

④ 레벨 UP

한 단계 더 나아간 응용 유형 문제를 풀면서 어려운 문제도 풀 수 있는 힘을 길러 줍니다.

🎥 동영상 강의 제공

👫 유사문제 제공

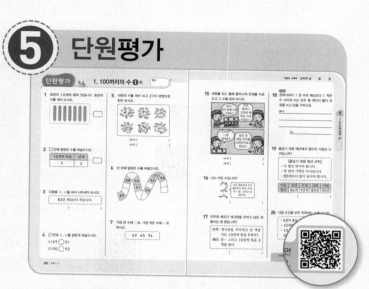

⑤ 단원평가

단원평가를 풀면서 앞에서 공부한 내용을 정리해 보세요.

🕹 학습게임 제공

⑥ 정답과 풀이

1. 문제 분석
문제를 단계별로 자세히 분석하여 문제해결력을 높였어요.

2. 생각열기, 해법순서
문제에 대한 접근 방법을 쉽게 제시하였습니다.

3. 참고, 주의, 다른풀이
학생 혼자서도 쉽게 문제를 해결할 수 있고, 다양한 방법으로 문제를 바라볼 수 있는 시각을 기를 수 있습니다.

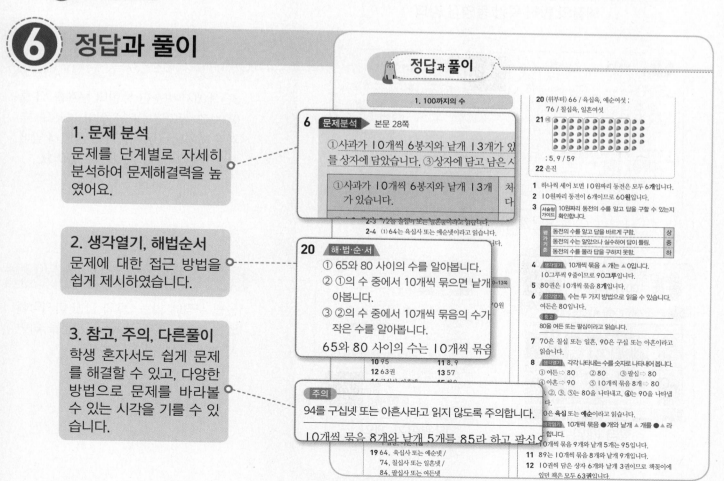

유형 해결의 법칙의 QR 활용법

2단계 개념 동영상 　　　　　　3단계 동영상 강의

동영상 강의

선생님의 더 자세한 설명을 듣고 싶거나 혼자 해결하기 어려운 문제는 교재 내 QR 코드를 통해 동영상 강의와 플래쉬 학습을 무료로 제공하고 있어요.

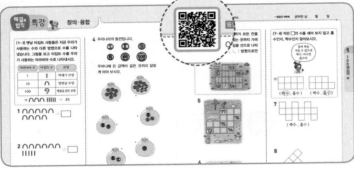

해결의 법칙 특강 동영상 강의

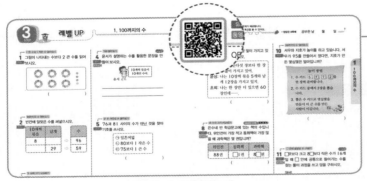

3단계 유사문제

유사문제

3단계에서 비슷한 유형의 문제를 더 풀어 보고 싶다면 QR을 찍어 보세요. 추가로 제공되는 유사문제를 풀면서 앞에서 공부한 내용을 정리할 수 있어요.

학습 게임

단원평가 게임

학습게임

단원 시작에 있는 QR과 단원 마지막에 있는 QR을 찍어 보세요. 게임을 하면서 개념을 정리할 수 있어요.

차례

1·2

100까지의 수

QR 코드를 찍어 보세요.
재미있는 학습 게임을
할 수 있어요.

학습 게임

제1화 전화기를 발명한 벨이 본 것은?

이미 배운 내용	이번에 배울 내용	앞으로 배울 내용
[1-1 50까지의 수] ·50까지의 수 알아보기 ·수의 크기 비교하기	·몇십 알아보기 ·99까지의 수 알아보기 ·수의 순서 알아보기 ·수의 크기 비교하기 ·짝수와 홀수 알아보기	[2-1 세 자리 수] ·세 자리 수 알아보기 ·각 자리 숫자가 나타내는 값 알아보기 ·수의 크기 비교하기

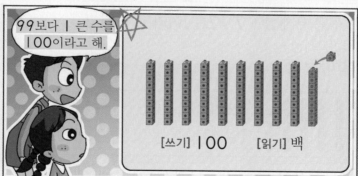

만화로 개념 쏙!

❶ 몇십 알아보기

	[쓰기]	[읽기]
10개씩 묶음 6개	60	육십, 예순
	70	칠십, 일흔
	80	팔십, 여든
	90	구십, 아흔

예제 ❶ 10개씩 묶음 7개를 (7 , 70)이라고 합니다.

❷ 99까지의 수 알아보기

[쓰기] 74
[읽기] 칠십사, 일흔넷

10개씩 묶음이 1개 더 있으면?

10개씩 묶음	낱개
8	4

[쓰기] 84
[읽기] 팔십사, 여든넷

낱개가 1개 더 있으면?

10개씩 묶음	낱개
7	5

[쓰기] 75
[읽기] 칠십오, 일흔다섯

예제 ❷ 10개씩 묶음 6개와 낱개 8개 ⇨ (68 , 86)

셀파 포인트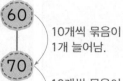

60
10개씩 묶음이 1개 늘어남.
70
10개씩 묶음이 1개 늘어남.
80
10개씩 묶음이 1개 늘어남.
90

• 수 읽는 방법
7 8
칠십 팔 ⇨ 칠십팔
일흔 여덟 ⇨ 일흔여덟

주의 칠십여덟, 일흔팔이라고 읽지 않도록 주의합니다.

예제 정답
❶ 70에 ○표
❷ 68에 ○표

개념 확인 1 몇십 알아보기

1-1 그림을 보고 □ 안에 알맞은 수를 써 넣으시오.

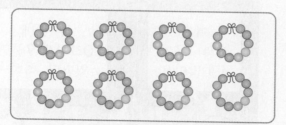

10개씩 묶음 □ 개를 □ 이라고 합니다.

1-2 알맞은 수에 ○표 하시오.

(1) 10개씩 묶음 6개를
(60 , 70)이라고 합니다.

(2) 10개씩 묶음 9개를
(80 , 90)이라고 합니다.

개념 확인 2 99까지의 수 알아보기

2-1 다음이 나타내는 수를 쓰시오.

10개씩 묶음	낱개
5	9

⇩

□

2-2 그림이 나타내는 수를 쓰시오.

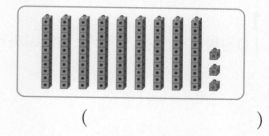

(　　　　　　　　　)

2-3 알맞게 이어 보시오.

72

일흔둘

아흔둘

2-4 알맞은 말에 ○표 하시오.

(1) 64는 (육십다섯 , 예순넷)이라고 읽습니다.

(2) 87은 (팔십칠 , 아흔일곱)이라고 읽습니다.

유형 1
몇십 알아보기

비풀

| 10개씩 묶음 ▲개 ⇨ ▲0 |

10개씩 묶음 6개 ⇨ 60
10개씩 묶음 7개 ⇨ 70
10개씩 묶음 8개 ⇨ 80
10개씩 묶음 9개 ⇨ 90

❖ 그림을 보고 물음에 답하시오. (1~3)

1
10원짜리 동전은 모두 몇 개입니까?
(   )

2
모두 얼마입니까?
(   )

3 서술형
10원짜리 동전이 한 개 더 있으면 얼마인지 풀이 과정을 쓰고 답을 구하시오.

[풀이]

[답]

4
사과나무는 모두 몇 그루입니까?

여기 사과나무가 정말 많아요.

한 줄에 10그루씩 9줄만큼 있단다. 허허~

(   )

5
공책이 80권 있습니다. 공책은 10권씩 묶음 몇 개입니까?
(   )

유형 2
몇십 쓰고 읽기

60 — 육십 / 예순
70 — 칠십 / 일흔
80 — 팔십 / 여든
90 — 구십 / 아흔

6
수로 쓰시오.

여든   (   )

7 교과서 유형

알맞게 이어 보시오.

| 70 | · | · | 아흔 |
| 90 | · | · | 칠십 |

8

나타내는 수가 <u>다른</u> 것은 어느 것입니까?

·· (   )

① 여든
② 80
③ 팔십
④ 아흔
⑤ 10개씩 묶음 8개

9 창의·융합

은서가 검색한 도로명 주소입니다. 밑줄 친 수를 두 가지 방법으로 읽어 보시오.

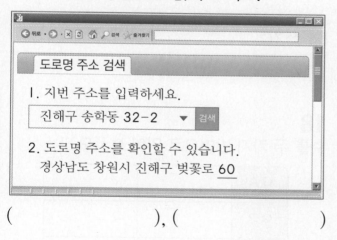

(   ), (   )

유형 3
99까지의 수 알아보기 비풀

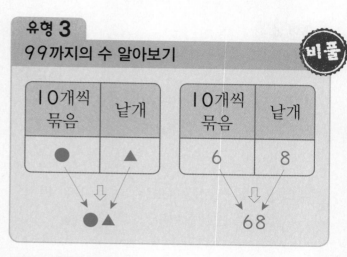

10 익힘책 유형

그림이 나타내는 수를 쓰시오.

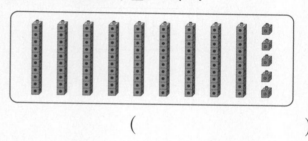

(   )

11

빈칸에 알맞은 수를 써넣으시오.

10개씩 묶음	낱개	
8	9	⇨ [ ]

12

책꽂이에 있던 책은 모두 몇 권입니까?

진경

책꽂이에 있던 책을 모두 꺼내 한 상자에 10권씩 담았더니 6상자가 되고 3권 남았네.

(   )

유형 4
99까지의 수 쓰고 읽기

10개씩 묶음	낱개
8	2

⇨ [쓰기] 8 2
　 [읽기] 팔십 이
　　　　 여든 둘

개념 동영상

주의 82를 '팔십둘' 또는 '여든이'로 읽지 않도록 주의합니다.

13
수로 쓰시오.

오십칠

(　　　　　　　)

14
수를 두 가지 방법으로 읽어 보시오.

94

15
사탕이 10개씩 묶음 8개와 낱개 5개가 있습니다. 사탕 수를 잘못 말한 사람은 누구입니까?

여든다섯! · 민서
85! · 소라
육십오! · 현우

(　　　　　　　)

유형 5
낱개가 1개씩 늘어날 때 수 쓰고 읽기

 비품

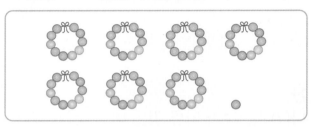

63
64)+1
65)+1

[읽기] 육십 ← 삼 / 사 / 오 　 예순 ← 셋 / 넷 / 다섯

❖ 그림을 보고 물음에 답하시오. (16~17)

16 익힘책 유형
구슬의 수를 세어 쓰고 읽어 보시오.

[쓰기] (　　　　　　　)

[읽기] (　　　　　　　)

17 서술형
구슬이 한 개 더 있을 때 수를 쓰고 읽으려고 합니다. 풀이 과정을 쓰고 답을 구하시오.

[풀이]

[답] 쓰기: 　　　　　 , 읽기:

18
수를 두 가지 방법으로 읽어 보시오.

96		
97		
98		

유형 6

10개씩 묶음이 1개씩 늘어날 때 수 쓰고 읽기

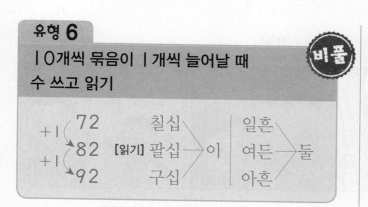

	72	칠십	일흔
+1	82 [읽기] 팔십 → 이	여든 → 둘
+1	92	구십	아흔

19

그림의 수를 세어 쓰고 읽어 보시오.

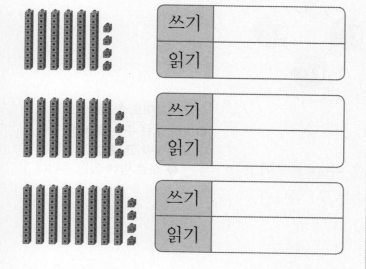

쓰기	
읽기	

쓰기	
읽기	

쓰기	
읽기	

20

10개씩 묶음이 한 개씩 늘어나는 수를 쓰고 읽어 보시오.

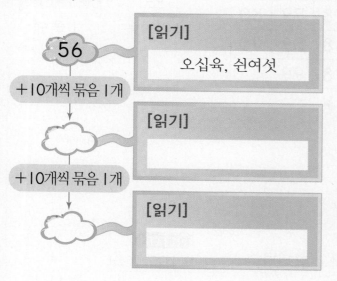

56

[읽기]
오십육, 쉰여섯

+10개씩 묶음 1개

[읽기]

+10개씩 묶음 1개

[읽기]

유형 7

99까지의 수 세기

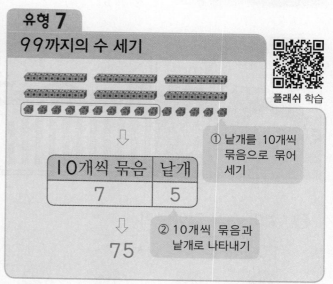

플래쉬 학습

① 낱개를 10개씩 묶음으로 묶어 세기

10개씩 묶음	낱개
7	5

② 10개씩 묶음과 낱개로 나타내기

75

21 교과서 유형

10개씩 묶고 빈칸에 알맞은 수를 써넣으시오.

10개씩 묶음	낱개

⇨ [   ]

22 창의·융합   해설집 3쪽 문제 분석

달걀의 수를 바르게 말한 사람은 누구입니까?

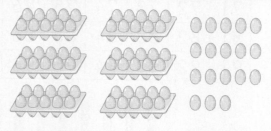

희수: 10개씩 묶음 8개와 낱개 7개야.
은진: 달걀이 일흔여덟 개 있어.
동욱: 달걀은 여든일곱 개야.

(   )

만화로 개념 쏙!

❸ 수의 순서 알아보기

• 100까지의 수의 순서

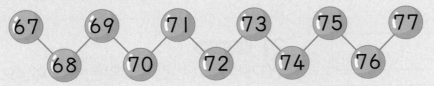

• 1 큰 수와 1 작은 수

| 1 작은 수 | 1 큰 수 |

70보다 1 작은 수는 69이고
70보다 1 큰 수는 71입니다.

❹ 100 알아보기

51	52	53	54	55	56	57	58	59	60
61	62	63	64	65	66	67	68	69	70
71	72	73	74	75	76	77	78	79	80
81	82	83	84	85	86	87	88	89	90
91	92	93	94	95	96	97	98	99	100

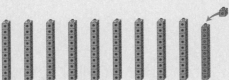

99보다 1 큰 수 ⇨ ┌ [쓰기] 100
　　　　　　　　　└ [읽기] 백

예제 ❶ 99보다 1 큰 수를 (10 , 100)이라고 합니다.

셀파 포인트

• 수를 순서대로 쓸 때
●보다 1 큰 수는 ● 바로 다음에 오는 수이고, ●보다 1 작은 수는 ● 바로 앞에 있는 수입니다.

• 1 작은 수와 1 큰 수
사이의 수

| 62 | — | 63 | — | 64 |

↑ 1 작은 수 　　　 ↑ 1 큰 수

예제 **정답**
❶ 100에 ○표

개념 확인 3 수의 순서 알아보기

3-1 빈 곳에 알맞은 수를 써넣으시오.

(1) 54 — 55 — [ ] — 57

(2) 70 — [ ] — 72 — 73

(3) 97 — 98 — 99 — [ ]

3-2 빈 곳에 알맞은 수를 써넣으시오.

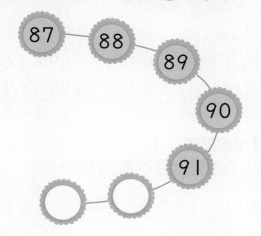

3-3 □ 안에 알맞은 수를 써넣으시오.

65 – 66 – 67 – 68 – 69 – 70

67보다 1 작은 수는 [ ]이고,

67보다 1 큰 수는 [ ]입니다.

3-4 빈 곳에 알맞은 수를 써넣으시오.

1 작은 수   1 큰 수

◯ — 74 — ◯

개념 확인 4 100 알아보기

4-1 그림이 나타내는 수를 쓰시오.

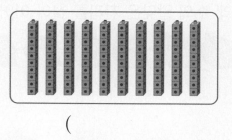

(   )

4-2 □ 안에 알맞은 수나 말을 써넣으시오.

99보다 1 큰 수를 [ ]이라고

하고 [ ]이라고 읽습니다.

2 STEP 유형 탐구 (2)

유형 8
수의 순서 알아보기

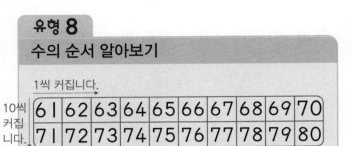

1씩 커집니다.

10씩 커집니다.

| 61 | 62 | 63 | 64 | 65 | 66 | 67 | 68 | 69 | 70 |
| 71 | 72 | 73 | 74 | 75 | 76 | 77 | 78 | 79 | 80 |

1 교과서 유형

빈 곳에 알맞은 수를 써넣으시오.

(1) [　]─[53]─[54]─[　]─[　]

(2) [89]─[　]─[　]─[　]─[93]

2

★이 나타내는 수를 구하시오.

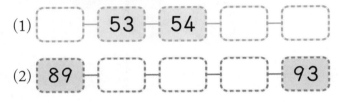

64　65　66　　　★　70

(　　　　　　)

3

빈 곳에 알맞은 수를 써넣으시오.

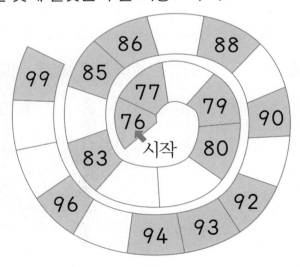

4 창의·융합

수를 순서대로 이어 그림을 완성하시오.

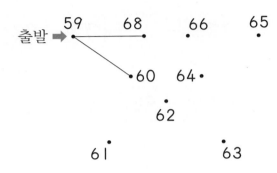

5

빈 곳에 들어갈 수를 바르게 말한 사람은 누구입니까?

연아 : 76
우진 : 68
현민 : 66

(　　　　　　)

6 익힘책 유형

아래 수의 알맞은 자리를 찾아 이어 보시오.

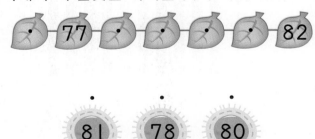

77 　 　 　 　 82

81　78　80

유형 9

┃큰 수와 ┃작은 수 알아보기　비법

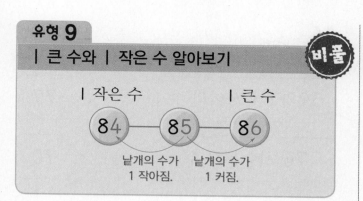

┃작은 수　　┃큰 수

84 ── 85 ── 86

낱개의 수가　낱개의 수가
1 작아짐.　　1 커짐.

7 교과서 유형

빈 곳에 알맞은 수를 써넣으시오.

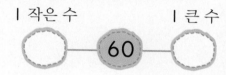

┃작은 수　　┃큰 수

◯ ── 60 ── ◯

8

풍선에 적힌 수보다 ┃ 작은 수에 ◯표 하시오.

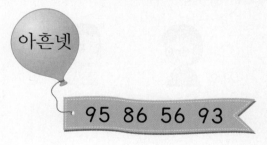

아흔넷

95　86　56　93

9

87보다 ┃ 큰 수를 쓰고, 두 가지 방법으로 읽어 보시오.

[쓰기] (　　　　　　　　)

[읽기] (　　　　　　　　)

❖ 수를 보고 물음에 답하시오. (10~11)

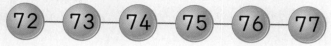

72 ── 73 ── 74 ── 75 ── 76 ── 77

10

74보다 2 큰 수를 쓰시오.

(　　　　　　　　)

11

74보다 2 작은 수를 쓰시오.

(　　　　　　　　)

12 서술형

은서의 일기를 읽고 지후네 모둠에서 캔 감자는 몇 개인지 구하는 풀이 과정을 쓰고 답을 구하시오.

제목: 감자 캐기 체험　20××년 ×월 ×일

오늘 감자 캐기 체험을 다녀왔다.
우리 모둠이 캔 감자는 10개씩 8자루와 낱개 4개였다.
선주네 모둠은 우리 모둠보다 한 개 더 적게 캤고, 지후네 모둠은 선주네 모둠보다 한 개 더 적게 캤다.
감자를 캐느라 힘들었지만 맛있는 감자를 먹을 수 있어 좋았다.

[풀이]

[답]

유형 10
두 수 사이의 수 알아보기 비풀

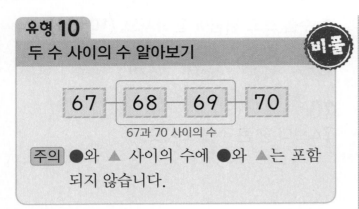

67과 70 사이의 수

주의 ●와 ▲ 사이의 수에 ●와 ▲는 포함
되지 않습니다.

13 익힘책 유형
빈 곳에 알맞은 수를 써넣으시오.

14
66과 75 사이의 수가 <u>아닌</u> 것은 어느 것입
니까? ····································· (   )
① 70   ② 일흔하나
③ 예순아홉   ④ 육십오
⑤ 68

15
●가 나타내는 수를 쓰시오.

| ●는 81과 83 사이의 수입니다. |

(   )

16
관계있는 것끼리 선으로 이어 보시오.

| 59와 61 사이의 수 | · | · | 77 |

| 76보다 1 큰 수 | · | · | 70 |

| 71보다 1 작은 수 | · | · | 60 |

17
서우와 지민이가 말하는 수 사이의 수를 모두
쓰시오.

서우   쉰다섯   예순   지민

(   )

18 해설집 5쪽 문제 분석
87과 93 사이의 수는 모두 몇 개입니까?
(   )

유형 11
100 알아보기

99보다 1 큰 수

↓

[쓰기] 100   [읽기] 백

19
그림이 나타내는 수를 쓰고 읽어 보시오.

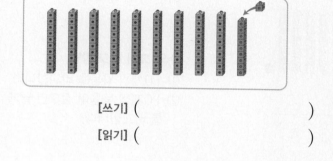

[쓰기] (   )

[읽기] (   )

20 교과서 유형
빈칸에 알맞은 수를 써넣으시오.

51	52	53	54	55	56	57	58	59	60
61	62	63	64	65	66	67	68	69	70
71	72		74	75	76	77	78		80
81		83	84	85		87		89	
91	92	93	94		96	97			

21
나타내는 금액이 다른 하나를 찾아 기호를 쓰시오.

ㄱ 100원짜리 동전 1개
ㄴ 10원짜리 동전 5개
ㄷ 50원짜리 동전 2개

(   )

22 서술형
생활 주변에서 백이 사용되는 상황을 쓰시오.

_____

_____

23 창의·융합
十을 몇 번 써야 百이 나타내는 수와 같아지겠습니까?

열 십   일백 백

(   )

1
100까지의 수

만화로 개념 쏙!

❺ 수의 크기 비교하기

① 10개씩 묶음이 많은 수가 더 큽니다.

73<81

> 73은 81보다 작습니다. ⇔ 73<81
> 81은 73보다 큽니다. ⇔ 81>73

② 10개씩 묶음이 같으면 낱개가 많은 수가 더 큽니다.

65>63

예제 ❶ 65>63 ⇔ 65는 63보다 (작습니다 , 큽니다).

❻ 짝수와 홀수 알아보기

둘씩 짝을 지을 수 있어요.　　　둘씩 짝을 지을 수 없어요.

· 짝수: 2, 4, 6, 8, 10과 같이 둘씩 짝을 지을 수 있는 수
· 홀수: 1, 3, 5, 7, 9와 같이 둘씩 짝을 지을 수 없는 수

셀파 포인트 🌱

· >, <로 나타낼 때 벌어진 쪽에 큰 수가 옵니다.

· 수의 크기 비교 방법
　① 10개씩 묶음을 비교합니다.
　② 10개씩 묶음이 같으면 낱개를 비교합니다.

· >, < 읽기
　① ■<▲
　　⇨ ┌ ■는 ▲보다 작습니다.
　　　└ ▲는 ■보다 큽니다.
　② ■>▲
　　⇨ ┌ ■는 ▲보다 큽니다.
　　　└ ▲는 ■보다 작습니다.

· 짝수는 수가 2, 4, 6, 8, 0으로 끝납니다.
· 홀수는 수가 1, 3, 5, 7, 9로 끝납니다.

예제 정답
❶ 큽니다에 ○표

개념 확인 5 수의 크기 비교하기

5-1 그림을 보고 ○ 안에 >, <를 알맞게 써넣으시오.

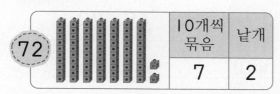

	10개씩 묶음	낱개
72	7	2

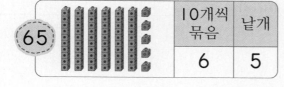

	10개씩 묶음	낱개
65	6	5

72 ◯ 65

5-2 그림을 보고 ○ 안에 >, <를 알맞게 써넣으시오.

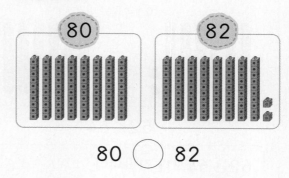

80 ◯ 82

5-3 더 큰 수에 ○표 하시오.

69　　85

5-4 더 작은 수에 △표 하시오.

76　　71

개념 확인 6 짝수와 홀수 알아보기

6-1 ○로 둘씩 짝을 지어 보고, 짝을 지을 수 있으면 ○표, 없으면 ×표 하시오.

(　　　)

6-2 수를 세어 □ 안에 쓰고 짝수인지, 홀수인지 ○표 하시오.

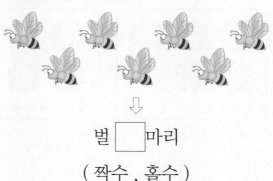

⇩

벌 □ 마리

(짝수 , 홀수)

유형 12
그림을 이용하여 수의 크기 비교하기

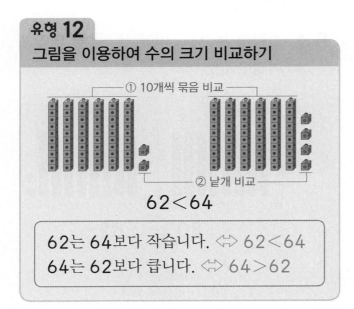

① 10개씩 묶음 비교

② 낱개 비교

62 < 64

62는 64보다 작습니다. ⇔ 62 < 64
64는 62보다 큽니다. ⇔ 64 > 62

1

그림을 보고 ○ 안에 >, <를 알맞게 써넣으시오.

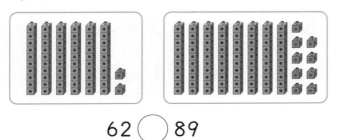

62 ◯ 89

2 익힘책 유형

구슬의 수를 세어 ☐ 안에 쓰고 더 작은 수에 △표 하시오.

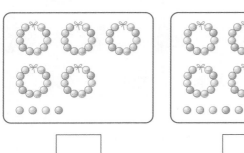 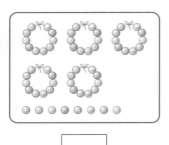

3 서술형

다음을 2가지 방법으로 읽어 보시오.

69 < 70

[읽기 1]

[읽기 2]

유형 13
두 수의 크기 비교하기

개념 동영상

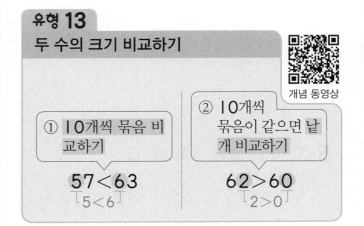

① 10개씩 묶음 비교하기

57 < 63
5 < 6

② 10개씩 묶음이 같으면 낱개 비교하기

62 > 60
2 > 0

4 교과서 유형

○ 안에 >, <를 알맞게 써넣으시오.

(1) 76 ◯ 82

(2) 95 ◯ 91

5 익힘책 유형

두 수의 크기를 비교하여 ○ 안에 >, <를, ☐ 안에 알맞은 말을 써넣으시오.

85 ◯ 89

⇨ 85는 89보다 ☐ .

89는 85보다 ☐ .

6

지윤이와 상훈이 중에서 더 큰 수를 들고 있는 사람은 누구입니까?

지윤 59　　64 상훈

（　　　　　　　）

7

보기 에서 10개씩 묶음이 같은 두 수를 찾아 ○ 안에 알맞게 써넣으시오.

보기
71　80　78　95

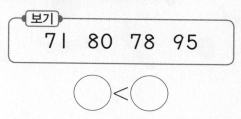

○ ＜ ○

8 창의·융합

성범이의 일기입니다. 성범이가 응원하는 농구단의 이름을 쓰시오.

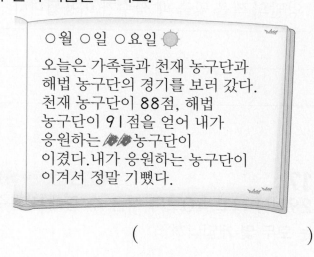

○월 ○일 ○요일 ☀

오늘은 가족들과 천재 농구단과 해법 농구단의 경기를 보러 갔다. 천재 농구단이 88점, 해법 농구단이 91점을 얻어 내가 응원하는 ✍✍농구단이 이겼다. 내가 응원하는 농구단이 이겨서 정말 기뻤다.

（　　　　　　　）

▶1
100까지의 수

유형 14
세 수의 크기 비교하기

• 75, 72, 80 크기 비교

개념 동영상

	10개씩 묶음	낱개
75	7 ① 10개씩 묶음이 7개와	5 ② 낱개가 5개와
72	7 8개이므로 80이 가장	2 2개이므로 72가 가장 작습니다.
80	8 큽니다.	0

⇨ 가장 큰 수: 80, 가장 작은 수: 72

9

가장 큰 수에 ○표 하시오.

58　91　52

10

코알라, 캥거루, 판다 중 가장 작은 수를 들고 있는 동물을 쓰시오.

90 코알라　　캥거루　　판다
75　　79

（　　　　　　　）

11
해설집 6쪽 문제 분석

풍선 가게에서 하루 동안 빨강 풍선을 77개, 노랑 풍선을 72개, 파랑 풍선을 75개 팔았습니다. 가장 많이 판 풍선은 어떤 풍선입니까?

（　　　　　　　）

12 창의·융합
칭찬 도장을 많이 받은 사람부터 차례로 쓰시오.

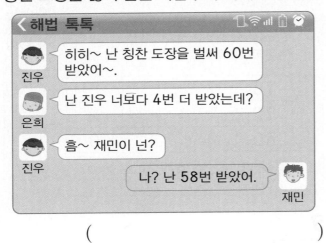

해법 톡톡

진우: 히히~ 난 칭찬 도장을 벌써 60번 받았어~.

은희: 난 진우 너보다 4번 더 받았는데?

진우: 흠~ 재민이 넌?

재민: 나? 난 58번 받았어.

(   )

유형 15 비풀
짝수와 홀수 알아보기

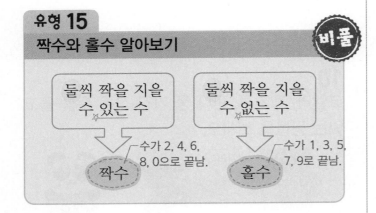

둘씩 짝을 지을 수 있는 수 → 수가 2, 4, 6, 8, 0으로 끝남. → 짝수

둘씩 짝을 지을 수 없는 수 → 수가 1, 3, 5, 7, 9로 끝남. → 홀수

13
동물의 수가 짝수이면 '짝', 홀수이면 '홀'이라고 쓰시오.

(   )

14 익힘책 유형
11부터 20까지의 수를 알맞게 써넣으시오.

홀수 11 13

짝수 12

15
과일의 수가 홀수인 과일은 무엇입니까?

딸기, 바나나, 사과, 포도

(   )

16 서술형
보기와 같이 생활 주변에서 짝수가 이용되는 상황을 쓰시오.

보기
양말의 짝을 맞출 때 짝수가 이용됩니다.

_____

_____

17 해설집 7쪽 문제 분석
29보다 크고 40보다 작은 수 중에서 홀수는 모두 몇 개입니까?

(   )

유형 16
□ 안에 알맞은 수 구하기

- 94 > 9□의 □ 안에 들어갈 수
  ① 10개씩 묶음이 같습니다.
  ② 낱개가 4 > □여야 하므로
  □ = 0, 1, 2, 3입니다.

18
□ 안에 들어갈 수 있는 수에 ○표 하시오.

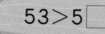
53 > 5□

(2 , 3 , 4 , 5)

19
1부터 9까지의 수 중에서 □ 안에 들어갈 수 있는 수를 모두 쓰시오.

□4 > 68

(　　　　　　　　　)

20 서술형
0부터 9까지의 수 중 □ 안에 들어갈 수 있는 수는 모두 몇 개인지 풀이 과정을 쓰고 답을 구하시오.

85 < 8□

[풀이]

[답]

유형 17
조건에 맞는 수 찾기

- 50과 60 사이의 수 중에서 짝수 찾기
  ① 50과 60 사이의 수
     ⇨ 51, 52, 53 …… 58, 59
  ② ①의 수 중에서 짝수
     ⇨ 52, 54, 56, 58

21
조건을 모두 만족하는 수에 모두 ○표 하시오.

- 56보다 크고 61보다 작습니다.
- 홀수입니다.

(55 , 56 , 57 , 58 , 59 , 60 , 61)

22
83보다 1 작은 수와 86 사이의 수는 모두 몇 개입니까?

(　　　　　　　　　)

23
조건을 모두 만족하는 수를 모두 쓰시오.

- 10개씩 묶음이 7개입니다.
- 짝수입니다.
- 75보다 작습니다.

(　　　　　　　　　)

(1~3) 옛날 이집트 사람들은 지금 우리가 사용하는 수와 다른 방법으로 수를 나타냈습니다. 그림을 보고 이집트 수를 우리가 사용하는 아라비아 수로 나타내시오.

아라비아 수	이집트 수	모양
I	│	막대기 모양
10	∩	말발굽 모양
100	๑	밧줄을 감은 모양

예 ∩∩∩ ⅠⅠⅠⅠⅠ ⇒ 35

1 ∩∩∩∩∩
∩∩∩ ⇒ ☐

2 ∩∩∩∩∩∩
ⅠⅠⅠⅠⅠ ⇒ ☐

3 ∩∩∩∩∩
∩∩∩∩
ⅠⅠⅠⅠⅠⅠⅠ ⇒ ☐

4 우리나라의 동전입니다.

주머니에 든 금액이 같은 것끼리 알맞게 이어 보시오.

(5~6) 수의 순서대로 토끼가 모든 칸을 한 번씩 지나서 당근이 있는 곳까지 가려고 합니다. 토끼가 가는 길을 선으로 나타내시오. (다만 →, ←, ↓, ↑ 방향으로만 갈 수 있습니다.)

예

5

6

(7~8) 작은 □의 수를 세어 보지 않고 홀수인지, 짝수인지 알아보시오.

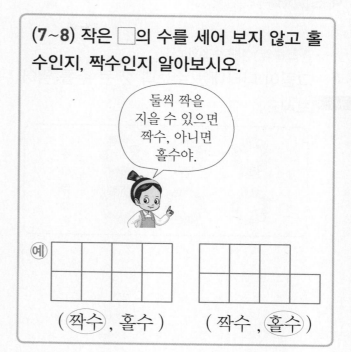

둘씩 짝을 지을 수 있으면 짝수, 아니면 홀수야.

예

(짝수 , 홀수)　　　(짝수 , 홀수)

7
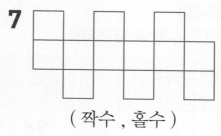

(짝수 , 홀수)

8
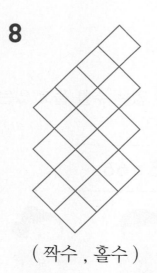

(짝수 , 홀수)

---

1 큰 수와 1 작은 수 알아보기

유사 ✏

1 그림이 나타내는 수보다 **2** 큰 수를 읽어 보시오.

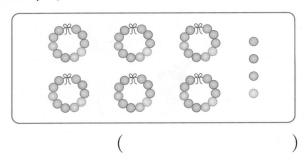

(   )

99까지의 수 알아보기

유사 ✏

2 빈칸에 알맞은 수를 써넣으시오.

10개씩 묶음	낱개		수
8		⇨	96
	29	⇨	59

두 수의 크기 비교하기

유사 ✏

3 ☐ 안에 들어갈 수 <u>없는</u> 수를 들고 있는 사람은 누구입니까?

☐5 > 66

7   8   6

연우   민규   하나

(   )

---

100 알아보기   (서술형)

유사 ✏ 동영상 ◀

4 윤서가 설명하는 수를 활용한 문장을 만들어 보시오.

10개씩 묶음이 10개인 수야.

윤서

_____

_____

두 수 사이의 수 알아보기

유사 ✏

5 **76**과 **81** 사이의 수가 <u>아닌</u> 것을 찾아 기호를 쓰시오.

ㄱ 일흔여덟
ㄴ 80보다 1 작은 수
ㄷ 75보다 1 큰 수

(   )

99까지의 수 알아보기   해설집 9쪽 **문제 분석**

유사 ✏ 동영상 ◀

6 사과가 **10**개씩 **6**봉지와 낱개 **13**개가 있습니다. 이 중에서 **10**개씩 **2**봉지를 상자에 담았습니다. 상자에 담고 남은 사과는 몇 개입니까?

(   )

---

1 100까지의 수

• 세 수의 크기 비교하기

7 대화를 읽고 딱지를 가장 많이 가지고 있는 사람의 이름을 쓰시오.

> 규찬: 나는 예순다섯 장보다 한 장 더 많이 가지고 있어.
> 윤성: 나는 10장씩 묶음 5개와 낱개 12장을 가지고 있지.
> 초희: 나는 한 장만 더 있으면 60장인데…….

(   )

• 세 수의 크기 비교하기   해설집 10쪽 문제 분석

8 은수네 반 학급문고에 있는 책의 수입니다. 위인전이 가장 적고 동화책이 가장 많을 때 과학책은 몇 권입니까?

위인전	동화책	과학책
88권	□1권	8□권

(   )

• 조건에 맞는 수 찾기   해설집 10쪽 문제 분석

9 조건을 모두 만족하는 수는 몇 개입니까?

> • 50과 80 사이의 수이고 짝수입니다.
> • 10개씩 묶음의 수가 낱개의 수보다 큽니다.

(   )

• 99까지의 수 알아보기

10 서우와 지호가 놀이를 하고 있습니다. 서우가 95를 만들어서 졌다면, 지호가 만든 몇십몇은 얼마입니까?

> 놀이 방법
> 1. 수 카드 5 , 9 , 7 , 2 를 한 장씩 준비합니다.
> 2. 수 카드 중에서 2장을 뽑습니다.
> 3. 뽑은 수 카드로 몇십몇을 만들어 더 큰 수를 만든 사람이 이깁니다.

(   )

• □ 안에 알맞은 수 구하기   서술형

11 □9보다 크고 8□보다 작은 수가 16개일 때 □ 안에 공통으로 들어가는 수를 찾는 풀이 과정을 쓰고 답을 구하시오.

[풀이]
_____
_____
_____

[답]

1 곶감이 10개씩 꽂혀 있습니다. 곶감의 수를 세어 쓰시오.

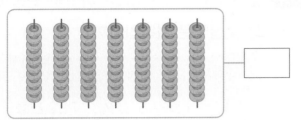

2 ☐ 안에 알맞은 수를 써넣으시오.

10개씩 묶음	낱개
9	2

⇨ ☐

3 다음을 >, <를 써서 나타내어 보시오.

> 83은 90보다 작습니다.

(   )

4 ◯ 안에 >, <를 알맞게 써넣으시오.

(1) 67 ◯ 51

(2) 90 ◯ 92

5 사탕의 수를 세어 쓰고 2가지 방법으로 읽어 보시오.

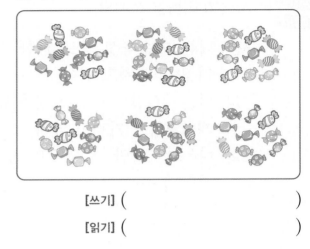

[쓰기] (   )

[읽기] (   )

6 빈 곳에 알맞은 수를 써넣으시오.

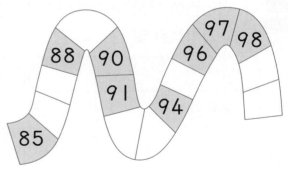

7 가장 큰 수에 ◯표, 가장 작은 수에 △표 하시오.

> 69   45   94

8 구슬은 모두 몇 개입니까?

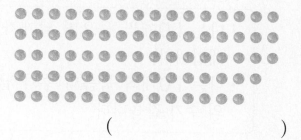

(   )

❖ 대화를 보고 물음에 답하시오. (9~10)

> 민준: 윤서야, 너는 제기 몇 번 찼어?
> 윤서: 나는 일흔 번 찼어. 넌?
> 민준: 나는 예순아홉 번 찼어.

9 민준이와 윤서가 찬 제기 수를 각각 수로 쓰시오.

민준 (   )

윤서 (   )

서술형

10 민준이와 윤서 중에서 제기를 더 많이 찬 사람은 누구인지 풀이 과정을 쓰고 답을 구하시오.

[풀이]

_____

_____

[답]

11 □ 안에 들어갈 수 있는 수에 모두 ○표 하시오.

$$\boxed{\square 7 > 58}$$

(5 , 6 , 7 , 8 , 9)

12 지은이네 아파트 단지에 살고 있는 가구는 모두 몇 가구입니까?

> 우리 아파트 단지는 1동부터 9동까지 한 동에 10가구씩 살고 있어.

지은

(   )

13 사과가 한 상자에 10개씩 든 상자 6개와 낱개 7개가 있습니다. 사과는 모두 몇 개입니까?

(   )

14 77과 82 사이의 수를 모두 쓰시오.

(   )

1

100까지의 수

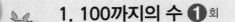

서술형

15 구슬이 10개씩 자루 8개와 낱개 10개 가 있습니다. 수아가 목걸이 1개에 구슬 을 10개씩 매단다면, 만들 수 있는 목걸 이는 모두 몇 개인지 풀이 과정을 쓰고 답을 구하시오.

[풀이] _____

_____

_____

[답] _____

16 지호는 오늘부터 매일 줄넘기를 하기로 했습니다. 줄넘기를 시작한 지 4일째 되 는 날은 줄넘기를 몇 번 해야 합니까?

오늘은 97번 하고 내일부터는 전날보다 1번씩 늘려 가며 할거야.

지호

( )

17 1부터 9까지의 수 중에서 □ 안에 들어 갈 수 있는 수는 모두 몇 개입니까?

86은 8□보다 작습니다.

( )

18 나는 어떤 수인지 쓰시오.

• 나는 10개씩 묶으면 낱개가 9 개입니다.
• 나는 10개씩 묶음의 수와 낱개 의 수가 같습니다.

( )

서술형

19 석현이네 집에는 배가 10개씩 8상자와 낱개 2개가 있습니다. 그중 10개씩 2 상자를 먹었습니다. 남은 배는 몇 개인지 풀이 과정을 쓰고 답을 구하시오.

[풀이] _____

_____

_____

[답] _____

20 세 장의 수 카드를 한 번씩만 사용하여 만들 수 있는 몇십몇 중에서 가장 큰 수 를 쓰고 두 가지 방법으로 읽어 보시오.

3 6 8

[쓰기] ( )

[읽기] ( )

단원평가

1. 100까지의 수 **2**회

점수

1 모형이 나타내는 수를 쓰시오.

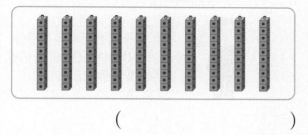

(　　　　　　　　)

2 빈 곳에 알맞은 수를 써넣으시오.

81	82	83		85
86		88	89	90

3 빈 곳에 알맞은 수를 써넣으시오.

Ⅰ 작은 수　　　　　　　　Ⅰ 큰 수

◯ ― 80 ― ◯

4 ☐ 안에 알맞은 수를 써넣으시오.

88과 90 사이의 수는 ☐ 입니다.

5 알맞게 이어 보시오.

10개씩 묶음 8개 ·

10개씩 묶음 6개 ·

· 예순

· 팔십

· 아흔

6 왼쪽 수보다 큰 수에 ◯표 하시오.

(1) 80 (48 , 59 , 82 , 66)

(2) 62 (58 , 60 , 49 , 76)

서술형
7 서우네 학교 운동회 때 청군과 백군 학생 수입니다. 어느 쪽의 학생 수가 더 많은지 풀이 과정을 쓰고 답을 구하시오.

청군	백군
67명	65명

[풀이]

[답]

8 수를 바르게 읽지 <u>않은</u> 것은 어느 것입니까? ....( )

① 68 − 육십팔 − 예순여덟
② 75 − 칠십오 − 일흔다섯
③ 81 − 팔십일 − 여든하나
④ 96 − 구십육 − 아흔아홉
⑤ 83 − 팔십삼 − 여든셋

9 아기 돼지가 굴뚝을 만들기 위해 산 벽돌은 몇 장입니까?

굴뚝을 만들기 위해 벽돌을 10장씩 든 상자 9개와 낱개로 5장 샀어. 꿀꿀~

( )

10 지훈이와 은우 중에서 더 작은 수를 말한 사람은 누구입니까?

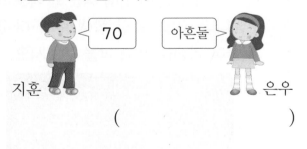

70 아흔둘
지훈 은우

( )

11 가장 큰 수를 찾아 기호를 쓰시오.

| ㉠ 팔십 ㉡ 78 |
| ㉢ 10개씩 묶음 8개와 낱개 2개 |

( )

12 천재 마트에서 경품을 받게 될 사람은 모두 몇 명입니까?

저희 천재 마트에서는 입장한 순서가 90번과 100번 사이인 분들께 경품을 드립니다.

( )

13 동굴 안에 빨간색 보석이 67개, 파란색 보석이 72개, 흰색 보석이 75개 있을 때 가장 많은 보석은 무슨 색 보석입니까?

열려라 참깨!

( )

서술형

14 밤을 정아는 73개 주웠고, 지수는 정아보다 한 개 더 적게 주웠습니다. 지수가 주운 밤은 몇 개인지 풀이 과정을 쓰고 답을 구하시오.

[풀이]

[답]

15 대화를 읽고 올해 할머니의 연세를 수로 쓰고 그 수를 읽어 보시오.

[쓰기] (　　　　　　　)

[읽기] (　　　　　　　)

16 나는 어떤 수입니까?

나는 56보다 크고 60보다 작은 수야. 아~ 참, 그리고 난 짝수야.

(　　　　　　　)

17 미주와 혜리가 게시판을 꾸미고 남은 색종이는 몇 장입니까?

> 미주: 게시판을 꾸미려고 산 색종이는 10장씩 묶음 9개지?
> 혜리: 응~ 그리고 10장씩 묶음 3개를 썼어.

(　　　　　　　)

서술형

18 쉰하나보다 1 큰 수와 예순보다 1 작은 수 사이의 수는 모두 몇 개인지 풀이 과정을 쓰고 답을 구하시오.

[풀이]

_____

_____

_____

[답]

19 줄넘기 대회 예선에서 떨어진 사람은 누구입니까?

> [줄넘기 대회 예선 규칙]
> • 두 발로 뛰어야 합니다.
> • 한 번의 기회만 주어집니다.
> • 85번보다 많이 넘어야 합니다.

이름	경선	은정	상희	지원
횟수	86번	92번	85번	90번

(　　　　　　　)

20 다음 조건을 모두 만족하는 수를 쓰시오.

> • 65와 80 사이의 수입니다.
> • 10개씩 묶으면 낱개가 9개입니다.
> • 10개씩 묶음의 수는 낱개의 수보다 2 작습니다.

(　　　　　　　)

1단원이 끝났습니다. QR 코드를 찍으면 재미있는 게임을 할 수 있어요.

1

100까지의 수

제 2 화 소크라테스가 생각난 이유는?

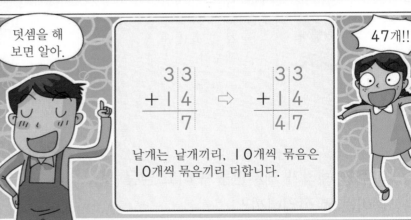

이미 배운 내용	이번에 배울 내용	앞으로 배울 내용
[1-1 덧셈과 뺄셈] · 모으기와 가르기 하기 · 더하기 나타내기 · 덧셈하기 · 빼기 나타내기 · 뺄셈하기	· 받아올림이 없는 (두 자리 수)+(한 자리 수), (두 자리 수)+(두 자리 수) · 받아내림이 없는 (두 자리 수)−(한 자리 수), (두 자리 수)−(두 자리 수)	**[1-2 덧셈과 뺄셈 (2)]** · 세 수의 덧셈 · 세 수의 뺄셈 · 두 수 더하기 · 10이 되는 더하기 · 10에서 빼기

만화로 개념 쏙!

① (몇십몇)+(몇)

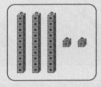  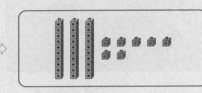

$32+5=37$

$$\begin{array}{r} 3\ 2 \\ +\quad 5 \\ \hline 3\ 7 \end{array}$$

낱개는 낱개끼리 줄을 맞추어 더해요.

예제 ① $46+2=4\boxed{}$

② (몇십)+(몇십), (몇십몇)+(몇십몇)

   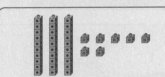

$23+14=37$

$$\begin{array}{r} 2\ 3 \\ +\ 1\ 4 \\ \hline 3\ 7 \end{array}$$

낱개는 낱개끼리, 10개씩 묶음은 10개씩 묶음끼리 더해요.

예제 ② $14+25=\boxed{}\boxed{}$

③ 그림을 보고 덧셈하기

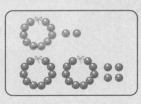

$12+24=36$

[계산 방법]

① 12에 4를 더해서 16을 구하고, 20을 더했습니다.

② 10과 20을 더하고 2와 4를 더했습니다.

셀파 포인트

·(몇십)+(몇)

$$\blacksquare 0 + \blacktriangle = \blacksquare\blacktriangle$$

·(몇십몇)+(몇)

$\blacktriangle + \bigstar = \bullet$

$\blacksquare\blacktriangle + \bigstar = \blacksquare\bullet$

·(몇십)+(몇십)

$\blacksquare 0 + \blacktriangle 0 = \bullet\bullet 0$

$\blacksquare + \blacktriangle = \bullet$

·(몇십몇)+(몇십몇)

$\blacktriangle + \blacklozenge = \blacktriangledown$

$\blacksquare\blacktriangle + \bullet\blacklozenge = \bigstar\blacktriangledown$

$\blacksquare + \bullet = \bigstar$

예제 정답

① 8
② 3, 9

개념 확인 ① (몇십몇)+(몇)

1-1 그림을 보고 □ 안에 알맞은 수를 써넣으시오.

$$25+4=\boxed{}$$

1-2 그림을 보고 □ 안에 알맞은 수를 써넣으시오.

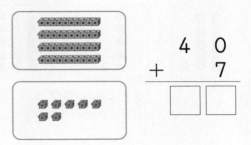

$$\begin{array}{r} 4\ 0 \\ +\ \ 7 \\ \hline \boxed{}\ \boxed{} \end{array}$$

개념 확인 ② (몇십)+(몇십), (몇십몇)+(몇십몇)

2-1 계산을 하시오.

(1)
$$\begin{array}{r} 1\ 0 \\ +\ 2\ 0 \\ \hline \boxed{}\ \boxed{} \end{array}$$

(2)
$$\begin{array}{r} 6\ 0 \\ +\ 1\ 9 \\ \hline \boxed{}\ \boxed{} \end{array}$$

(3)
$$\begin{array}{r} 3\ 2 \\ +\ 2\ 6 \\ \hline \boxed{}\ \boxed{} \end{array}$$

(4)
$$\begin{array}{r} 5\ 3 \\ +\ 1\ 4 \\ \hline \boxed{}\ \boxed{} \end{array}$$

2-2 계산을 하시오.

(1)
$$\begin{array}{r} 3\ 0 \\ +\ 3\ 0 \\ \hline \end{array}$$

(2)
$$\begin{array}{r} 2\ 8 \\ +\ 2\ 0 \\ \hline \end{array}$$

(3) $15+63$

(4) $54+41$

개념 확인 ③ 그림을 보고 덧셈하기

3-1 그림을 보고 덧셈식을 완성하시오.

(⧸와 ⧸의 수)

$$=12+\boxed{}=\boxed{}$$

3-2 **3-1**의 그림을 보고 덧셈식을 완성하시오.

(1) (⧸와 ⧸의 수)

$$=7+\boxed{}=\boxed{}$$

(2) (⧸와 ⧸의 수)

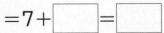

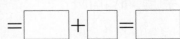

$$=\boxed{}+\boxed{}=\boxed{}$$

유형 탐구 (1)

유형 1
(몇십몇)+(몇) — 그림으로 알아보기

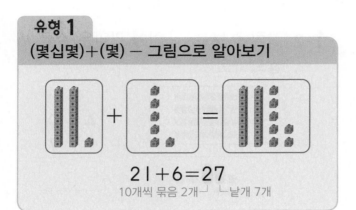

$$21+6=27$$
10개씩 묶음 2개 ┘   └ 낱개 7개

교과서 유형

❖ 당근이 모두 몇 개인지 알아보시오. (1~3)

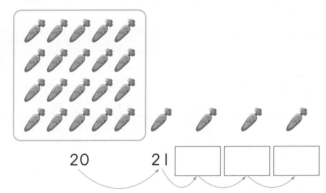

20   21

1

당근의 수를 세어 위 □ 안에 알맞은 수를 써넣으시오.

2

20부터 1씩 4번 이어서 세면 얼마입니까?

(   )

3

당근은 모두 몇 개입니까?

(   )

4

그림을 보고 덧셈식을 완성하시오.

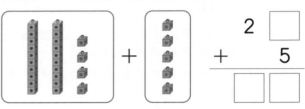

```
    2 □
  +   5
  □ □
```

유형 2
(몇십몇)+(몇) — 계산하기

비법

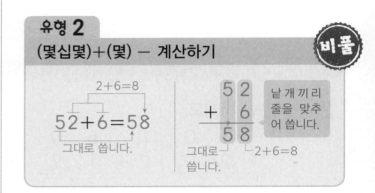

$$2+6=8$$
$$52+6=58$$
그대로 씁니다.

```
    5 2
  +   6
    5 8
```
그대로 씁니다.   2+6=8

낱개끼리 줄을 맞추어 씁니다.

5 **익힘책 유형**

계산을 하시오.

(1)
```
    2 0
  +   9
```

(2)
```
      6
  + 4 1
```

(3) 5+30

(4) 12+7

6

계산 결과의 크기를 비교하여 ○ 안에 >, =, <를 알맞게 써넣으시오.

| 1+72 | ○ | 67+2 |

7

관계있는 것끼리 선으로 이으시오.

63+2 ·

7+50 ·

· 57

· 65

· 72

8 서술형

민우는 빨간색 색종이 41장, 파란색 색종이 6장을 가지고 있습니다. 민우가 가지고 있는 색종이는 모두 몇 장인지 식을 쓰고 답을 구하시오.

[식]

[답]

9 창의·융합

민우가 찾을 카드에 색칠하시오.

| 20+3 | 3+30 | 27+2 | 4+24 |

유형 3

(몇십)+(몇십) — 그림으로 알아보기

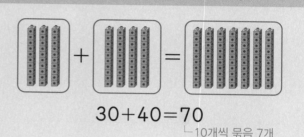

$$30+40=70$$
└ 10개씩 묶음 7개

교과서 유형

❖ 나비는 20마리, 벌은 10마리 있습니다. 나비와 벌은 모두 몇 마리인지 알아보시오. (10~11)

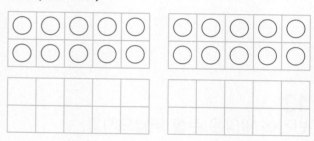

10

나비의 수만큼 ○를 그렸습니다. 벌의 수만큼 빈칸에 △를 그려 보시오.

11

나비와 벌의 수를 구하는 덧셈식을 쓰시오.

□ + □ = □

2

덧셈과 뺄셈 (1)

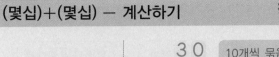

유형 4
(몇십)+(몇십) — 계산하기

$30+40=70$
$\underset{3+4=7}{\underbrace{\quad}}$

$\begin{array}{r} 3\,0 \\ +\,4\,0 \\ \hline 7\,0 \end{array}$
$3+4=7$

10개씩 묶음은 10개씩 묶음끼리, 낱개는 낱개끼리 줄을 맞추어 씁니다.

12
계산을 하시오.

(1) $\begin{array}{r} 1\,0 \\ +\,5\,0 \\ \hline \end{array}$

(2) $\begin{array}{r} 6\,0 \\ +\,3\,0 \\ \hline \end{array}$

13
빈칸에 알맞은 수를 써넣으시오.

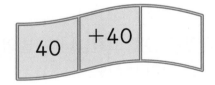

| 40 | +40 | |

14 창의·융합
운동회가 끝난 후 지아의 손등에 찍힌 도장입니다. 지아는 연필을 몇 자루 받겠습니까?

〈운동회 상품〉

1등	연필 30자루
2등	연필 20자루
3등	연필 10자루

(   )

15
튤립은 70송이, 장미는 10송이 있습니다. 튤립과 장미는 모두 몇 송이입니까?

(   )

16 익힘책 유형   해설집 14쪽 문제 분석
같은 색깔 카드에 적힌 수의 합을 구하시오.

| 10 | 20 | 50 | 30 | 70 | 60 |

☐ : ☐ , ☐ : ☐ , ☐ : ☐

유형 5
(몇십몇)+(몇십몇) — 그림으로 알아보기

$21+13=34$
10개씩 묶음 3개 ┐ └ 낱개 4개

17
그림을 보고 ☐ 안에 알맞은 수를 써넣으시오.

 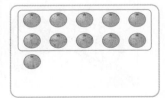

$18+\boxed{}=\boxed{}$

❖ 사과는 13개, 귤은 14개 있습니다. 사과
와 귤은 모두 몇 개인지 알아보시오.
(18~19)

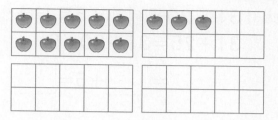

18
귤의 수만큼 빈칸에 ○를 이어 그려 보시오.

19
사과와 귤은 모두 몇 개입니까?

(   )

유형 6
(몇십몇)+(몇십몇) ─ 계산하기   비풀

$$4+1=5$$
$$54+31=85$$
$$5+3=8$$

$$\begin{array}{r} 5\ 4 \\ +\ 3\ 1 \\ \hline 8\ 5 \end{array}$$

5+3=8   4+1=5

낱개는 낱개끼
리, 10개씩 묶음
은 10개씩 묶음
끼리 더합니다.

20 교과서 유형
계산을 하시오.

(1)
$$\begin{array}{r} 4\ 4 \\ +\ 1\ 5 \\ \hline \end{array}$$

(2)
$$\begin{array}{r} 5\ 2 \\ +\ 2\ 4 \\ \hline \end{array}$$

21
왼쪽의 계산 결과를 찾아 색칠하여 보시오.

26+42 | 28 | 54 | 68 | 48 |

22 서술형
가장 큰 수와 가장 작은 수의 합을 구하는 풀
이 과정을 쓰고 답을 구하시오.

| 36 | 61 | 30 |

[풀이]

[답]

23
빈 곳에 알맞은 수를 써넣으시오.

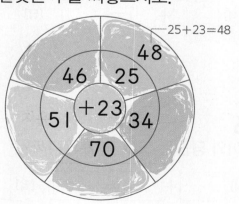

25+23=48

48
46   25
51   +23   34
70

2
덧셈과 뺄셈
⑴

유형 7
그림을 보고 덧셈하기

개념 동영상

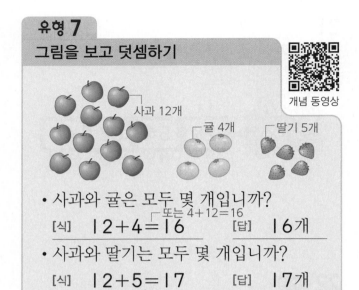

사과 12개

귤 4개

딸기 5개

• 사과와 귤은 모두 몇 개입니까?

[식] 12+4=16 └또는 4+12=16 [답] 16개

• 사과와 딸기는 모두 몇 개입니까?

[식] 12+5=17 [답] 17개

└또는 5+12=17

교과서 유형

❖ 채소를 보고 덧셈을 해 보시오. (24~26)

오이 당근 무

24
당근과 무는 모두 몇 개입니까?

[식] 10+□=□ [답] □개

25
오이와 무는 모두 몇 개입니까?

[식] □+□=□ [답] □개

26
오이와 당근은 모두 몇 개입니까?

[식] □+□=□ [답] □개

27
31+25를 여러 가지 방법으로 계산하려고 합니다. 설명하는 방법으로 계산하시오.

[방법 1] 31에 20을 더하고 5를 더하기

31+25=31+20+5

=□+5=□

[방법 2] 30에 25를 더하고 1을 더하기

31+25=30+25+1

=□+1=□

[방법 3] 30과 20을 더하고 1과 5를 더하기

31+25=30+20+1+5

=□+□=□

28
보기 와 같은 방법으로 계산하시오.

보기
17+42=17+2+40
=19+40=59

63+25=_____

_____

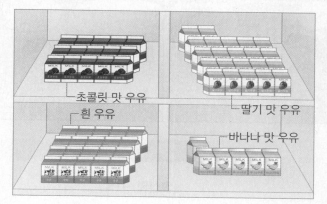

익힘책 유형

❖ 냉장고에 들어 있는 우유를 보고 물음에 답하시오. (29~30)

초콜릿 맛 우유
흰 우유
딸기 맛 우유
바나나 맛 우유

29 서술형

딸기 맛 우유와 바나나 맛 우유는 모두 몇 개인지 덧셈식을 쓰고 더한 방법을 설명하시오.

[식]

[방법]

30 서술형

윗칸에 있는 우유는 모두 몇 개인지 여러 가지 방법으로 구하시오.

방법 1

방법 2

유형 8
규칙적인 덧셈식

$$13+1=14$$
$$13+2=15$$
$$13+3=16$$
$$13+4=17$$

더해지는 수 ——　—— 더하는 수

규칙
더하는 수가 1씩 커지면 합도 1씩 커집니다.

개념 동영상

❖ 덧셈을 하시오. (31~32)

31 익힘책 유형

$$20+2=\boxed{22}$$
$$20+4=\boxed{}$$
$$20+6=\boxed{}$$
$$20+8=\boxed{}$$

32

$$56+13=\boxed{69}$$
$$55+14=\boxed{}$$
$$54+15=\boxed{}$$
$$53+16=\boxed{}$$

33 서술형

덧셈을 하고 알게 된 점을 한 가지 쓰시오.

$$72+6=\boxed{}$$
$$72+5=\boxed{}$$
$$72+4=\boxed{}$$
$$72+3=\boxed{}$$

2
덧셈과 뺄셈 (1)

만화로 개념 쏙!

셀파 포인트

④ (몇십몇)−(몇)

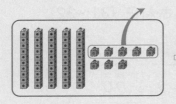

$58-5=53$

$$\begin{array}{r} 5\,8 \\ -\ \ 5 \\ \hline 5\,3 \end{array}$$

낱개끼리 줄을 맞추어 써요.

예제 ① $29-3=2\boxed{}$

・(몇십몇)−(몇)

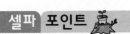

・(몇십)−(몇십)

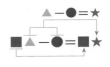

⑤ (몇십)−(몇십), (몇십몇)−(몇십몇)

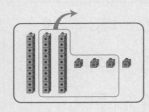

$34-23=11$

$$\begin{array}{r} 3\,4 \\ -\,2\,3 \\ \hline 1\,1 \end{array}$$

낱개는 낱개끼리, 10개씩 묶음은 10개씩 묶음끼리 빼요.

예제 ② $46-12=\boxed{}\,\boxed{}$

・(몇십몇)−(몇십)

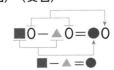

⑥ 그림을 보고 뺄셈하기

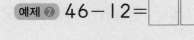

$23-11=12$

[계산 방법]

① 23에서 1을 빼고, 10을 뺐습니다.

② 20에서 10을 빼서 10을 구하고, 3에서 1을 뺐습니다.

・(몇십몇)−(몇십몇)

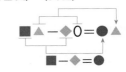

예제 정답

① 6
② 3, 4

개념 확인 **4** (몇십몇)−(몇)

4-1 그림을 보고 ☐ 안에 알맞은 수를 써 넣으시오.

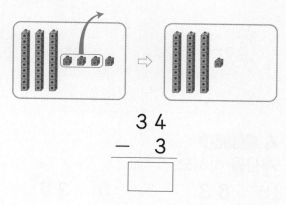

$$\begin{array}{r} 3\ 4 \\ -\ \ \ 3 \\ \hline \end{array}$$

4-2 그림을 보고 ☐ 안에 알맞은 수를 써 넣으시오.

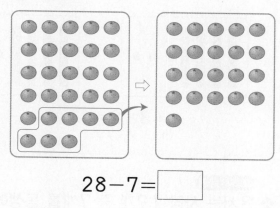

$$28-7=\boxed{}$$

개념 확인 **5** (몇십)−(몇십), (몇십몇)−(몇십몇)

5-1 계산을 하시오.

(1)
$$\begin{array}{r} 7\ 0 \\ -3\ 0 \\ \hline \end{array}$$

(2)
$$\begin{array}{r} 5\ 5 \\ -1\ 4 \\ \hline \end{array}$$

5-2 계산을 하시오.

(1)
$$\begin{array}{r} 5\ 0 \\ -2\ 0 \\ \hline \end{array}$$

(2)
$$\begin{array}{r} 6\ 9 \\ -3\ 7 \\ \hline \end{array}$$

(3) $83-62$

개념 확인 **6** 그림을 보고 뺄셈하기

6-1 금붕어는 열대어보다 몇 마리 더 많은 지 뺄셈식을 쓰시오.

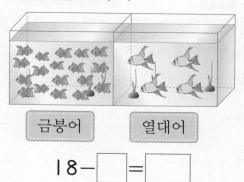

| 금붕어 | 열대어 |

$$18-\boxed{}=\boxed{}$$

6-2 사과를 12개 먹으면 몇 개가 남는지 뺄셈식을 쓰시오.

$$\boxed{}-12=\boxed{}$$

유형 9
(몇십몇)−(몇) − 그림으로 알아보기

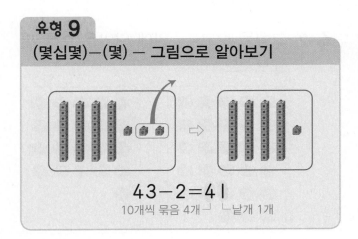

$$43 - 2 = 41$$
10개씩 묶음 4개 ─┘ └─ 낱개 1개

교과서 유형

❖ 은서는 사탕 19개 중 7개를 동생에게 주었습니다. 물음에 답하시오. (1~2)

1

동생에게 준 사탕의 수만큼 ○를 /으로 지워 보시오.

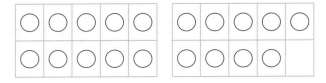

2

은서에게 남은 사탕의 수를 구하는 식을 쓰시오.

□ − □ = □

3

갈색 달걀은 흰색 달걀보다 몇 개 더 많습니까?

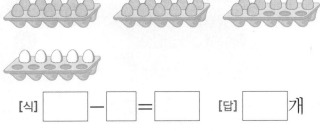

[식] □ − □ = □   [답] □ 개

유형 10
(몇십몇)−(몇) − 계산하기   비법

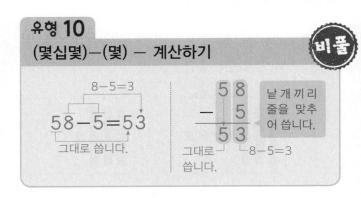

8−5=3

$$58 - 5 = 53$$
그대로 씁니다.

5 8
− 　5
─────
5 3

그대로 씁니다. └ 8−5=3

낱개끼리 줄을 맞추어 씁니다.

4 익힘책 유형

계산을 하시오.

(1)　　8 3
　　−　　2
　　─────

(2)　　3 7
　　−　　4
　　─────

5

계산이 잘못된 부분을 찾아 바르게 계산하시오.

7 6
− 　5
─────
2 6

⇨ 　　　

6 서술형

민우는 가지고 있던 색종이 47장 중 미술 시간에 3장을 사용했습니다. 사용하고 남은 색종이는 몇 장인지 식을 쓰고 답을 구하시오.

[식]

[답]

7 창의·융합

계산 결과가 같은 것끼리 같은 색으로 색칠하시오.

$67-5$

$29-5$

$38-6$

$25-1$

$33-1$

$64-2$

유형 11

(몇십)−(몇십) − 그림으로 알아보기

$$70-20=50$$
└ 10개씩 묶음 5개

8

그림을 보고 뺄셈식을 완성하시오.

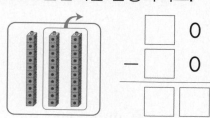

$$\boxed{}\,0$$
$$-\ \boxed{}\,0$$
$$\boxed{}\,\boxed{}$$

9

$60-40$을 알아보려고 합니다. 모형을 알맞게 덜어 내고 답을 구하시오.

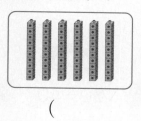

(   )

유형 12

(몇십)−(몇십) − 계산하기   비법

$$70-20=50$$
$$\underset{7-2=5}{}$$

$$\begin{array}{r} 70 \\ -\ 20 \\ \hline 50 \end{array}$$
$$7-2=5$$

10개씩 묶음은 10개씩 묶음끼리, 낱개는 낱개끼리 줄을 맞추어 씁니다.

10

계산을 하시오.

(1) $\begin{array}{r} 80 \\ -30 \\ \hline \end{array}$

(2) $\begin{array}{r} 50 \\ -10 \\ \hline \end{array}$

11

빈 곳에 알맞은 수를 써넣으시오.

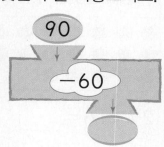

90

-60

2

덧셈과 뺄셈 (1)

12 서술형

계산 결과가 20보다 작은 카드를 가지고 있는 사람은 누구인지 풀이 과정을 쓰고 답을 구하시오.

소라 $70-50$ 희선 $80-40$ 지유 $90-80$

[풀이]

[답]

유형 13

(몇십몇)−(몇십몇) − 그림으로 알아보기

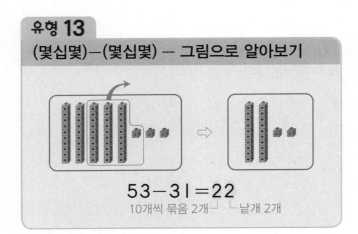

$53-31=22$

10개씩 묶음 2개 ⌐ ⌐ 낱개 2개

13 익힘책 유형

그림을 보고 ☐ 안에 알맞은 수를 써넣으시오.

$27-16=$ ☐

14

그림을 보고 바르게 말한 사람의 이름을 쓰시오.

소라: $39-4=35$를 나타낸 그림이야.

민서: 아니야. $39-14=25$를 나타냈어.

( )

유형 14 비풀

(몇십몇)−(몇십몇) − 계산하기

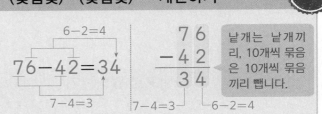

$$76-42=34$$
$6-2=4$
$7-4=3$

$$\begin{array}{r} 7\ 6 \\ -\ 4\ 2 \\ \hline 3\ 4 \end{array}$$

$7-4=3$ $6-2=4$

낱개는 낱개끼리, 10개씩 묶음은 10개씩 묶음끼리 뺍니다.

15 교과서 유형

계산을 하시오.

(1) $\begin{array}{r} 9\ 3 \\ -3\ 0 \\ \hline \end{array}$

(2) $\begin{array}{r} 6\ 5 \\ -5\ 5 \\ \hline \end{array}$

(3) $58-17$

(4) $79-42$

16

빈 곳에 알맞은 수를 써넣으시오.

82 → -21 → ☐

17 창의·융합

짝 지은 두 수의 차를 아래 빈칸에 써넣으시오.

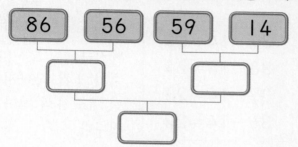

18

내용을 읽고 힘센 팀이 승리 팀을 몇 점 차로 이겼는지 구하시오.

오늘 잠실 체육관에서 열린 힘센 팀과 승리 팀의 농구 경기에서 힘센 팀이 88점, 승리 팀이 74점으로 힘센 팀이 이겼습니다.

(   )

19   해설집 17쪽   문제 분석

같은 모양은 같은 수를 나타냅니다. ▲를 구하시오.

$$41+56=■$$
$$■-37=▲$$

(   )

유형 15

그림을 보고 뺄셈하기

17송이   10송이   5송이

장미   국화   튤립

• 장미는 국화보다 몇 송이 더 많습니까?

[식] $17-10=7$ [답]   7송이

• 튤립은 장미보다 몇 송이 더 적습니까?

[식] $17-5=12$ [답]   12송이

20 익힘책 유형

야구공이 57개, 농구공이 21개 있습니다. 어느 공이 얼마나 더 많은지 뺄셈식을 쓰고 여러 가지 방법으로 구하시오.

나는 57에서 20을 빼서 [ ]을 구하고 다시 1을 뺐어.

나는 7에서 1을 빼서 [ ]을 구하고 50에서 20을 빼서 구했어.

21

보기 와 같은 방법으로 계산하시오.

보기
$$38-25=38-5-20$$
$$=33-20=13$$

$66-52=$ _____

2

덧셈과 뺄셈 (1)

❖ 구슬을 보고 뺄셈을 해 보시오. (22~23)

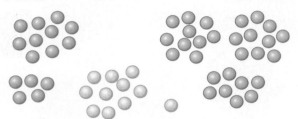

22
파란색 구슬 8개를 동생에게 주었다면 남은 파란색 구슬은 몇 개입니까?

[식] ☐ ― ☐ = ☐   [답] ☐ 개

23 서술형
빨간색 구슬과 노란색 구슬 중 무엇이 몇 개 더 많은지 뺄셈식을 쓰고 답을 구하시오.

[식]

[답]

24 서술형
$94-64$를 여러 가지 방법으로 계산하시오.

┌─ 방법 1 ─────────────────┐
│   │
└──────────────────────────┘

┌─ 방법 2 ─────────────────┐
│   │
└──────────────────────────┘

유형 16
규칙적인 뺄셈식

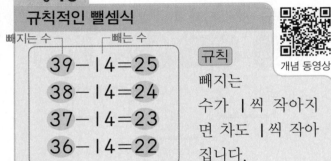

┌ 빼지는 수   ┌ 빼는 수
$39-14=25$
$38-14=24$
$37-14=23$
$36-14=22$

규칙
빼지는 수가 1씩 작아지면 차도 1씩 작아집니다.

개념 동영상

❖ 뺄셈을 하시오. (25~26)

25
$56-12=\boxed{44}$
$56-13=\boxed{}$
$56-14=\boxed{}$
$56-15=\boxed{}$

26 익힘책 유형
$73-32=\boxed{41}$
$74-33=\boxed{}$
$75-34=\boxed{}$
$76-35=\boxed{}$

27 서술형
뺄셈을 하고 알게 된 점을 한 가지 쓰시오.

$92-21=\boxed{}$ _____
$93-21=\boxed{}$ _____
$94-21=\boxed{}$ _____
$95-21=\boxed{}$ _____

유형 17
덧셈과 뺄셈의 관계

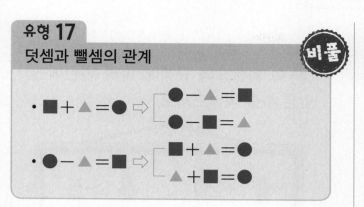

28
뺄셈식 43−20=23을 보고 덧셈식 2개
를 바르게 만든 사람에 ○표 하시오.

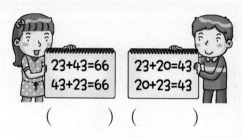

23+43=66
43+23=66

23+20=43
20+23=43

(   )   (   )

29
칠판에 쓰여진 덧셈식을 보고 뺄셈식을 2개
만들어 보시오.

41+7=48

[뺄셈식] _____

[뺄셈식] _____

30
□ 안에 알맞은 수를 써넣으시오.

$$\boxed{}-32=15$$

유형 18
□ 안에 들어갈 수 구하기

개념 동영상

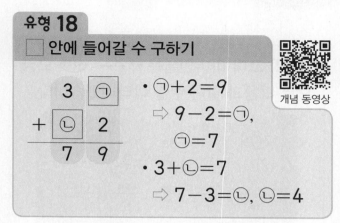

- ㉠+2=9
  ⇨ 9−2=㉠,
     ㉠=7
- 3+㉡=7
  ⇨ 7−3=㉡, ㉡=4

❖ □ 안에 알맞은 수를 써넣으시오.
(31~32)

31

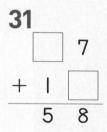

32

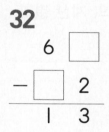

33
다음 뺄셈식에서 ㉠과 ㉡에 알맞은 수를 각각
구하시오.

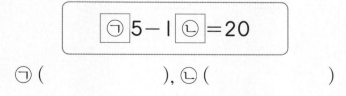

㉠5−1㉡=20

㉠ (   ), ㉡ (   )

2
덧셈과 뺄셈 (1)

창의·융합

(1~2) 고대 마야인들은 •, ——,  모양으로 다음과 같이 수를 나타내었습니다.

〈마야의 수〉

마야의 수로 나타낸 아래 식의 계산 결과를 마야의 수로 나타내시오.

1

$$\underline{\quad} + \overset{\bullet\bullet}{\underset{\text{(貝)}}{}} = \boxed{}$$

2

$$\overset{\bullet}{\overset{\bullet\bullet\bullet}{\underline{\underline{\quad}}}} - \overset{\bullet\bullet}{\underline{\underline{\quad}}} = \boxed{}$$

(3~4) 화살표의 규칙에 따라 빈칸에 알맞은 수를 써넣으시오.

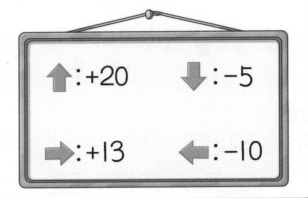

⬆ : +20   ⬇ : −5

➡ : +13   ⬅ : −10

3

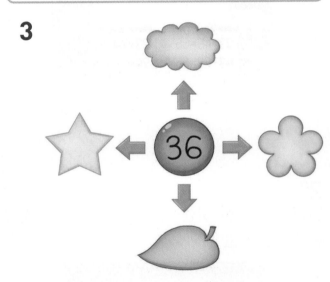

36

4

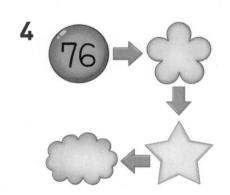

76

(5~6) 같은 그림은 같은 수를 나타냅니다. 식을 보고 각 그림이 나타내는 수를 구하시오.

5

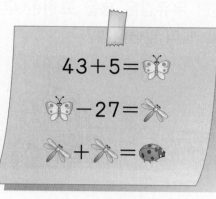

$43+5=$🦋

🦋$-27=$🪰

🪰$+$🪰$=$🐞

🦋$=$ ☐

🪰$=$ ☐

🐞$=$ ☐

6

🌺$+$🌺$=60$

$72-$🌺$=$🌷

🌷$-31=$🌻

🌺$=$ ☐

🌷$=$ ☐

🌻$=$ ☐

(7~8) 성냥개비를 사용하여 만든 식입니다.

$$17+28=37$$

잘못 만든 위 식에서 아래와 같이 성냥개비를 한 개 지우면 바른 식이 됩니다.

$$17+28\times=37$$

위와 같이 잘못된 다음 식이 바른 식이 되도록 성냥개비를 한 개 지워 보시오.

7

$$20+16=96$$

8

$$28-12=14$$

3 STEP 레벨 UP

• (몇십몇)−(몇십몇)

1 계산 결과가 **30**보다 큰 풍선을 찾아 색칠하시오.

유사

35−3   65−40   49−22

• (몇십몇)+(몇십몇)

2 같은 과일에 쓰여 있는 수끼리 더하여 표의 빈칸에 알맞게 써넣으시오.

유사

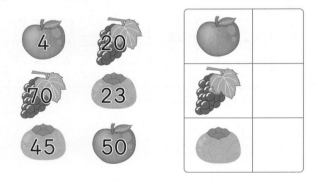

• (몇십)+(몇십)   서술형

3 도토리와 밤이 각각 **30**개씩 있습니다. 도토리와 밤은 모두 몇 개인지 식을 쓰고 답을 구하시오.

유사

[식]

[답]

• (몇십몇)−(몇)

4 재호가 우유갑에 봄과 여름을 표현한 그림을 그려 각각 탑을 쌓았습니다. 여름을 표현한 우유갑은 봄을 표현한 우유갑보다 몇 개 더 많습니까?

유사

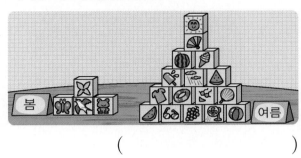

(   )

• (몇십몇)−(몇십몇)

5 가장 큰 수와 가장 작은 수의 차를 구하시오.

유사

(   )

• (몇십몇)+(몇십몇)

6 □ 안에 알맞은 수를 구하시오.

유사
동영상

$$\boxed{}-17=20+11$$

(   )

• (몇십)+(몇십)
7 빨간색 구슬 60개와 노란색 구슬 20개
유사 ✏ 가 있습니다. 목걸이 한 개를 만드는 데
동영상◀ 구슬이 10개씩 필요할 때 목걸이를 몇
개까지 만들 수 있는지 풀이 과정을 쓰고
답을 구하시오.

〔서술형〕

[풀이]

_____

_____

[답]

• (몇십몇)+(몇)
해설집 19쪽 문제 분석
8 상미는 수학 문제를 어제는 31문제 풀
유사 ✏ 었고, 오늘은 어제보다 3문제 더 많이 풀
었습니다. 상미가 어제와 오늘 푼 수학 문
제는 모두 몇 문제입니까?
(   )

• (몇십몇)+(몇십몇)
9 세령이가 찾아야 하는 2장의 수 카드를
유사 ✏ 찾아 쓰시오.
동영상◀

(   )

• (몇십몇)−(몇십몇)
해설집 20쪽 문제 분석
10 1부터 9까지의 수 카드가 한 장씩 있습
유사 ✏ 니다. 이 수 카드를 한 번씩만 사용하여
동영상◀ 만들 수 있는 몇십몇 중에서 가장 큰 수
와 가장 작은 수의 차를 구하시오.
(   )

• (몇십몇)−(몇십몇)
〔서술형〕
11 어떤 수에서 23을 빼야 할 것을 잘못하
유사 ✏ 여 더했더니 89가 되었습니다. 바르게
동영상◀ 계산하면 얼마인지 풀이 과정을 쓰고 답
을 구하시오.

[풀이]

_____

_____

[답]

• 덧셈과 뺄셈의 관계
해설집 20쪽 문제 분석
12 ☐ 안에 들어갈 수 있는 수 중에서 가장
유사 ✏ 큰 수를 구하시오.
동영상◀

☐+53<65

(   )

2
덧셈과 뺄셈 (1)

1 그림을 보고 ☐ 안에 알맞은 수를 써넣으시오.

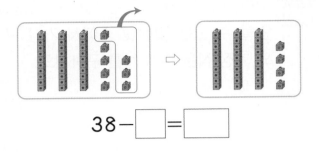

$$38 - \boxed{} = \boxed{}$$

❖ 계산을 하시오. (2~3)

2
$$\begin{array}{r} 8\ 1 \\ +\ 1\ 7 \\ \hline \end{array}$$

3
$$\begin{array}{r} 5\ 7 \\ -\ 2\ 3 \\ \hline \end{array}$$

4 당근이 26개, 무가 22개 있습니다. 당근과 무는 모두 몇 개인지 여러 가지 방법으로 더해 보시오.

 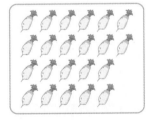

[방법 1] 26에 20을 더하고 2 더하기

$$26 + 22 = 26 + \boxed{} + \boxed{}$$
$$= \boxed{} + 2 = \boxed{}$$

[방법 2] 6과 2를 더하고 20과 20 더하기

$$26 + 22 = 6 + 2 + 20 + \boxed{}$$
$$= \boxed{} + \boxed{} = \boxed{}$$

5 빈 곳에 알맞은 수를 써넣으시오.

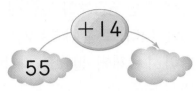

55

6 계산 결과가 같은 것끼리 이어 보시오.

56 − 6 ·   · 20 + 30

75 − 24 ·   · 32 + 24

88 − 32 ·   · 1 + 50

7 빈칸에 알맞은 수를 써넣으시오.

$$58 - 13 = \boxed{}$$
$$58 - 14 = \boxed{}$$
$$58 - 15 = \boxed{}$$
$$58 - 16 = \boxed{}$$

8 계산 결과의 크기를 비교하여 ◯ 안에 >, =, <를 알맞게 써넣으시오.

$$\boxed{40 + 10} \; \bigcirc \; \boxed{94 - 54}$$

9 계산을 바르게 한 것을 찾아 기호를 쓰시오.

> ㉠ 18 - 10 = 17
> ㉡ 25 - 20 = 23
> ㉢ 36 - 30 = 6

(   )

10 꼬리잡기 놀이와 공놀이를 하는 학생은 모두 몇 명입니까?

[식] ☐ + ☐ = ☐   [답] ☐ 명

11 주머니에서 수를 각각 하나씩 골라 뺄셈 식을 만드시오.

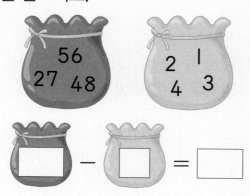

☐ - ☐ = ☐

12 호진이와 재영이가 가진 수수깡은 모두 몇 개입니까?

(   )

❖ 쿠폰을 사용하여 살 수 있는 물건입니다. 물음에 답하시오. (13~14)

서술형
13 동화책과 필통을 한 개씩 사려면 쿠폰 몇 장이 필요한지 식을 쓰고 답을 구하시오.

[식]

[답]

서술형
14 지유가 쿠폰을 사용하여 곰 인형을 한 개 산다면 지유에게 쿠폰은 몇 장 남을지 식을 쓰고 답을 구하시오.

난 쿠폰을 19장 가지고 있어.

지유

[식]

[답]

2
덧셈과 뺄셈 (1)

15 차가 **24**가 되는 두 수를 찾아 ○표 하시오.

16 선미가 사야 할 달걀은 몇 개입니까? (단, 달걀은 한 판에 **30**개입니다.)

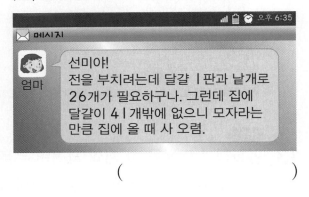

메시지

엄마
선미야!
전을 부치려는데 달걀 1판과 낱개로 26개가 필요하구나. 그런데 집에 달걀이 41개밖에 없으니 모자라는 만큼 집에 올 때 사 오렴.

(   )

17 **3**장의 수 카드 중 미나는 두 장을 골라 몇십몇을 만들고 현우는 남은 한 장으로 몇을 만들었습니다. 두 사람이 만든 두 수의 합 중 가장 큰 수를 구하시오.

| 2 | 5 | 6 |

(   )

18 상자에 사과 **25**개와 귤이 들어 있습니다. 상자에 든 과일이 모두 **59**개일 때, 귤은 몇 개입니까?

(   )

서술형
19 퀴즈를 민호는 현우보다 **12**개 더 많이 맞혔고 현우는 동호보다 **10**개 더 적게 맞혔습니다. 동호가 **45**개 맞혔을 때 민호가 맞힌 퀴즈는 몇 개인지 풀이 과정을 쓰고 답을 구하시오.

[풀이]

[답]

20 다음 두 수의 합은 **85**입니다. ☐ 안에 알맞은 수를 써넣으시오.

❖ 그림을 보고 ☐ 안에 알맞은 수를 써넣으시오. (1~2)

1

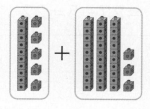

$$\begin{array}{r} 1\ \square \\ +\ \square\ 3 \\ \hline \square\ \square \end{array}$$

2

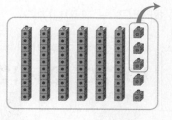

$$\begin{array}{r} 6\ \square \\ -\ \quad 3 \\ \hline \square\ \square \end{array}$$

3 덧셈을 하시오.
　(1) 2+36

　(2) 71+24

4 뺄셈을 하시오.
　(1) 45−3

　(2) 98−52

5 ☐ 안에 알맞은 수를 써넣으시오.

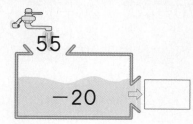

6 빈칸에 알맞은 수를 써넣으시오.

+	2	7	8
50	52		

7 ☐ 안에 알맞은 수를 써넣으시오.

🐷 : 꿀꿀! 나는 빨간색 벽돌 **97**개
와 흰색 벽돌 **77**개로 집을 지
었어. 그러니까 빨간색 벽돌을
흰색 벽돌보다 ☐ 개 더 많
이 사용했지.

2

덧셈과 뺄셈 (1)

8 식의 차를 찾아 선으로 이어 보시오.

70−40   20−10   90−50

10   40   30

서술형

❖ 그림을 보고 알맞은 식을 세우고 답을 구하시오. (9~10)

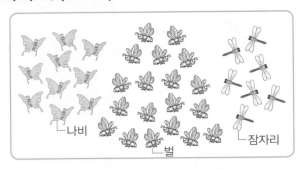

└나비   └벌   └잠자리

9 나비와 잠자리는 모두 몇 마리입니까?

[식]

[답]

10 벌은 잠자리보다 몇 마리 더 많습니까?

[식]

[답]

11 ☐ 안에 알맞은 수를 써넣으시오.

☐ +3=34 ⬌ 34−☐ =31

12 보기 와 같은 방법으로 계산하시오.

보기
$$37-15=37-10-5$$
$$=27-5=22$$

69−21=

13 합이 가장 큰 학생은 누구입니까?

우진 31+7   현호 10+20   미애 24+12

( )

서술형

14 콩 주머니를 시후는 13개, 미소는 15개 모았습니다. 누가 몇 개 더 많이 모았는지 풀이 과정을 쓰고 답을 구하시오.

[풀이]

[답]

15 빈칸에 알맞은 수를 써넣으시오.

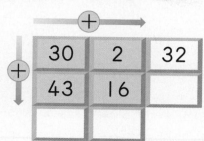

16 가장 큰 수와 가장 작은 수의 합과 차를 각각 구하시오.

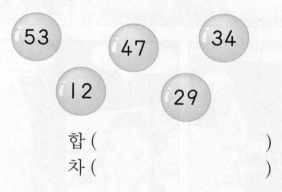

합 (　　　　　　　)

차 (　　　　　　　)

17 강현이는 계산 결과가 10보다 크고 20보다 작은 식을 지나 왔습니다. 강현이를 찾아 기호를 쓰시오.

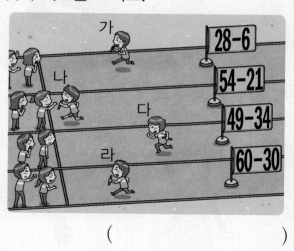

(　　　　　　　)

18 오른쪽 덧셈식에서 같은 모양은 같은 수를 나타냅니다. ★과 ●에 알맞은 수를 각각 구하시오.

★ (　　　　　　　)

● (　　　　　　　)

19 성재는 우표를 23장 모았고 은희는 성재보다 10장 더 많이 모았고, 준서는 은희보다 5장 더 많이 모았습니다. 준서가 모은 우표는 몇 장입니까?

(　　　　　　　)

서술형

20 1부터 9까지의 수 중에서 □ 안에 들어갈 수 있는 가장 큰 수를 구하는 풀이 과정을 쓰고 답을 구하시오.

$$75 - \boxed{}\,1 > 44$$

[풀이]

_____

_____

_____

[답]

2
덧셈과 뺄셈 (1)

2단원이 끝났습니다. QR 코드를 찍으면 재미있는 게임을 할 수 있어요.

3 여러 가지 모양

QR 코드를 찍어 보세요. 재미있는 학습 게임을 할 수 있어요. 학습 게임

제3화 과학적으로 생각하기?!

이미 배운 내용	이번에 배울 내용	앞으로 배울 내용
[1-1 여러 가지 모양] · ▢, ▢, ◯ 모양 찾기 · ▢, ▢, ◯ 모양을 이용하여 여러 가지 모양 만들기	· ▢, ▲, ● 모양 찾아 보기 · ▢, ▲, ● 모양 알아보기 · ▢, ▲, ● 모양으로 여러 가지 모양 꾸미기	[2-1 여러 가지 도형] · 원, 삼각형, 사각형 알아보기 · 오각형, 육각형 알아보기 · 쌓기나무로 쌓기

만화로 개념 쏙!

❶ 여러 가지 모양 찾아 보기

• 교실이나 주변에서 ■, ▲, ● 모양을 찾고 같은 모양끼리 모을 수 있습니다.

예제 ❶ ■ 모양의 물건은 (, ,)입니다.

❷ 여러 가지 모양 알아보기

• 본뜨기, 도장 찍기, 점토 찍어 내기 등 여러 가지 방법으로 ■, ▲, ● 모양을 알아볼 수 있습니다.

톡톡 3D 수학

• ■, ▲, ● 모양의 특징

모양	특징
■	뾰족한 곳이 **4**군데입니다.
▲	뾰족한 곳이 **3**군데입니다.
●	뾰족한 곳이 **없습니다.**

예제 ❷ ● 모양은 뾰족한 곳이 (있습니다 , 없습니다).

셀파 포인트

• **모양의 이름 정하기**
학생 스스로 모양의 이름을 정할 수도 있고, 모둠이나 반에서 의견을 모아 모양에 맞는 이름을 정할 수도 있습니다.

모양	이름
■	종이 모양, 네모 모양 등
▲	옷걸이 모양, 세모 모양 등
●	동글이 모양, 동그라미 모양 등

• ■, ▲, ● **모양 본뜨기**

공책을 본뜨면 ■ 모양입니다.

삼각자를 본뜨면 ▲ 모양입니다.

동전을 본뜨면 ● 모양입니다.

예제 정답

❶ 수첩에 ○표
❷ 없습니다에 ○표

▶ 정답은 23쪽에 공부한 날   월   일

개념 확인 ① 여러 가지 모양 찾아 보기

1-1 왼쪽과 같은 모양의 물건에 ○표 하시오.

 |

1-2 왼쪽과 같은 모양의 물건에 ○표 하시오.

 |

개념 확인 ② 여러 가지 모양 알아보기

2-1 오른쪽 물건을 종이 위에 대고 본뜬 모양을 찾아 ○표 하시오.

(   ) (   ) (   )

2-2 오른쪽 물건을 종이 위에 대고 본뜬 모양을 찾아 ○표 하시오.

(   ) (   ) (   )

2-3 그림을 보고 □ 안에 알맞은 수를 써넣으시오.

■ 모양은 뾰족한 곳이 □군데입니다.

2-4 그림을 보고 □ 안에 알맞은 수를 써넣으시오.

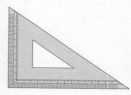

▲ 모양은 뾰족한 곳이 □군데입니다.

유형 탐구 (1)

유형 1

▢, △, ○ 모양 찾아 보기

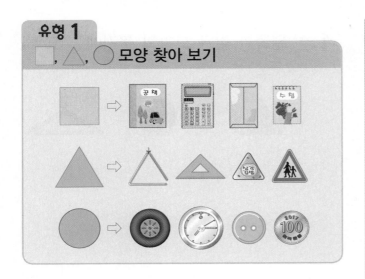

1

▢ 모양에는 □표, △ 모양에는 △표, ○ 모양에는 ○표 하시오.

(   )   (   )   (   )

(   )   (   )   (   )

2

○ 모양의 물건은 모두 몇 개입니까?

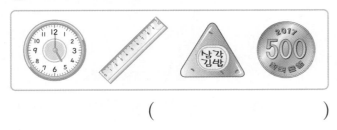

(   )

3 익힘책 유형

왼쪽 그림에 맞게 이야기한 친구에 ○표 하시오.

(   )   (   )

4 창의·융합 서술형

민수네 집에서 ▢, △, ○ 모양 중 1개를 찾아 민수처럼 설명해 보시오.

_____

_____

유형 2
같은 모양끼리 모으기

색깔이나 크기에 상관없이 같은 모양끼리 모아 봅니다.

■ 모양	
▲ 모양	
● 모양	
■, ▲, ● 모양이 아닌 모양	

5 익힘책 유형
모양이 같은 것끼리 이어 보시오.

6
왼쪽과 같은 모양을 찾아 같은 색으로 칠하시오.

 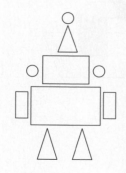

7
▲ 모양을 모아놓은 것입니다. 잘못 모은 것을 찾아 기호를 쓰시오.

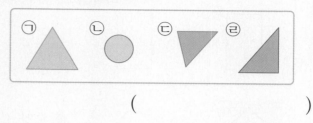

(　　　　　　　)

8
같은 모양끼리 모으고 있습니다. 📒을 놓아야 할 곳에 ○표 하시오.

(　　　) (　　　) (　　　)

9
교통 표지판을 같은 모양끼리 모으려고 합니다. 빈칸에 알맞은 기호를 모두 써넣으시오.

모양	기호
■ 모양	
▲ 모양	
● 모양	

유형 3

■, △, ○ 모양 알아보기 - 모양 본뜨기

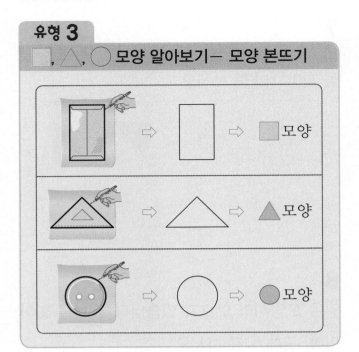

10 교과서 유형

△ 모양을 본뜰 수 있는 물건은 어느 것입니까? ………………………………… (   )

①   ②

③   ④

⑤

11

왼쪽 물건을 종이 위에 대고 본뜬 모양을 그려 보시오.

12

왼쪽은 물건을 본뜬 그림의 일부분입니다. 본뜬 물건을 찾아 기호를 쓰시오.

(   )

유형 4

■, △, ○ 모양 알아보기
- 물감을 묻혀 찍기

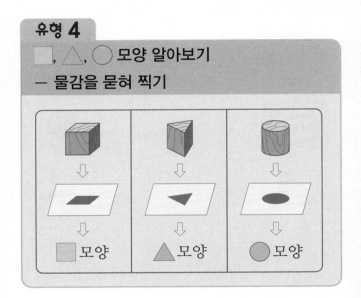

13

물감을 묻혀 찍기를 할 때 나올 수 있는 모양에 ○표 하시오.

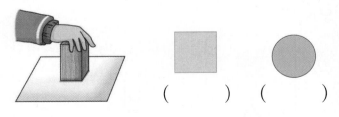

(   )   (   )

14

물감을 묻혀 찍기를 할 때 나올 수 있는 모양을 찾아 이어 보시오.

　·

　·

　·

·　

·　

·　

15

오른쪽 물건에 물감을 묻혀 찍었습니다. 바르게 이야기한 사람은 누구입니까?

민지: ⬤ 모양이 나오겠지.
현기: 🔺 모양이 나오겠는걸?

(　　　　　　)

16 익힘책 유형　　　　해설집 24쪽　문제 분석

왼쪽 물건에 물감을 묻혀 찍기를 할 때 나올 수 있는 모양을 모두 찾아 기호를 쓰시오.

　㉠ 　㉡ 　㉢

(　　　　　　　　)

유형 5

◻, △, ◯ 모양 알아보기
― 점토 찍어 내기

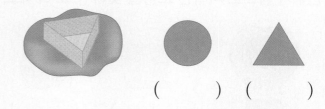

17

점토 찍어 내기를 할 때 나올 수 있는 모양에 ◯표 하시오.

(　　　)　(　　　)

18 창의·융합

물건으로 점토 찍어 내기를 할 때 나올 수 있는 모양을 그려 보시오.

점토 찍어 내기	모양
	🔺

3
여러 가지 모양

유형 6

몸으로 ▢, △, ◯ 모양 표현하기

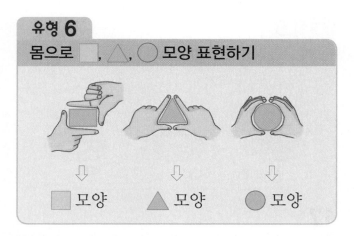

⇩ ⇩ ⇩

▢ 모양   △ 모양   ◯ 모양

19

현우가 몸으로 나타낸 모양을 찾아 ◯표 하시오.

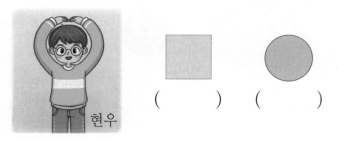

현우

( )   ( )

20

친구들이 손을 잡고 모여라 놀이를 하고 있습니다. 놀이하는 모습을 보고 ▢, △, ◯ 모양 중 어떤 모양으로 모여 있는지 써 보시오.

( )

21

몸으로 여러 가지 모양을 나타냈습니다. 나타내는 모양이 <u>다른</u> 하나를 찾아 기호를 쓰시오.

㉠   ㉡   ㉢

( )

유형 7

▢, △, ◯ 모양 맞히기

▢ : 뾰족한 곳이 **4**군데입니다.

△ : 뾰족한 곳이 **3**군데입니다.

◯ : 뾰족한 곳이 **없습니다**.

22 교과서 유형

뾰족한 곳이 모두 **4**군데인 모양을 찾아 ◯표 하시오.

( )   ( )   ( )

23

△ 모양에 대해 바르게 이야기한 사람은 누구입니까?

진주: 뾰족한 곳이 없습니다.

초아: 뾰족한 곳이 **3**군데입니다.

( )

24
대화를 읽고 빈칸에 알맞은 모양을 그려 넣으시오.

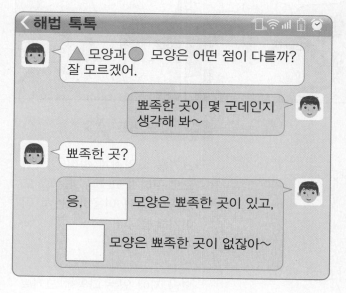

해법 톡톡

▲ 모양과 ○ 모양은 어떤 점이 다를까? 잘 모르겠어.

뾰족한 곳이 몇 군데인지 생각해 봐~

뾰족한 곳?

응, ☐ 모양은 뾰족한 곳이 있고,

☐ 모양은 뾰족한 곳이 없잖아~

25
영수가 한 가지 모양의 물건만 상자에 담았습니다. 그림을 보고 영수가 물건을 담은 상자를 찾아 기호를 쓰시오.

뾰족한 곳이 4군데인 모양의 물건을 담았습니다.

영수

(   )

유형 8
물건의 모양에 대해 생각하기

비법

• 자전거 바퀴는 ○ 모양입니다.

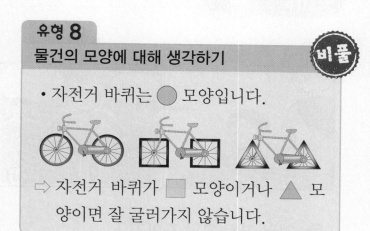

⇨ 자전거 바퀴가 ☐ 모양이거나 ▲ 모양이면 잘 굴러가지 않습니다.

26 익힘책 유형
어느 옷걸이에 옷을 걸기 더 편할지 찾아 ○표 하시오.

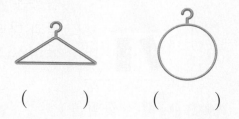

(   )   (   )

27 창의·융합 서술형
○ 모양 훌라후프와 ▲ 모양 훌라후프 중 어느 것이 더 돌리기 편한지 쓰고 이유를 써 보시오.

[답] _____

[이유] _____

_____

STEP 1 핵심 개념 (2)

만화로 개념 쏙!

❸ 여러 가지 모양 꾸미기

• ■, ▲, ● 모양을 이용하여 여러 가지 모양 꾸미기

머리는 ● 모양으로,
몸통은 ▲ 모양으로,
팔과 다리는 ■ 모양으로 하여
꾸몄습니다.

예제 ❶ ✳은 꽃잎을 (■ , ▲ , ●) 모양을 이용하여

꾸민 것입니다.

• 같은 모양의 수 세기

■, ▲, ● 모양이 각각 몇 개인지 세어 봅니다.

■ 모양은 1개, ▲ 모양은 4개,
● 모양은 2개 이용했습니다.

■ 모양은 3개, ▲ 모양은 5개,
● 모양은 1개 이용했습니다.

예제 ❷ 🏠 을 꾸미는 데 이용한 ▲ 모양은

☐ 개입니다.

예제 정답

❶ ▲에 ○표

❷ 1

개념 확인 ③ 여러 가지 모양 꾸미기

3-1 알맞은 모양에 ◯표 하시오.

(▨ , ▲ , ◯) 모양을 이용하여 케이크를 꾸몄습니다.

3-2 알맞은 모양에 ◯표 하시오.

위 모양은 (▨ , ▲ , ◯) 모양을 이용하여 꾸몄습니다.

3-3 어떤 모양으로 양말을 꾸몄는지 알맞은 모양에 ◯표 하시오.

(▨ , ▲ , ◯)

3-4 어떤 모양으로 모자를 꾸몄는지 알맞은 모양에 ◯표 하시오.

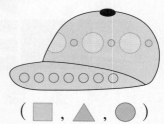

(▨ , ▲ , ◯)

3-5 ☐ 안에 알맞은 수를 써넣으시오.

◯ 모양은 ☐ 개, ▲ 모양은 ☐ 개 이용하여 꾸몄습니다.

3-6 ☐ 안에 알맞은 수를 써넣으시오.

▨ 모양은 ☐ 개, ▲ 모양은 ☐ 개 이용하여 꾸몄습니다.

유형 9

□, △, ◯ 모양을 이용하여 여러 가지 모양 꾸미기

- 자동차 꾸미기

⇨ □, ◯ 모양

- 나비 꾸미기

⇨ □, △ 모양

1

다음 모양을 꾸미는 데 이용한 모양을 모두 찾아 ◯표 하시오.

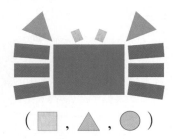

(□ , △ , ◯)

2

다음 모양을 꾸미는 데 이용하지 <u>않은</u> 모양을 찾아 기호를 쓰시오.

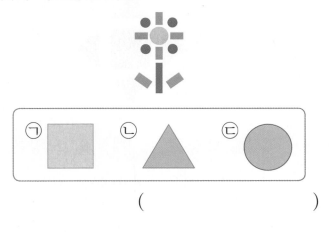

(㉠ □ ㉡ △ ㉢ ◯)

( )

3

주리는 미술 시간에 여러 가지 모양으로 부채를 꾸몄습니다. 주리가 꾸민 부채를 찾아 기호를 쓰시오.

가   나

나는 □, △, ◯ 모양이 아닌 모양도 이용하여 부채를 꾸몄어.

주리

( )

유형 10

꾸민 방법 이야기하기

개념 동영상

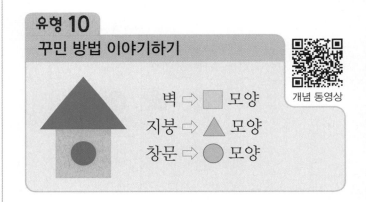

벽 ⇨ □ 모양
지붕 ⇨ △ 모양
창문 ⇨ ◯ 모양

4 교과서 유형

잠자리를 꾸민 그림을 보고 알맞은 모양에 ◯표 하시오.

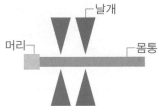

날개

머리

몸통

머리와 몸통은 (□ , △ , ◯) 모양으로, 날개는 (□ , △ , ◯) 모양으로 꾸몄습니다.

5

마리가 말한 방법대로 꾸민 모양을 찾아 ○표 하시오.

눈은 🔲 모양, 코는 🔺 모양, 입은 ⚫ 모양으로 하여 친구 얼굴을 꾸몄습니다.

마리

(   ) (   ) (   )

6

빨간 모자의 할머니 댁의 문은 🔲 모양으로, 지붕은 ⚫ 모양으로 꾸며져 있다고 합니다. 할머니 댁은 가와 나 중 어느 집입니까?

(   )

7 창의·융합 서술형

🔲, 🔺, ⚫ 모양을 이용하여 손수건을 꾸미고, 꾸민 방법을 설명해 보시오.

유형 11
같은 모양의 수 세기

🔲 모양 ⇨ ∨표시: **3**개

🔺 모양 ⇨ ○표시: **5**개

⚫ 모양 ⇨ ✕표시: **1**개

8

다음 모양을 꾸미는 데 이용한 ⚫ 모양은 모두 몇 개입니까?

(   )

3

여러 가지 모양

9 교과서 유형

여러 가지 모양을 이용하여 로봇을 꾸몄습니다. 각각 몇 개씩 이용하였는지 세어 보시오.

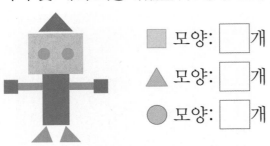

■ 모양: ☐ 개

▲ 모양: ☐ 개

● 모양: ☐ 개

10 해설집 26쪽 문제 분석

다음 모양을 꾸미는 데 이용한 ■ 모양의 수와 ▲ 모양의 수의 합을 구하시오.

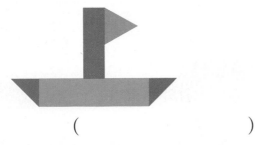

(   )

11

수진이는 색종이를 잘라서 게를 꾸몄습니다. 게를 꾸미는 데 뾰족한 곳이 3군데 있는 모양은 몇 개를 이용했습니까?

(   )

유형 12

주어진 모양으로 꾸밀 수 있는 모양 찾기

주어진 ■, ▲, ● 모양의 수가 꾸민 모양에 있는 ■, ▲, ● 모양의 수와 같거나 더 많아야 꾸밀 수 있습니다.

12

주어진 모양 조각으로 꾸밀 수 있는 그림을 찾아 ○표 하시오.

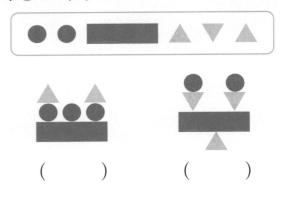

(   )   (   )

13

■ 모양 4개, ▲ 모양 1개로 꾸밀 수 있는 모양을 찾아 기호를 쓰시오.

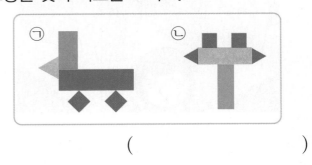

(   )

14

바르게 이야기한 사람은 누구입니까?

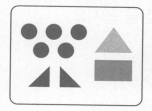

포도

로켓

경희

왼쪽에 주어진 모양 조각으로 포도를 꾸밀 수 있어.

은지

아니야, 왼쪽에 주어진 모양 조각으로 로켓을 꾸밀 수 있어.

(   )

15

보기 의 모양 조각을 모두 이용하여 꾸민 액자를 찾아 기호를 쓰시오.

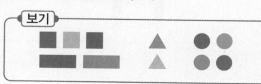
보기

ㄱ
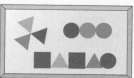

ㄴ

ㄷ

ㄹ
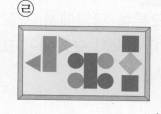

(   )

유형 13

여러 그림에 모두 이용한 모양 알아보기

(■ , ▲ , ⬤)   (■ , ▲ , ⬤)

⇨ 두 그림에 모두 이용한 모양: ⬤ 모양

16

양말과 목도리를 꾸미는 데 모두 이용한 모양을 찾아 ○표 하시오.

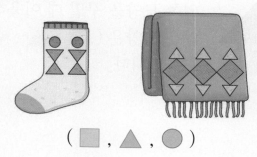

(■ , ▲ , ⬤)

17 서술형

■ , ▲ , ⬤ 모양 중 가와 나에 모두 이용한 모양은 어떤 모양인지 풀이 과정을 쓰고 답을 구하시오.

가   나
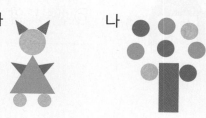

[풀이]

[답]

3

여러 가지 모양

유형 14
꾸밀 때 이용하지 않은 모양 알아보기

모양	모양의 수
■	0개
▲	6개
●	3개

➡ 이용하지 않은 모양은 ■ 모양입니다.

18
알맞은 모양에 ◯표 하시오.

왼쪽 모양을 꾸밀 때 이용하지 않은 모양은 (■ , ▲ , ●) 모양입니다.

19
다음 모양을 꾸미는 데 이용하지 않은 모양을 찾아 기호를 쓰시오.

- ㉠ ■ 모양
- ㉡ ▲ 모양
- ㉢ ● 모양

(   )

20
오른쪽 모양을 꾸미는 데 이용한 ● 모양은 몇 개입니까?

(   )

21 서술형
■, ▲, ● 모양 중 소원 램프를 꾸미는 데 이용하지 않은 모양의 특징을 쓰시오.

_____

_____

_____

유형 15
꾸밀 때 이용한 모양의 수 비교하기

개념 동영상

모양	■	▲	●
모양의 수	3개	1개	6개

➡ 가장 많이 이용한 모양: ● 모양
　 가장 적게 이용한 모양: ▲ 모양

22
오른쪽 모양에서 가장 많이 이용한 모양에 ◯표 하시오.

(■ , ▲ , ●)

23

■, ▲, ● 모양 중에서 가장 많이 이용한 모양은 어떤 모양이고, 몇 개를 이용했습니까?

(　　　　　　), (　　　　　　)

24

꾸미는 데 ● 모양을 더 많이 이용한 램프를 찾아 기호를 쓰시오.

(　　　　　　　　)

25

다음 모양을 꾸미는 데 ■, ▲, ● 모양 중에서 가장 많이 이용한 모양은 가장 적게 이용한 모양보다 몇 개 더 많습니까?

(　　　　　　　　)

유형 16
같은 모양을 이어 붙여 만든 모양　비풀

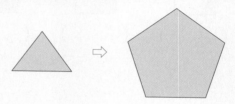

26

오른쪽 모양은 크기가 같은 왼쪽 모양 5개를 겹치지 않게 이어 붙여 만든 모양입니다. 이어 붙인 모양을 점선으로 나타내어 보시오.

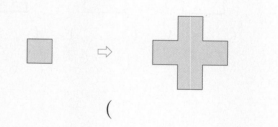

❖ 오른쪽 모양은 왼쪽과 똑같은 모양의 색종이를 겹치지 않게 각각 몇 장 이어 붙여 만든 것입니까? (27~28)

27

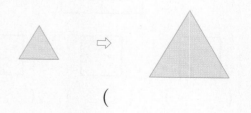

(　　　　　　　　)

28

(　　　　　　　　)

3 여러 가지 모양

 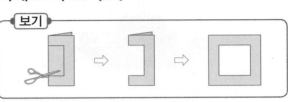

(1~3) 빈 곳에 퍼즐 조각을 넣어 ▇, ▲, ● 모양을 완성하려고 합니다. 알맞은 조각을 찾아 ○표 하시오.

1

(   )   (   )   (   )

2

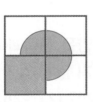

(   )   (   )   (   )

3

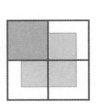

(   )   (   )   (   )

(4~5) 선을 따라 가위로 잘라낸 후 펼쳤을 때 잘라내고 남은 모양을 오른쪽 색종이에 그려 보시오.

4

   ⇨

5

   ⇨

(6~8) , 가 나타내는 수는 다음과 같습니다. □ 안에 알맞은 수를 써넣으시오.

- ■ 모양은 뾰족한 곳이 🍎군데입니다.
- ▲ 모양은 뾰족한 곳이 🍅군데입니다.
- ● 모양은 뾰족한 곳이 🍓군데입니다.

㉠ 🍎 🍓 + 🍅 = 40 + 3
　　　　　 = 43

6 🍎 + 🍅 = □ + □
　　　　　 = □

7 🍅🍓 + 🍎 = □□ + □
　　　　　 = □

8 🍎🍓 − 🍅🍓
= □□ − □□
= □

(9~10) 보기와 같이 ■, ▲, ● 모양을 이용하여 동물의 얼굴을 완성해 보시오.

보기

9

10

1 오른쪽은 ■, ▲, ● 모양 중 한 모양을 본 뜬 그림의 일부분입니다. 보이지 않는 부분에 선을 그어 모양을 완성하시오.

유사

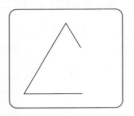

여러 가지 모양 알아보기

2 그림과 같이 색종이를 두 번 접은 후 ◯을 따라 가위로 오렸습니다. ● 모양은 모두 몇 개 만들어집니까?

유사
동영상

(   )

여러 가지 모양 꾸미기   해설집 29쪽 문제 분석

3 보기 의 모양 조각을 이용하여 오른쪽 그림을 꾸몄습니다. 꾸미고 남은 ▲ 모양 조각은 몇 개입니까?

유사
동영상

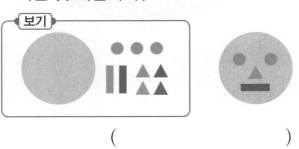

보기

(   )

여러 가지 모양 꾸미기   해설집 29쪽 문제 분석

4 민호와 희진이 중 ■ 모양을 더 많이 이용하여 모양을 꾸민 사람은 누구입니까?

유사
동영상

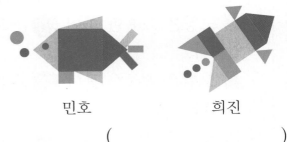

민호   희진

(   )

여러 가지 모양 찾아 보기   서술형

5 윤민이가 ● 모양의 악기를 모으고 있습니다. 잘못 모은 악기는 무엇인지 풀이 과정을 쓰고 답을 구하시오.

유사

캐스터네츠   탬버린

트라이앵글   북

[풀이]

_____

_____

[답]

여러 가지 모양 꾸미기

6
유사 동영상

정미가 붙임딱지를 이용해 다음과 같이 게시판을 꾸몄더니 ▲ 모양 붙임딱지가 2장 남았습니다. 정미가 처음에 가지고 있던 ▲ 모양 붙임딱지는 모두 몇 장입니까?

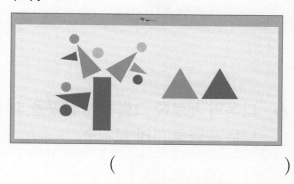

(　　　　　　)

여러 가지 모양 찾아 보기　　해설집 29쪽　**문제 분석**

8
유사

빵 가게에 단팥 빵, 피자 빵, 크림 빵이 놓여 있습니다. 놓여 있는 빵 중 ● 모양의 빵은 ▲ 모양의 빵보다 몇 개 더 많습니까?

(　　　　　　)

여러 가지 모양 알아보기

7
유사 동영상

뾰족한 곳의 수에 따라 단추를 모으려고 합니다. □ 안에 알맞은 수를 써넣고 기준에 맞게 기호를 찾아 써넣으시오.

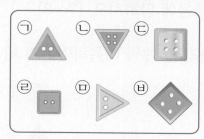

기준	기호
뾰족한 곳 □군데	
뾰족한 곳 □군데	

여러 가지 모양 찾아 보기　　　　서술형

9
유사 동영상

소영이는 어떤 기준에 따라 다음과 같이 교통 표지판을 2종류로 나누어 모았습니다. 어떤 기준으로 모은 것인지 설명하여 보시오.

_____

_____

3

여러 가지 모양

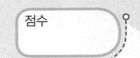
❖ 보기와 같은 모양의 물건에 ◯표 하시오. (1~3)

1 보기

(   )   (   )

2 보기

(   )   (   )

3 보기

(   )   (   )

4 어떤 모양의 물건을 모아 놓은 것인지 찾아 ◯표 하시오.

(■ , ▲ , ●)

5 다음 모양을 꾸미는 데 이용하지 않은 모양은 어느 것입니까? ··········(   )

① ■ 모양
② ▲ 모양
③ ● 모양

6 다음의 재료를 그림처럼 잘랐을 때 나타나는 모양을 그려 보시오.
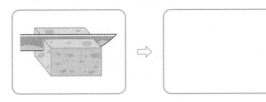

❖ ■, ▲, ● 모양을 이용하여 오른쪽과 같이 꾸몄습니다. 물음에 답하시오. (7~8)

7 각각 몇 개씩 이용하였는지 세어 보시오.

■ 모양: ☐ 개

▲ 모양: ☐ 개

● 모양: ☐ 개

8 ■, ▲, ● 모양 중 가장 많이 이용한 모양은 어떤 모양인지 쓰시오.
(   )

9 본뜬 모양을 찾아 알맞게 이어 보시오.

10 색종이를 ■, ▲, ● 모양으로 잘라 다음과 같이 겹쳐 놓았습니다. 맨 아래에 놓여 있는 모양은 어떤 모양입니까?

(　　　　)

서술형

11 수학책과 같은 모양의 물건을 모두 찾아 기호를 쓰려고 합니다. 풀이 과정을 쓰고 답을 구하시오.

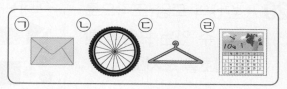

[풀이]

[답]

12 민지의 말을 읽고 민지가 꾸민 램프를 찾아 기호를 쓰시오.

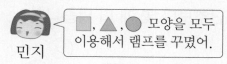

가　　　　나

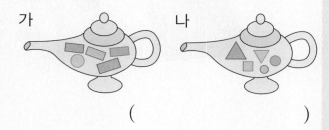

(　　　　)

창의·융합

13 실수로 생활 계획표에 우유를 쏟아 다음과 같이 일부분이 지워졌습니다. 생활 계획표는 ■, ▲, ● 모양 중 어떤 모양입니까?

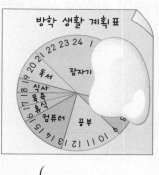

(　　　　)

서술형

14 다음은 ● 모양이 아닙니다. 그 이유를 써 보시오.

[이유]

▶ 정답은 30쪽에

창의·융합　바늘, 실 따위의 바느질 도구를 담는 그릇

15 반짇고리 안에 있는 여러 가지 모양의 단추입니다. ⬤ 모양의 단추는 ⬜ 모양의 단추보다 몇 개 더 많습니까?

(　　　　　　　)

서술형

16 오른쪽과 같이 컵을 꾸미는 데 뾰족한 부분이 없는 모양은 몇 개 이용했는지 풀이 과정을 쓰고 답을 구하시오.

[풀이]

_____

_____

[답]

17 ⬜, ▲, ⬤ 모양 중 이용한 모양의 수가 같은 모양은 어떤 모양과 어떤 모양입니까?

(　　　　　　　)

18 물감을 묻혀 찍기를 할 때 ㉠, ㉡, ㉢에서 모두 나오는 모양을 쓰시오.

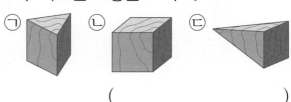

㉠　　　　㉡　　　　㉢

(　　　　　　　)

19 ⬜, ▲, ⬤ 모양을 이용하여 고양이를 꾸몄습니다. 가장 많이 이용한 모양은 가장 적게 이용한 모양보다 몇 개 더 많습니까?

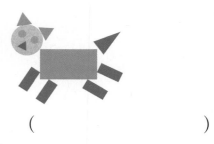

(　　　　　　　)

20 보기 의 모양 조각으로 꾸밀 수 있는 모양을 찾아 기호를 쓰시오.

보기

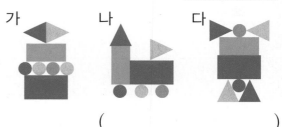

가　　　　나　　　　다

(　　　　　　　)

1 ▨ 모양의 물건을 찾아 ◯표 하시오.

(   )   (   )   (   )

❖ 오른쪽 그림을 보고 물음에 답하시오. (2~3)

2 어떤 모양을 이용하여 꾸몄는지 알맞은 모양에 ◯표 하시오.

(▨ , ▲ , ●)

3 꾸미는 데 이용한 모양은 몇 개입니까?
(   )

4 다음 중 모양이 나머지와 다른 하나는 어느 것입니까? ·················· (   )

①  ②

③   ④

⑤

5 다음 중 ▲ 모양은 모두 몇 개입니까?

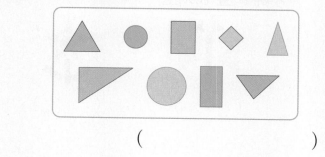

(   )

6 이야기하는 모양을 찾아 선으로 이어 보시오.

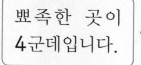 ·   ·

뾰족한 곳이 없습니다. ·   ·

뾰족한 곳이 3군데입니다. ·   ·

7 같은 모양끼리 같은 색으로 칠하시오.

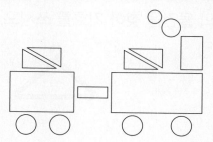

3
여
러
가
지
모
양

8 ■, ▲, ● 모양을 모두 이용하여 꾸민 것에 ○표 하시오.

(   )   (   )

❖ 수호네 반 친구들이 몸으로 ■, ▲, ● 모양을 나타내고 있습니다. 물음에 답하시오.
(9~10)

민재

9 수호가 다른 친구 2명과 함께 나타낸 모양은 어떤 모양입니까?

(   )

10 민재가 몸으로 나타낸 모양과 같은 모양의 물건을 찾아 기호를 쓰시오.

㉠   ㉡    ㉢

(   )

11 보기와 같이 ■, ▲, ● 모양을 넣어 문장을 완성하시오.

┌─ 보기 ─
│ 민희는 ■ 모양의 책을 들고 있습니다.
└

민희는 _____

_____

12 소고는 손잡이가 달린 작은 북으로 나무 채로 쳐서 소리를 내는 악기입니다. ■, ▲, ● 모양 중에서 소고에서 찾을 수 있는 모양은 어떤 모양입니까?

(   )

13 식탁 위에 남겨져 있는 과자의 일부분을 보고 처음 과자는 ■, ▲, ● 모양 중 어떤 모양이었는지 써 보시오.

(   )

▶ 정답은 31쪽에

14 오른쪽 물건을 종이 위에 대고 본뜰 때 나올 수 <u>없</u>는 모양을 찾아 기호를 쓰시오.

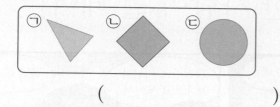

( )

서술형

❖ 지혜와 근우의 말에서 <u>틀린</u> 부분을 찾아 바르게 고치시오. (15~16)

15

지혜

■ 모양은 뾰족한 곳이 3군데입니다.

_____

_____

16

근우

자전거 바퀴는 뾰족한 곳이 있는 ▲ 모양입니다.

_____

_____

17 오른쪽과 같은 나비를 2개 꾸미려면 ▲ 모양은 모두 몇 개 필요합니까?

( )

18 오른쪽은 어떤 모양의 일부분입니다. 다음 모양을 꾸미는 데 오른쪽 모양을 몇 개 이용했습니까?

( )

❖ 그림이 하나로 완성되도록 퍼즐을 맞추려고 합니다. 물음에 답하시오. (19~20)

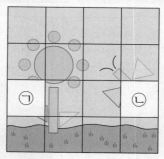

19 ㉠과 ㉡에 각각 알맞은 퍼즐 조각을 찾아 기호를 쓰시오.

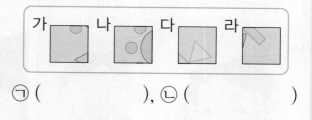

㉠ ( ), ㉡ ( )

20 퍼즐을 맞추어 그림이 하나로 완성되었을 때 가장 많은 모양은 ■, ▲, ● 모양 중에서 어떤 모양이고, 몇 개 있습니까?

( ), ( )

3

여러 가지 모양

3단원이 끝났습니다. QR 코드를 찍으면 재미있는 게임을 할 수 있어요.

4 덧셈과 뺄셈 (2)

QR 코드를 찍어 보세요. 재미있는 학습 게임을 할 수 있어요.

학습 게임

제4화 ▶ 테레사 수녀님처럼 착한 사람이 될 테야!

여긴 어디야?

인도야.

인도는 왜?

테레사 수녀님을 만나보고 싶어서~

테레사 수녀?

사람을 돕기 위해 태어난 천사라고 불린 분이야.

전세계 어려운 사람을 위해 사신 분이지.

근데 아까 과자를 보고 나서 배가 많이 고파졌어.

나한테 사탕이 있었는데…… 어디 있더라?

와~ 사탕!!

7개 있었는데 아침에 2개 먹고 출발하기 전에 3개 먹었거든……

뭐야! 그럼 다 먹은 거잖아.

아냐. 뺄셈을 해 봐. 남았어.

아! 2개 남은 거구나!

앞에서부터 차례로 계산합니다.

$7 - 2 - 3 = 2$

5

2

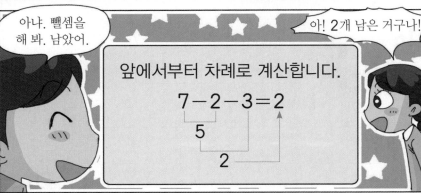

찾았다~ 2개!

와~

응?

꿀꺽

이미 배운 내용	이번에 배울 내용	앞으로 배울 내용
[1-2 덧셈과 뺄셈 (1)] • 받아올림이 없는 　(두 자리 수)+(한 자리수), 　(두 자리 수)+(두 자리 수) • 받아내림이 없는 　(두 자리 수)-(한 자리 수), 　(두 자리 수)-(두 자리 수)	• 세 수의 덧셈과 뺄셈 • 이어 세기로 두 수 더하기 • 10이 되는 더하기, 10에서 빼기 • 10 만들어 더하기	**[1-2 덧셈과 뺄셈 (3)]** • (몇)+(몇)=(십몇), 　(십몇)-(몇)=(몇)

꼬마야, 이 사탕 너 먹어.

고마워요~

착한 아이들 이구나.

아~ 테레사 수녀님 이시다!

테레사 수녀님.

요 몇 년 동안 너무 힘드셨으니 저희와 함께 여행 가시죠.

여행?

여행 경비는 저희가 만들었어요.

유럽에서 8일, 미국에서 3일, 아시아에서 7일을 머무를 예정이에요.

그럼 전부 며칠 인 거야?

덧셈을 하면 돼.

10이 되는 두 수를 먼저 더합니다.

$$8+3+7=18$$

$$10$$

$$18$$

수녀님.

네.

여행 경비를 가난한 사람들에게 주세요. 저보다 더 많은 것을 배울 수 있어요.

아~ 감동이야. 유명한 일화를 직접 보게 되다니……

감동

감동

나도 앞으로 착한 사람이 되고 싶어.

응. 제발~

만화로 개념 쏙!

❶ 세 수의 덧셈 ─ 두 수를 더해 나온 수에 나머지 한 수를 더합니다.

$$3+1+2=6$$

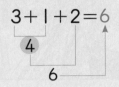

❷ 세 수의 뺄셈 ─ 두 수의 뺄셈을 하여 나온 수에서 나머지 한 수를 뺍니다.

$$7-1-2=4$$

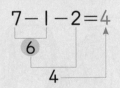

예제 ❶ $2+2+3=$ ☐

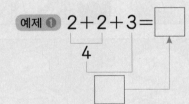

예제 ❷ $5-1-2=$ ☐

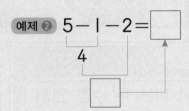

❸ 두 수 더하기

• **8+3 계산하기**

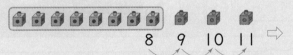

$$8+3=11$$

파란색 모형 8개에서부터 빨간색 모형의 수만큼 이어 세면 8하고 9, 10, 11입니다.

예제 ❸ 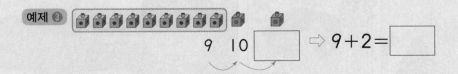 ⇨ $9+2=$ ☐

셀파 **포인트**

• **3+1+2 그림으로 알아보기**

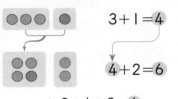

$$3+1=4$$
$$4+2=6$$
$$⇨ 3+1+2=6$$

• **7−1−2 그림으로 알아보기**

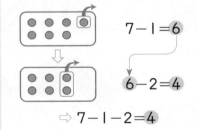

$$7-1=6$$
$$6-2=4$$
$$⇨ 7-1-2=4$$

• 두 수를 바꾸어 더해도 합이 같습니다.

$$■+▲=▲+■$$

예제 **정답**

❶ 7, 7
❷ 2, 2
❸ 11, 11

개념 확인 ①　세 수의 덧셈

1-1 그림을 보고 □ 안에 알맞은 수를 써 넣으시오.

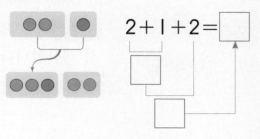

$2+1+2=\boxed{}$

1-2 그림을 보고 □ 안에 알맞은 수를 써 넣으시오.

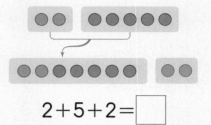

$2+5+2=\boxed{}$

개념 확인 ②　세 수의 뺄셈

2-1 그림을 보고 □ 안에 알맞은 수를 써 넣으시오.

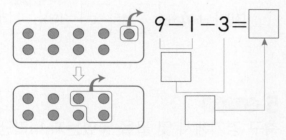

$9-1-3=\boxed{}$

2-2 그림을 보고 □ 안에 알맞은 수를 써 넣으시오.

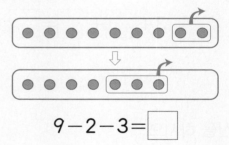

$9-2-3=\boxed{}$

개념 확인 ③　두 수 더하기

3-1 그림을 보고 □ 안에 알맞은 수를 써 넣으시오.

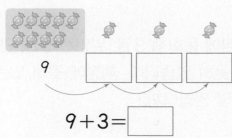

$9+3=\boxed{}$

3-2 그림을 보고 □ 안에 알맞은 수를 써 넣으시오.

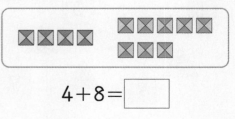

$4+8=\boxed{}$

유형 1
세 수의 덧셈

두 수를 더해 나온 수에 나머지 한 수를 더합니다.

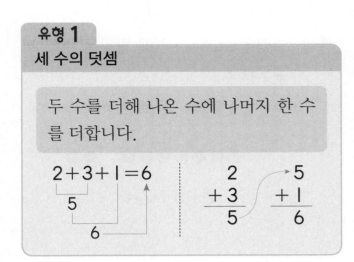

1
그림에 맞는 식을 만들고 계산해 보시오.

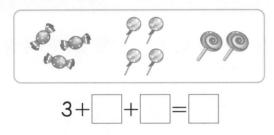

$3+\boxed{}+\boxed{}=\boxed{}$

2
계산을 하시오.

(1) $1+5+2$ (2) $3+2+2$

3
🔵 모양에 쓰인 수들의 합을 구하시오.

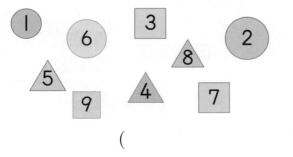

( )

유형 2
세 수의 덧셈 - 활용

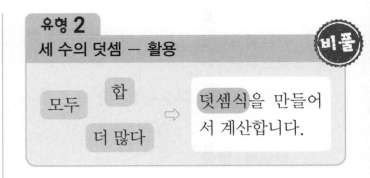

모두 / 합 / 더 많다 ⇨ 덧셈식을 만들어서 계산합니다.

4
수진이가 3일 동안 색종이로 ▲ 모양을 만들었습니다. 수진이가 3일 동안 만든 ▲ 모양은 모두 몇 개입니까?

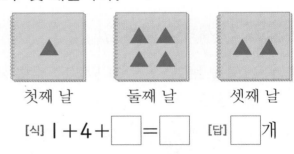

첫째 날   둘째 날   셋째 날

[식] $1+4+\boxed{}=\boxed{}$ [답] $\boxed{}$ 개

5 익힘책 유형
축구 경기에서 몇 골을 넣었는지 나타낸 것입니다. 1반이 넣은 골은 모두 몇 골입니까?

( )

6
책장에 동화책 3권, 위인전 5권, 만화책 1권이 꽂혀 있습니다. 책장에 꽂혀 있는 책은 모두 몇 권입니까?

( )

7 창의·융합

지아와 친구들은 모두 같은 아파트에 삽니다.
지아의 집은 몇 층입니까?

(　　　　　　　　　　　　)

유형 3

세 수의 뺄셈

앞의 두 수의 뺄셈을 하여 나온 수에서 나머지 한 수를 뺍니다.

$$8-3-1=4$$

8

그림에 맞는 식을 만들고 계산해 보시오.

$$6-1-\boxed{}=\boxed{}$$

9

계산을 하시오.

(1) $9-3-4$　　　(2) $8-2-2$

10 서술형

오른쪽 계산이 틀린
이유를 쓰시오.

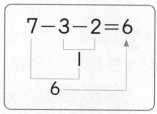
$$7-3-2=6$$

[이유]

_____

유형 4

세 수의 뺄셈 – 활용

비풀

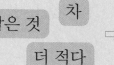

남은 것 / 차 / 더 적다 ⇨ 뺄셈식을 만들어서 계산합니다.

11 교과서 유형

두 친구가 사탕을 가져가면 남는 사탕은 몇
개입니까?

[식] $7-\boxed{}-\boxed{}=\boxed{}$　[답] $\boxed{}$ 개

12 교과서 유형

버스에 9명이 타고 있습니다. 시장 앞에서 2명이 내리고, 도서관 앞에서 2명이 내렸습니다. 버스에 남은 사람은 몇 명입니까?

( )

13

대화를 보고 □ 안에 알맞은 수를 써넣으시오.

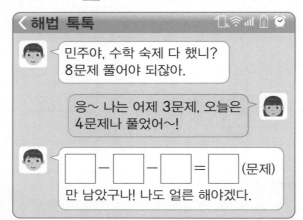

해법 톡톡

민주야, 수학 숙제 다 했니? 8문제 풀어야 되잖아.

응~ 나는 어제 3문제, 오늘은 4문제나 풀었어~!

□ − □ − □ = □ (문제)

만 남았구나! 나도 얼른 해야겠다.

14 해설집 34쪽 | 문제 분석

윤지와 훈구는 연필을 각각 7자루씩 가지고 있습니다. 다음과 같이 연필을 나누어 주었을 때 남는 연필이 더 많은 친구는 누구입니까?

윤지: 동생에게 1자루, 친구에게 2자루 나누어 줘야지.

훈구: 형에게 3자루, 친구에게 1자루 나누어 줘야겠다.

( )

유형 5
이어 세기로 두 수 더하기

개념 동영상

• 9+3 알아보기

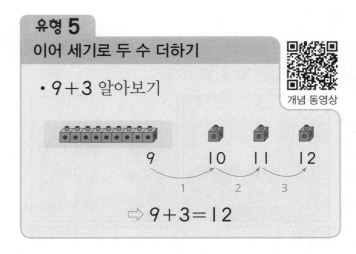

$$9 \quad 10 \quad 11 \quad 12$$
$$1 \quad 2 \quad 3$$

⇨ 9+3=12

❖ 두 수를 더해 보시오. (15~16)

15

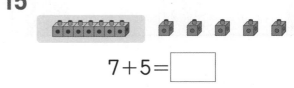

7+5=□

16

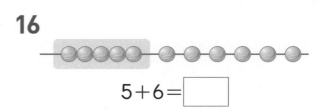

5+6=□

17 익힘책 유형

다람쥐가 7마리 있습니다. 4마리가 더 온다면 모두 몇 마리인지 알아보시오.

[식] □ + □ = □   [답] □ 마리

18 （창의·융합）（서술형）

지수는 지금까지 별 **8**개를 색칠했습니다. 지수가 별 **8**개를 더 색칠하면 색칠한 별은 모두 몇 개인지 식을 쓰고 답을 구하시오.

[식]

[답]

유형 6

두 수를 바꾸어 더하기　（비풀）

●●●●●●●●●●●　　$2+9=\boxed{11}$

●●●●●●●●●●●　　$9+2=\boxed{11}$

⇨ 두 수를 바꾸어 더해도 합이 같습니다.

19 （교과서 유형）

두 수를 바꾸어 더해 보시오.

$8+5=\boxed{}$

$5+8=\boxed{}$

20

합이 같은 것끼리 이어 보시오.

$7+8$	・	・	$4+8$
$8+4$	・	・	$8+7$

21 （익힘책 유형）

바르게 말한 친구의 이름을 쓰시오.

 다람쥐는 도토리를 아침에 **6**개, 저녁에 **7**개 먹었어요.

 너구리는 도토리를 아침에 **7**개, 저녁에 **6**개 먹었어요.

 가 도토리를 더 많이 먹었어.

 와 가 먹은 도토리의 수는 같아.

초아　　　　　　　　미라

(　　　　　　　　)

22

범수는 동화책을 어제 **4**쪽, 오늘 **7**쪽을 읽었습니다. 상미는 동화책을 **7**쪽 읽었습니다. 두 사람이 읽은 쪽수가 같아지려면 상미가 몇 쪽을 더 읽어야 합니까?

(　　　　　　　　)

4

덧셈과 뺄셈 (2)

만화로 개념 쏙!

❹ 10이 되는 더하기

$1+9=10$ $6+4=10$

$2+8=10$ $7+3=10$

$3+7=10$ $8+2=10$

$4+6=10$ $9+1=10$

$5+5=10$

예제 ❶ ⇨ $6+4=$ ☐

❺ 10에서 빼기

$10-1=9$ $10-6=4$

$10-2=8$ $10-7=3$

$10-3=7$ $10-8=2$

$10-4=6$ $10-9=1$

$10-5=5$

예제 ❷ ⇨ $10-6=$ ☐

셀파 포인트

· 모으기 하여 10이 되는 두 수를 더하면 10이 됩니다.

예
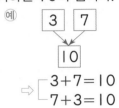

$\Rightarrow \begin{array}{l} 3+7=10 \\ 7+3=10 \end{array}$

· 10이 되는 덧셈식에서 모르는 수 구하기

예
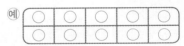

10칸을 모두 채우려면 3개가 더 필요합니다.

⇨ $7+\boxed{3}=10$

· 10을 가르기 하면 뺄셈식 2개로 나타낼 수 있습니다.

예
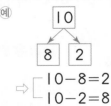

$\Rightarrow \begin{array}{l} 10-8=2 \\ 10-2=8 \end{array}$

예제 정답

❶ 10
❷ 4

▶ 정답은 34쪽에   공부한 날   월   일

개념 확인 4 | 10이 되는 더하기

4-1 그림을 보고 □ 안에 알맞은 수를 써 넣으시오.

$7+3=$ □

4-2 그림을 보고 □ 안에 알맞은 수를 써 넣으시오.

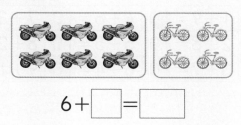

$6+$ □ $=$ □

4-3 그림을 보고 □ 안에 알맞은 수를 써 넣으시오.

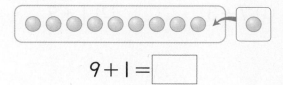

$9+1=$ □

4-4 그림을 보고 □ 안에 알맞은 수를 써 넣으시오.

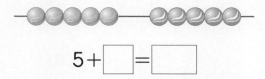

$5+$ □ $=$ □

개념 확인 5 | 10에서 빼기

5-1 그림을 보고 □ 안에 알맞은 수를 써 넣으시오.

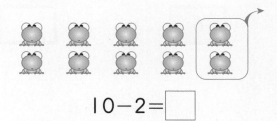

$10-2=$ □

5-2 그림을 보고 □ 안에 알맞은 수를 써 넣으시오.

$10-4=$ □

5-3 그림을 보고 □ 안에 알맞은 수를 써 넣으시오.

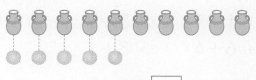

$10-5=$ □

5-4 그림을 보고 □ 안에 알맞은 수를 써 넣으시오.

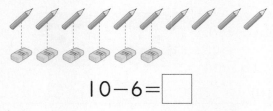

$10-6=$ □

2 STEP 유형 탐구 (2)

유형 7
IO이 되는 더하기 ─ 덧셈식

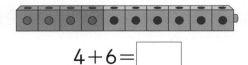

1+9=10	4+6=10	7+3=10
2+8=10	5+5=10	8+2=10
3+7=10	6+4=10	9+1=10

1

그림을 보고 □ 안에 알맞은 수를 써넣으시오.

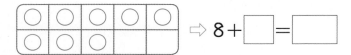

$$4+6=\boxed{}$$

2

수판을 모두 채워 보고 □ 안에 알맞은 수를 써넣으시오.

⇨ 8+□=□

3 서술형

그림을 보고 IO이 되는 덧셈식을 만들고 계산하시오.

[식]

유형 8
IO이 되는 더하기 ─ 계산하기

• 모으기 하여 IO이 되는 두 수를 더하면 IO이 됩니다.

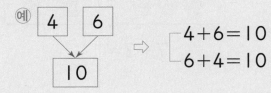

예 4 6 ⇨ ┌ 4+6=10
           └ 6+4=10
   10

4

덧셈을 하시오.

(1) 7+3　　　　　(2) 1+9

5

빈 곳에 알맞은 수를 써넣으시오

+4

6 →

6

IO이 되는 덧셈식이 아닌 것은 어느 것입니까? ·········· (　　　)

① 1+9　　② 3+7　　③ 5+5

④ 6+4　　⑤ 8+1

7 (익힘책 유형) (창의·융합)

합이 10이 되는 칸에 모두 색칠하고, 어떤 숫자가 보이는지 쓰시오.

1+8	5+5	2+8	4+6	7+2
3+5	6+4	1+7	1+9	3+6
0+9	4+5	6+3	8+2	8+1
5+4	2+7	4+4	3+7	9+0

(　　　　　)

유형 9

10이 되는 덧셈식 만들기

- 수가 늘어나는 경우

⇨ 6+4=10

- 모으는 경우

⇨ 6+4=10

8 (익힘책 유형)

그림에 맞는 덧셈식을 만들어 보시오.

☐ + ☐ = 10

9

그림을 보고 식으로 바르게 나타낸 사람은 누구입니까?

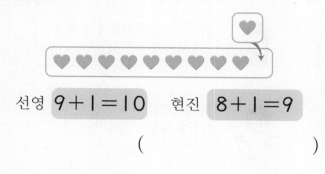

선영 9+1=10　　현진 8+1=9

(　　　　　)

10 (서술형)

그림에 맞는 덧셈식을 만들고 계산하시오.

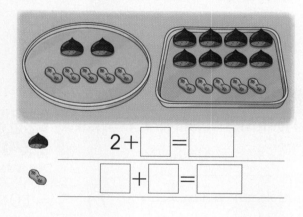

🌰 2 + ☐ = ☐

🥜 ☐ + ☐ = ☐

11

현철이는 연필 3자루와 볼펜 7자루를 가지고 있습니다. 현철이가 가진 연필과 볼펜은 모두 몇 자루입니까?

(　　　　　)

12 창의·융합

10이 되는 덧셈식을 만들 수 <u>없는</u> 상황을 말한 사람은 누구입니까?

나는 어제 동화책을 1쪽 읽고, 오늘 9쪽을 읽었어.
아영

나는 포도 맛 사탕이 6개, 딸기 맛 사탕이 3개 있어.
수찬

붙임딱지가 8장 있었는데, 오늘 2장 더 받았어.
민규

(   )

유형 10

10이 되는 덧셈식에서 모르는 수 구하기

개념 동영상

 ⇨ $7 + \boxed{3} = 10$

7과 더해서 10이 되는 수는 3입니다.

13 교과서 유형

그림을 보고 □ 안에 알맞은 수를 써넣으시오.

$4 + \boxed{} = 10$

14

□ 안에 알맞은 수를 써넣으시오.

(1) $5 + \boxed{} = 10$

(2) $\boxed{} + 8 = 10$

15 서술형

양말이 6켤레 있습니다. 어머니께서 몇 켤레를 더 사 오셔서 모두 10켤레가 되었습니다. 어머니께서 사 오신 양말은 몇 켤레인지 풀이 과정을 쓰고 답을 구하시오.

[풀이]

_____

_____

[답] _____

16

두 식의 계산 결과는 같습니다. □ 안에 알맞은 수를 써넣으시오.

$\boxed{} + 9$

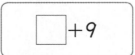
$8 + 2$

유형 11
10에서 빼기 − 뺄셈식

$10-1=9$	$10-4=6$	$10-7=3$
$10-2=8$	$10-5=5$	$10-8=2$
$10-3=7$	$10-6=4$	$10-9=1$

17

그림을 보고 ☐ 안에 알맞은 수를 써넣으시오.

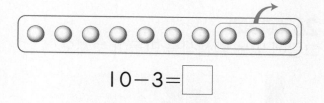

$$10-3=\boxed{}$$

18

관계있는 것끼리 선으로 이어 보시오.

· $10-4=6$

· $10-9=1$

19 교과서 유형

정수가 보여 주는 바둑돌을 보고 다른 손에 감춘 바둑돌의 수를 구하시오.

바둑돌은 모두 10개야.

정수

─ 2개

(   )

유형 12
10에서 빼기 − 계산하기

· 10을 두 수로 가르기 했을 때 10에서 한 수를 빼면 다른 수가 됩니다.

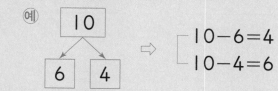

예)

$$\begin{array}{c} 10 \\ 6 \quad 4 \end{array} \Rightarrow \begin{array}{l} 10-6=4 \\ 10-4=6 \end{array}$$

20

10을 두 수로 가르기 한 것입니다. 10에서 빼는 뺄셈식을 만들어 보시오.

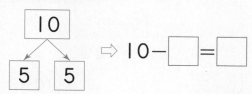

$$\begin{array}{c} 10 \\ 5 \quad 5 \end{array} \Rightarrow 10-\boxed{}=\boxed{}$$

21

뺄셈을 하시오.

(1) $10-1$ (2) $10-7$

22

빈 곳에 두 수의 차를 써넣으시오.

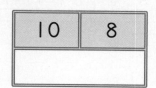

10	8

23
계산 결과를 비교하여 ◯ 안에 >, =, <를 알맞게 써넣으시오.

$$10-4 \bigcirc 10-6$$

24
계산 결과가 작은 것부터 차례로 선으로 이으시오.

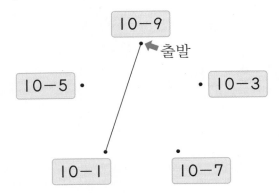

10-9 ← 출발

10-5 · · 10-3

10-1 10-7

25 (익힘책 유형)
두 수의 차를 구하고 (보기)에서 그 차의 글자를 찾아 써 보시오.

보기

1	2	3	4	5	6	7	8	9
호	회	랑	운	동	미	화	장	이

$10-6=\Box \Rightarrow$ _____

$10-5=\Box \Rightarrow$ _____

$10-8=\Box \Rightarrow$ _____

유형 13
10에서 빼는 뺄셈식 만들기

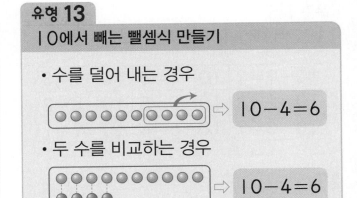

· 수를 덜어 내는 경우
$$10-4=6$$

· 두 수를 비교하는 경우
$$10-4=6$$

26 (익힘책 유형)
그림에 맞는 뺄셈식을 만들어 보시오.

$$10-3=\Box$$

27
파란색 모형이 빨간색 모형보다 몇 개 더 많은지 바르게 구한 사람은 누구입니까?

현아: 10-6=4니까 4개 더 많아.
윤호: 10-8=2니까 2개 더 많구나.

(   )

28 서술형

영호는 초콜릿 Ⅰ0개 중 5개를 먹었습니다.
영호가 먹고 남은 초콜릿은 몇 개인지 식을
쓰고 답을 구하시오.

[식]

[답]

29 창의·융합   해설집 36쪽 문제 분석

▇ 모양의 물건은 ▲ 모양의 물건보다 몇 개
더 많습니까?

(   )

30 서술형

장난감이 모두 Ⅰ0개 있습니다. 그림을 보고
Ⅰ0에서 빼는 뺄셈식을 2개 쓰시오.

└상자 안에 나머지가 있습니다.

[식1]

[식2]

유형 14 비법

Ⅰ0에서 빼는 뺄셈식에서 모르는 수 구하기

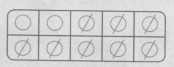 ⇨ Ⅰ0 − 8 = 2

Ⅰ0에서 2가 남으려면 8을 빼야 합니다.

31

☐ 안에 알맞은 수를 써넣으시오.

(1) Ⅰ0 − ☐ = 6

(2) Ⅰ0 − ☐ = 3

32

☐ 안에 알맞은 수를 써넣으시오.

33

Ⅰ0에서 어떤 수를 뺐더니 Ⅰ이 되었습니다.
어떤 수는 얼마입니까?

(   )

4
덧셈과
뺄셈
(2)

만화로 개념 쏙!

셀파 포인트

· 합이 10이 되는 두 수
(1, 9), (2, 8), (3, 7), (4, 6),
(5, 5), (6, 4), (7, 3), (8, 2),
(9, 1)

❻ 10을 만들어 더하기 (1) ─ 앞의 두 수로 10을 만들어 세 수 더하기

· 8+2+5의 계산

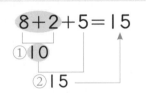

$$8+2+5=15$$
①10
②15

① 앞의 두 수를 더해서 10을
만듭니다.
② 만든 10에 나머지 한 수를
더합니다.

예제 ❶ 4+6+1= □
10
□

· 양 끝의 두 수로 10을 만들어
서 더할 수도 있습니다.
예) $8+5+2=15$
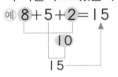
10
15

❼ 10을 만들어 더하기 (2) ─ 뒤의 두 수로 10을 만들어 세 수 더하기

· 3+5+5의 계산

$$3+5+5=13$$
①10
②13

① 뒤의 두 수를 더해서 10을
만듭니다.
② 만든 10에 나머지 한 수를
더합니다.

예제 ❷ 7+9+1=7+10= □

· 3+5+5 이어 세기로 계산하기
: 3+5는 8이고 8에서부터
5개의 수를 이어 세면 13입
니다.

예제 정답
❶ 11, 11
❷ 17

▶ 정답은 37쪽에 공부한 날   월   일

4 덧셈과 뺄셈 (2)

❖ 천재 제과점에 있는 빵은 모두 몇 개인지 알아보려고 합니다. 물음에 답하시오. (6-1~6-2)

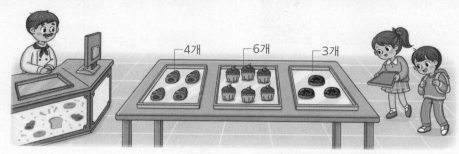

6-1 빵의 수에 맞게 ○를 그리고 □ 안에 알맞은 수를 써넣으시오.

$4+6+3=$ □

6-2 □ 안에 알맞은 수를 써넣으시오.

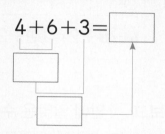

$4+6+3=$ □

7-1 그림을 보고 □ 안에 알맞은 수를 써넣으시오.

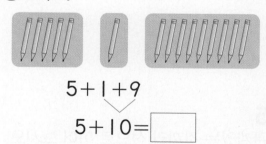

$5+1+9$

$5+10=$ □

7-2 그림을 보고 □ 안에 알맞은 수를 써넣으시오.

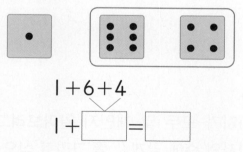

$1+6+4$

$1+$ □ $=$ □

7-3 □ 안에 알맞은 수를 써넣으시오.

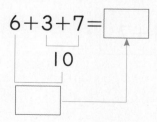

$6+3+7=$ □

10

7-4 □ 안에 알맞은 수를 써넣으시오.

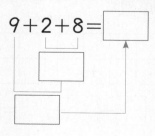

$9+2+8=$ □

2 STEP 유형 탐구 (3)

유형 15
앞의 두 수로 10을 만들어 더하기
– 그림으로 알아보기

개념 동영상

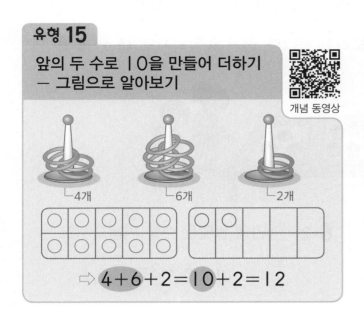

└4개 └6개 └2개

⇨ 4+6+2=10+2=12

1
그림을 보고 ☐ 안에 알맞은 수를 써넣으시오.

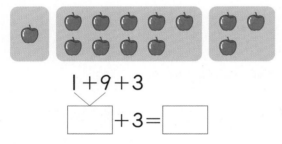

1+9+3

☐ +3= ☐

2
과자가 모두 몇 개인지 알아보려고 합니다.
과자의 수에 맞게 ○를 그리고 식으로 나타내
어 보시오.

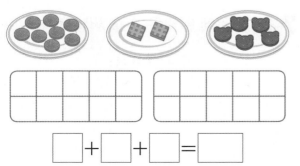

☐ + ☐ + ☐ = ☐

유형 16
앞의 두 수로 10을 만들어 더하기 – 계산하기

4+6+2=12
10
12

더해서 10이
되는 두 수를
먼저 찾아.

3
계산을 하시오.

(1) 7+3+4   (2) 5+5+8

4
빈 곳에 알맞은 수를 써넣으시오.

6 +4 +7

5
관계있는 것끼리 선으로 이어 보시오.

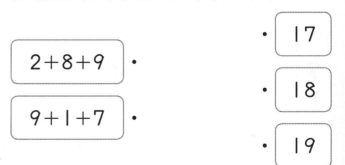

2+8+9 ·   · 17

9+1+7 ·   · 18

· 19

6

수 카드에 적힌 세 수를 더하면 얼마입니까?

(   )

7 익힘책 유형

보기와 같이 밑줄 친 두 수의 합이 10이 되도록 ○ 안에 수를 써넣고 식을 완성해 보시오.

보기

$$5 + ⑤ + 1 = \boxed{11}$$

$$\bigcirc + 9 + 4 = \boxed{}$$

유형 17

앞의 두 수로 10을 만들어 더하기 − 활용 비풀

상황에 맞게 덧셈식을 만들고 앞의 두 수로 10을 만들어 계산합니다.

8 교과서 유형

교실에 이야기 하는 사람이 3명, 책을 읽는 사람이 7명, 그림을 그리는 사람이 2명 있습니다. 교실에 있는 사람은 모두 몇 명인지 알아보시오.

[식] $3 + \boxed{} + \boxed{} = \boxed{}$ [답] $\boxed{}$ 명

9 창의·융합

해설집 37쪽 문제 분석

민지가 책을 읽고 책의 제목을 썼습니다. 모두 몇 권을 읽었는지 알아보시오.

동화책	신데렐라, 해님 달님, 심청전, 백설 공주
만화책	피노키오, 홍길동전, 인어 공주, 피리 부는 사나이, 빨강 머리 앤, 헨젤과 그레텔
위인전	세종대왕, 에디슨, 이순신

동화책 만화책 위인전

[식] $\boxed{} + \boxed{} + \boxed{} = \boxed{}$ [답] $\boxed{}$ 권

10

유정, 은진, 미애가 연극 때 쓸 도화지에 대해 이야기하고 있습니다. 세 사람이 가져오기로 한 도화지는 모두 몇 장입니까?

(   )

유형 18

뒤의 두 수로 10을 만들어 더하기
– 그림으로 알아보기

개념 동영상

⇨ 2+4+6=2+10=12

11 교과서 유형

그림을 보고 □ 안에 알맞은 수를 써넣으시오.

3+5+5=□

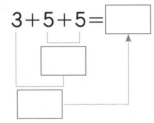

12

사탕이 모두 몇 개인지 알아보려고 합니다.
사탕의 수에 맞게 ○를 그리고 식으로 나타내
어 보시오.

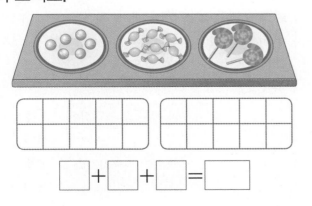

□+□+□=□

유형 19

뒤의 두 수로 10을 만들어 더하기 – 계산하기

2+4+6=12

10

12

더해서 10이
되는 두 수를 먼
저 찾아 봐.

13

보기와 같이 합이 10이 되는 두 수를 ○로
묶은 뒤 세 수의 합을 구하시오.

보기
5+①+⑨=15

(1) 3+9+1

(2) 8+3+7

14

세 수의 합을 구하시오.

(   )

15

계산 결과가 더 작은 것에 색칠하시오.

| 2+2+8 | 1+5+5 |

16

들고 있는 덧셈식의 합이 같은 사람끼리 짝꿍이 된다고 합니다. 현수의 짝꿍은 누구입니까?

현수   민지   근우

(   )

18 교과서 유형 서술형

수 카드 1장을 더 내서 10을 만들어 세 수의 덧셈을 하고 있습니다. 현철이의 말에서 잘못된 부분을 찾아 바르게 고치시오.

수정   현철

유형 20

뒤의 두 수로 10을 만들어 더하기 — 활용 비풀

상황에 맞게 덧셈식을 만들고 뒤의 두 수로 10을 만들어 계산합니다.

17

■, ▲, ● 모양 단추가 있습니다. 물음에 답하시오.

(1) 초록색 단추는 모두 몇 개입니까?

[식] $5 + \square + \square = \square$ [답] $\square$ 개

(2) ● 모양 단추는 모두 몇 개입니까?

[식] $3 + \square + \square = \square$ [답] $\square$ 개

19 익힘책 유형 창의·융합

보기와 같이 주어진 글자 수에 맞게 노래를 완성해 보시오.

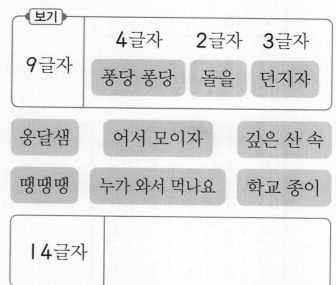

보기

9글자	4글자	2글자	3글자
	퐁당 퐁당	돌을	던지자

옹달샘   어서 모이자   깊은 산 속

땡땡땡   누가 와서 먹나요   학교 종이

14글자	

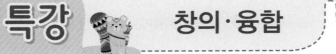

(1~2) 가로줄 또는 세로줄에 이웃한 두 수를 더하여 10이 되도록 묶으려고 합니다. 보기 와 같이 합이 10이 되는 두 수를 모두 찾아 묶어 보시오.

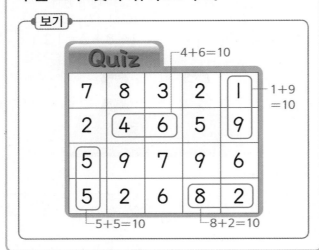

보기

```
        Quiz          ┌─4+6=10
  7   8   3   2   [1]  ─┐1+9
                       │=10
  2  [4   6]  5  [9]
                       
 [5]  9   7   9   6
                       
 [5]  2   6  [8   2]
  └─5+5=10        └─8+2=10
```

1
```
      Quiz
  1   8  [5   5]  9
  7   5   3   6   1
  3   9   8   3   6
  2   8   4   5   2
```

2
```
      Quiz
 [6   4]  1   8   2
  7   1   3   6   9
  5   2   7   9   5
  3   9   4   2   5
```

(3~4) 사다리를 타고 내려가면서 계산하여 □ 안에 알맞은 수를 써넣으시오.

사다리 타는 방법

① 아래로 내려가다 만나는 다리는 반드시 건넙니다.
② 아래와 옆으로만 이동합니다.
③ 지나는 길에 있는 식을 모두 계산합니다.

3
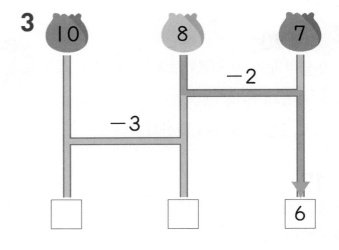

4
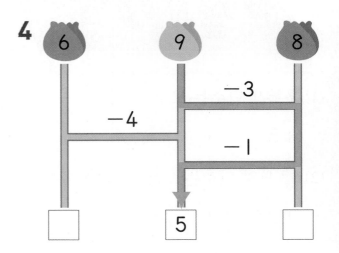

(5~6) 미로를 통과하는 길에 있는 식을 모두 계산하여 □ 안에 알맞은 수를 써넣으시오.

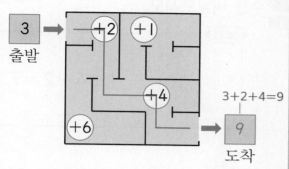

3+2+4=9

5

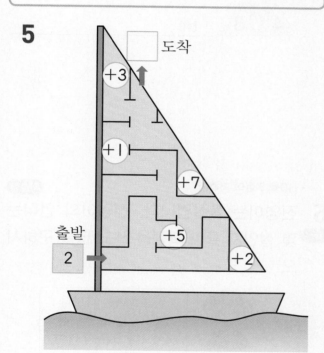

6

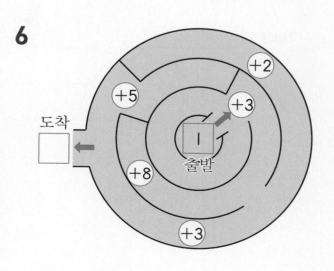

(7~8) 모든 ➡, ⬇, ↘ 방향에 놓인 세 수의 합이 같아지도록 각 칸에 1부터 9까지의 수를 채워 넣으려고 합니다. 물음에 답하시오.

7 ➡, ⬇, ↘ 방향에 놓인 세 수의 합을 구하는 식을 쓰고 계산하시오.

➡ 방향: 7+5+3=□

⬇ 방향: 1+□+□=□

↘ 방향: 6+□+□=□

8 위 표의 🦋와 🐞에 알맞은 수를 구하시오.

🦋 (　　　　　　　　　)

🐞 (　　　　　　　　　)

4 덧셈과 뺄셈 (2)

1  10이 되는 더하기

🍬과 🍫에 알맞은 수를 각각 구하시오.

유사

$$5 + 🍬 = 10, \ 6 + 🍫 = 10$$

🍬 (   )

🍫 (   )

2 10에서 빼기

진호는 공깃돌 10개를 양손에 나누어 쥐었습니다. 오른손에 쥔 공깃돌은 몇 개입니까?

유사

공깃돌 10개 중 4개를 왼손에 쥐었어.

(   )

3 10을 만들어 더하기

오른쪽 동전과 같은 모양에 쓰인 수들의 합을 구하시오.

유사

동영상

    1 2 5 3 4 6

(   )

4 세 수의 덧셈

보기와 같이 계산하여 빈 곳에 알맞은 수를 써넣으시오.

유사

동영상

보기

$$1 + 4 + 2 = 7$$

[식]

5 10을 만들어 더하기   서술형

진영이는 8살입니다. 진영이의 언니는 몇 살인지 풀이 과정을 쓰고 답을 구하시오.

유사

우리 오빠는 나보다 2살 더 많고, 언니는 오빠보다 5살 더 많아.

진영

[풀이]

[답]

❖ '한글'이라는 낱말은 다음과 같이 11번에 쓰입니다. 물음에 답하시오. (6~7)

  ⇨ 6+5=11

6
5

두 수 더하기

6 오른쪽 낱말은 몇 번에 쓰는지 알아보시오.

유사
동영상

(   )

두 수 더하기

7 16번에 쓸 수 있는 낱말을 쓴 사람은 누구입니까?

유사
동영상

발명
경주

봄옷
찬혁

(   )

세 수의 뺄셈   해설집 40쪽 문제 분석

8 0부터 9까지의 수 중에서 □ 안에 알맞은 수를 구하시오.

유사

9-3-□=2

(   )

10에서 빼기   해설집 40쪽 문제 분석

9 마당에 병아리 1마리와 강아지 몇 마리가 놀고 있습니다. 병아리와 강아지의 다리 수를 세어 보니 모두 10개였습니다. 마당에 있는 강아지는 몇 마리입니까?

유사
동영상

(   )

10이 되는 더하기   서술형

10 어떤 수에서 3을 빼어야 할 것을 잘못하여 더했더니 10이 되었습니다. 바르게 계산한 값은 얼마인지 풀이 과정을 쓰고 답을 구하시오.

유사
동영상

[풀이]

_____

_____

[답] _____

10에서 빼기   해설집 40쪽 문제 분석

11 묶여진 두 장의 수 카드의 수를 더하면 10이 됩니다. 뒤집어진 수 카드의 수가 큰 것부터 차례로 기호를 쓰시오.

유사

8 ㉠   6 ㉡   7 ㉢

(   )

4
덧셈과 뺄셈 (2)

점수

1 그림을 보고 ☐ 안에 알맞은 수를 써넣으시오.

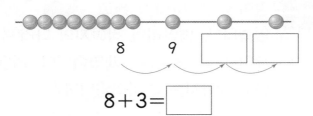

8   9

$8+3=$ ☐

2 세 수의 덧셈을 하시오.
(1) $1+3+5$

(2) $4+2+2$

3 세 수의 뺄셈을 하시오.
(1) $9-4-2$

(2) $7-1-4$

4 빈칸에 알맞은 수를 써넣으시오.

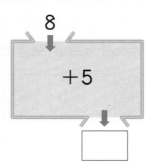

8

$+5$

5 합이 10이 되는 두 수를 찾아 선으로 이어 보시오.

 ⑤ ③ ⑨ ④

· · · ·

· · · ·

1 6 5 7

6 합이 10이 되는 두 수를 ◯로 묶고, ☐ 안에 세 수의 합을 써넣으시오.

1   8
9
☐

7 보기와 같은 방법으로 계산하시오.

보기
$2+5+5=12$
10
12

$6+7+3$

8 그림에 알맞은 덧셈식을 모두 고르시오.
·························· (   )

① 5+5   ② 6+5
③ 7+5   ④ 5+6
⑤ 5+7

서술형
9 어린이가 의자보다 몇 명 더 많은지 10에서 빼는 뺄셈식을 쓰고 계산하시오.

[식]

10 계산 결과의 크기를 비교하여 ◯ 안에
>, =, <를 알맞게 써넣으시오.

$$\boxed{5+2+8} \quad \bigcirc \quad \boxed{7+3+4}$$

11 지혜는 연필을 10자루 가지고 있습니다. 그중 2자루를 친구에게 주었다면 지혜에게 남은 연필은 몇 자루입니까?
(   )

4
덧셈과 뺄셈 (2)

창의·융합
❖ 승규, 해주, 형우가 구슬치기 놀이를 하고 있습니다. 물음에 답하시오. (12~13)

해주에게 2개, 형우에게 3개 잃었어.

승규에게서 3개, 해주에게서 2개를 땄네.

해주

승규   형우

12 승규가 처음 9개를 가지고 있었다면 해주와 형우에게 잃고 남은 구슬은 몇 개인지 알아보시오.

[식] $9 - \boxed{} - \boxed{} = \boxed{}$ [답] $\boxed{}$개

서술형
13 형우가 처음 4개를 가지고 있었다면 승규와 해주에게 구슬을 딴 후의 구슬은 몇 개인지 식을 쓰고 답을 구하시오.

[식]

[답]

단원평가 🐰 **4. 덧셈과 뺄셈** (2) ❶회

14 민호는 우표를 9장 가지고 있었습니다. 그중에서 친구에게 2장을 주고, 동생에게 5장을 주었습니다. 남은 우표는 몇 장입니까?

(   )

15 덧셈을 이용하여 그림에 알맞은 문제를 만들어 보시오.

수진

_____

_____

창의·융합
16 예림이는 음악 소리의 크기를 6칸에서 1칸을 줄이고 다시 3칸을 줄였습니다. 지금 듣고 있는 음악 소리의 크기만큼 색칠해 보시오.

17 ㉠과 ㉡에 알맞은 수의 합을 구하시오.

$$㉠+2+8=13 \qquad 9-3-㉡=1$$

(   )

18 1부터 9까지의 수 중에서 ☐ 안에 들어갈 수 있는 수를 모두 쓰시오.

$$9-2-☐ > 4$$

(   )

19 ▲=2일 때, ★을 구하시오.

$$▲+●=10$$
$$★+★+●=10$$

(   )

20 소희와 연아가 주사위를 각각 2번씩 던져 나온 눈의 수를 더했더니 각각 10이 되었습니다. 모르는 눈의 수가 더 큰 사람은 누구입니까?

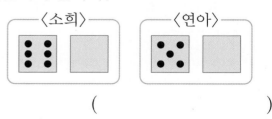

(   )

단원평가

4. 덧셈과 뺄셈 (2) ❷회

점수

❖ 그림을 보고 ☐ 안에 알맞은 수를 써넣으 시오. (1~2)

1

$$10 - 3 = \boxed{}$$

2

$$9 - 1 - \boxed{} = \boxed{}$$

3 합이 10이 되는 두 수를 ⬭로 묶은 뒤 세 수의 합을 구하시오.

(1) $2 + 8 + 3$

(2) $7 + 5 + 5$

4 빈 곳에 알맞은 수를 써넣으시오.

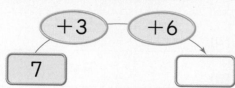

5 관계있는 것끼리 선으로 이어 보시오.

 ·

· 12

· 13

 ·

· 14

6 합이 10이 되는 두 수를 찾아 ◯표 하 시오.

7 ▲ 모양에 쓰인 수들의 합을 구하시오.

(　　　　　　　)

8 현주와 서경이 중 계산 결과가 더 큰 카 드를 들고 있는 사람은 누구입니까?

현주 　서경

$7 - 3 - 2$　　$8 - 4 - 1$

(　　　　　　　)

4

덧셈과 뺄셈 (2)

서술형

9 바둑돌 10개가 들어 있는 상자에서 손바닥 위의 수만큼 꺼냈습니다. 그림을 보고 덧셈식과 뺄셈식을 만들어 보시오.

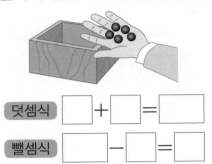

덧셈식 ☐ + ☐ = ☐

뺄셈식 ☐ − ☐ = ☐

10 선생님께서 계산 결과가 가장 큰 식을 쓴 사람에게 사탕을 주신다고 하였습니다. 사탕을 받는 사람은 누구입니까?

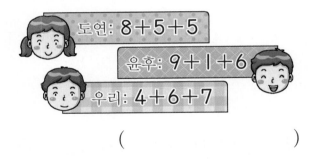

도연: 8+5+5

윤후: 9+1+6

우리: 4+6+7

( )

11 은지는 화분에 봉숭아 씨앗을 10개 심었습니다. 그림을 보고 만들 수 없는 식은 어느 것입니까? ………… ( )

┌ 싹이 튼 씨앗

① 10−1=9   ② 9+1=10
③ 1+9=10   ④ 1+8=9
⑤ 10−9=1

❖ 해 모둠과 달 모둠이 받은 칭찬 붙임딱지의 수입니다. 물음에 답하시오. (12~13)

	해 모둠	달 모둠
어제까지 받은 칭찬 붙임딱지	8개	9개
오늘 받은 칭찬 붙임딱지	☐개	2개
전체 붙임딱지	10개	☐개

12 ☐ 안에 알맞은 수를 써넣으시오.

13 오늘까지 칭찬 붙임딱지를 더 많이 모은 모둠은 어느 모둠입니까?

( )

서술형

14 한수가 친구들에게 색종이를 준 후에 남은 색종이는 몇 장인지 식을 쓰고 답을 구하시오.

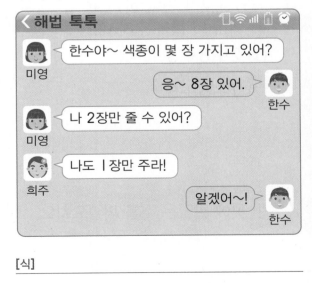

해법 톡톡

미영: 한수야~ 색종이 몇 장 가지고 있어?

한수: 응~ 8장 있어.

미영: 나 2장만 줄 수 있어?

희주: 나도 1장만 주라!

한수: 알겠어~!

[식]

[답]

▶ 정답은 42쪽에

창의·융합

15 산신령이 나무꾼에게 준 도끼는 모두 몇 자루입니까?

( )

16 수 카드 5 , 6 , 7 , 8 중 2장을 한 번씩 사용하여 다음 식을 완성하시오.

$$\square + 4 + \square = 18$$

17 과자 8개를 친구들이 나누어 먹었습니다. □ 안에 수를 써넣어 이야기를 완성해 보시오.

서술형

18 민서와 주희가 3달 동안 읽은 책의 수입니다. 3달 동안 누가 몇 권 더 많이 읽었는지 풀이 과정을 쓰고 답을 구하시오.

	1월	2월	3월
민서	2권	3권	4권
주희	1권	4권	2권

[풀이]

[답]

19 🍓와 🍅은 다음 조건을 만족하는 수입니다. 🍓+🍅+🍅은 얼마입니까?

〈조건〉
• 🍓와 🍅의 합은 10입니다.
• 🍓는 🍅보다 2 작습니다.

( )

20 어떤 수에 6을 더해야 할 것을 잘못하여 뺐더니 4가 되었습니다. 바르게 계산한 값을 구하시오.

( )

4단원이 끝났습니다. QR 코드를 찍으면 재미있는 게임을 할 수 있어요.

5 시계 보기와 규칙 찾기

QR 코드를 찍어 보세요.
재미있는 학습 게임을
할 수 있어요.

학습 게임

제 **5** 화 마리의 꿈은 과학자? 가수?

음······ 지금은 몇 시나 됐을까?

글쎄. 몇 시인지 볼까?

2시 30분이나 됐어.

2시 30분?

☆ 짧은바늘이 2와 3 사이에 있고, 긴바늘이 6을 가리킬 때가 2시 30분이야.

그럼 점심 먹을 때가 지났잖아.

내려서 먹을 걸 구해 보자.

좋아~

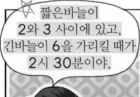

우와~ 예쁜 마을이야.

어? 저기 사람이 있어.

누구지? 몸이 불편하신가 봐.

어디가 불편 하세요?

연구하느라 방사선에 계속 노출되어 이렇게 되었단다.

무슨 연구를 하셨어요?

라듐을 발견했지.

헉! 라듐이면 퀴리부인!!

퀴리부인?

여성으로서 최초의 노벨상 수상자이며, 물리학상과 화학상을 모두 받은 분이시지.

1 STEP

만화로 개념 쏙!

❶ 몇 시 알아보기

짧은바늘이 **2**, 긴바늘이 **12** 를 가리킬 때 시계는 **2**시를 나타내고 **두** 시라고 읽습니다.

2시 → 3시

긴바늘이 한 바퀴 움직일 때

짧은바늘이 2에서 3으로 숫자 1칸을 움직입니다.

❷ 몇 시 30분 알아보기

짧은바늘이 **10**과 **11** 사이 에 있고, 긴바늘이 **6**을 가리 킬 때 시계는 **10**시 **30**분을 나타내고 **열** 시 **삼십분**이라 고 읽습니다.

10시 → 10시 30분

긴바늘이 12에서 6으로 움직일 때

짧은바늘이 10과 11 사이를 가리킵니다.

예제 ❶ 시계의 짧은바늘이 2와 3 사이에 있고, 긴바늘이 6 을 가리킬 때는 2시 ☐ 분입니다.

셀파 포인트 🌱

• 시계의 짧은바늘은 '시'를, 긴바늘은 '분'을 나타냅니다.

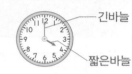

긴바늘
⇨ 4시
짧은바늘

• 디지털시계에서 ' : ' 앞은 '시' 를, 뒤는 '분'을 나타냅니다.

시 분
⇨ 4시

• 2시, 3시, 10시 30분, 11시 30분 등을 시각이라고 합니다.

• 1시, 2시 …… 11시, 12시를 정각이라고 합니다. 정각에는 긴바늘이 12를 가리킵니다.

주의

몇 시 30분을 시계에 나타낼 때 긴바늘과 짧은바늘이 가리키는 방향이 서로 바뀌지 않도록 주의 합니다.

예제 정답
❶ 30

▶ 정답은 43쪽에

개념 확인 1 몇 시 알아보기

1-1 시계가 나타내는 시각에 ◯표 하시오.

(　5시　 , 　12시　)

1-2 시각을 써 보시오.

◯시

1-3 시각에 알맞게 긴바늘을 그려 보시오.

1-4 시각에 알맞게 짧은바늘을 그려 보시오.

5

시계 보기와 규칙 찾기

개념 확인 2 몇 시 30분 알아보기

2-1 시계가 나타내는 시각에 ◯표 하시오.

(　9시 30분　 , 　8시 30분　)

2-2 시각을 써 보시오.

 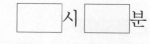

◯시 ◯분

2-3 시각에 알맞게 긴바늘을 그려 보시오.

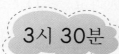 

2-4 시각에 알맞게 짧은바늘을 그려 보시오.

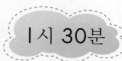 

유형 1
몇 시 알아보기

비법

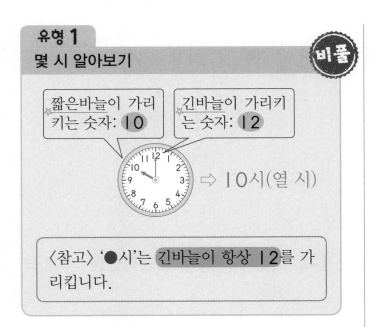

짧은바늘이 가리키는 숫자: 10

긴바늘이 가리키는 숫자: 12

⇨ 10시(열 시)

〈참고〉 '●시'는 긴바늘이 항상 12를 가리킵니다.

1
시각을 쓰고 읽어 보시오.

쓰기 (　　　　　　　)

읽기 (　　　　　　　)

2 익힘책 유형
같은 시각끼리 선으로 이으시오.

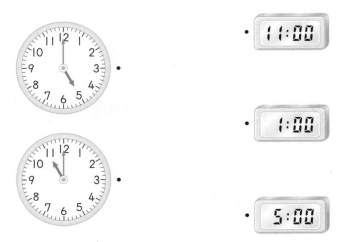

· 11:00

· 1:00

· 5:00

3 서술형
다음 시각의 공통점을 한 가지 쓰시오.

[공통점]
_____

_____

4
윤하가 말하는 시각은 몇 시인지 쓰시오.

윤하

짧은바늘이 12, 긴바늘이 12를 가리키고 있어.

(　　　　　　　　　　)

5 창의·융합
나로호를 쏘아 올린 시각에 시계의 짧은바늘과 긴바늘이 가리키는 숫자를 각각 써 보시오.

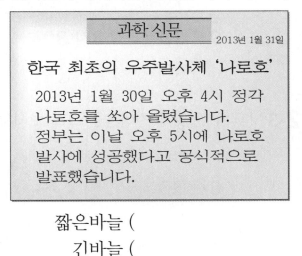

과학 신문
2013년 1월 31일

한국 최초의 우주발사체 '나로호'

2013년 1월 30일 오후 4시 정각 나로호를 쏘아 올렸습니다.
정부는 이날 오후 5시에 나로호 발사에 성공했다고 공식적으로 발표했습니다.

짧은바늘 (　　　　　　　)

긴바늘 (　　　　　　　)

▶ 정답은 43쪽에

유형 2
몇 시를 시계에 나타내기

개념 동영상

• 9시 나타내기

9시 → 짧은바늘 ⇨ 9
      → 긴바늘 ⇨ 12

6

5시를 바르게 나타낸 것에 ○표 하시오.

(   )   (   )   (   )

7

시각에 알맞게 시곗바늘을 그려 보시오.

여섯 시 ⇨

8 교과서 유형

왼쪽 시계의 시각을 오른쪽 시계에 나타내어 보시오.

 2:00

9 익힘책 유형

시곗바늘을 그려 넣고, 시각을 써 보시오.

짧은바늘 ⇨ 3, 긴바늘 ⇨ 12

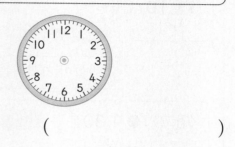

(   )

10 서술형

왼쪽 시계는 1시를 잘못 나타낸 것입니다. 잘못된 이유를 쓰고 오른쪽 시계에 바르게 나타내어 보시오.

[이유]

_____

11

왼쪽 시각에서 긴바늘이 한 바퀴 움직였을 때의 시각을 오른쪽 시계에 나타내어 보시오.

5

시계 보기와 규칙 찾기

유형 3
몇 시 30분 알아보기
비풀

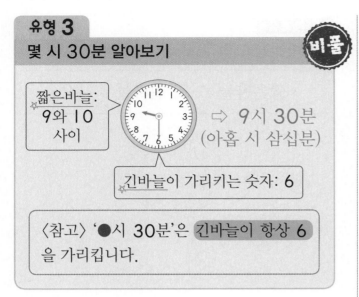

짧은바늘:
9와 10
사이

⇨ 9시 30분
(아홉 시 삼십분)

긴바늘이 가리키는 숫자: 6

〈참고〉 '●시 30분'은 긴바늘이 항상 6을 가리킵니다.

12 교과서 유형
시각을 쓰고 읽어 보시오.

쓰기 ( )
읽기 ( )

13
시각이 다른 하나를 찾아 기호를 쓰시오.

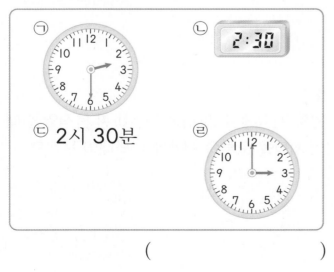

ⓒ 2시 30분

( )

14 서술형
3시 30분, 6시 30분, 10시 30분은 시계의 긴바늘이 모두 같은 숫자를 가리킵니다. 어떤 숫자를 가리키는지 풀이 과정을 쓰고 답을 구하시오.

[풀이]

[답]

15
지금은 몇 시 몇 분입니까?

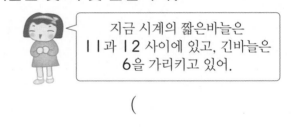

지금 시계의 짧은바늘은 11과 12 사이에 있고, 긴바늘은 6을 가리키고 있어.

( )

16
다음과 같이 시계를 거꾸로 매달았습니다. 이 시계의 시각을 써 보시오.

( )

▶ 정답은 43쪽에 공부한 날   월   일

유형 4
몇 시 30분을 시계에 나타내기

개념 동영상

- 7시 30분 나타내기

7시 30분 ⟶ 짧은바늘 ⇨ 7과 8 사이
         긴바늘 ⇨ 6

17 익힘책 유형
시각에 알맞게 시곗바늘을 그려 보시오.

| 11시 30분 |

18
왼쪽 시계의 시각을 오른쪽 시계에 나타내어 보시오.

19
지금 시각을 시계에 나타내어 보시오.

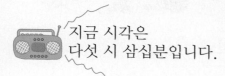
지금 시각은 다섯 시 삼십분입니다.

20 창의·융합
서우가 KTX를 타고 서울역에서 출발하여 대전역에 도착한 시각입니다. 대전역에 도착한 시각을 시계에 나타내어 보시오.

출발 9:30
도착 10:30

21
시계의 짧은바늘이 12와 1 사이에 있고, 긴바늘이 6을 가리킬 때의 시각을 시계에 나타내고 시각을 쓰시오.

(   )

22
영화가 시작하는 시각과 끝나는 시각을 각각 시계에 나타내어 보시오.

빅터 시네마
엉뚱이의 모험(전체 관람가)
2017년 11월 18일 4:30~6:30
8관 K열 14번

시작하는 시각

끝나는 시각

5
시계 보기와 규칙 찾기

생활 속 여러 가지 상황에서 이용되는 시각을 알아봅니다.

23 교과서 유형

그림을 보고 문장을 완성하시오.

(1)

지혜는 [ ]시 [ ]분에 점심을 먹었습니다.

(2)

지혜는 [ ]시에 공부를 하였습니다.

24

밑줄 친 시각에 알맞게 시곗바늘을 그려 보시오.

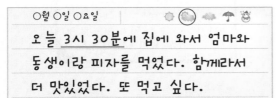

25

다음 중 10시에 한 놀이는 무엇입니까?

자기소개 놀이   나뭇잎 놀이

( )

26 창의·융합

그림을 보고 알맞은 시각을 각각 그려 보시오.

27 서술형

시계와 그림을 보고 이야기를 만들어 보시오.

_____

_____

유형 6

시각의 순서 알아보기

시각의 순서에 따라 먼저 한 일은 빠른 시각이고, 나중에 한 일은 늦은 시각입니다.

28

민호가 일요일 아침에 한 일입니다. 먼저 한 일에 ○표 하시오.

(　　　)

(　　　)

29

주아가 토요일 낮 동안 한 일입니다. 빠른 시각에 한 일부터 차례로 번호를 쓰시오.

30

승주는 저녁 5시 30분부터 8시까지 책을 읽었습니다. 책을 읽는 동안 볼 수 없는 시각은 어느 것입니까? ………………… (　　　)

① 　②

③ 　④

31

해설집 45쪽 **문제 분석**

진희와 승기가 오늘 낮에 놀이터에 온 시각입니다. 두 사람 중 더 늦게 온 사람의 시각을 시계에 나타내어 보시오.

진희: 2시 30분
승기: 2시

32

수진, 수아, 수호가 오늘 아침에 일어난 시각입니다. 먼저 일어난 사람부터 차례로 이름을 쓰시오.

　8:00　

수진　　　수아　　　수호

(　　　　　　　　　　　　)

5

시계 보기와 규칙 찾기

(1~3) 선우의 계획표입니다. 선우가 계획표대로 하였으면 ○표, 하지 않았으면 ✕표 하시오.

선우의 계획표

집에서 출발: 9시

⇩

놀이공원 도착: 10시 30분

⇩

점심 식사: 1시 30분

⇩

집에 도착: 7시

1  (　　)

2  (　　)

3  (　　)

(4~5) 세계 여러 나라의 도시는 각 도시의 위치에 따라 시각이 다르기도 합니다. 다음은 서울이 2시일 때 각 도시별 시각입니다. 물음에 답하시오.

4 각 도시의 시각을 써 보시오.

시드니 —— 　4시

뉴델리 ——

테헤란 ——

런던 ——

5 시드니와 뉴델리의 시각을 시계에 나타내어 보시오.

시드니　　　　　뉴델리

(6~8) 짧은바늘만 있는 오른쪽 시계의 시각은 7시입니다.

짧은바늘이 숫자를 가리킬 때, 긴바늘은 12를 가리키고,

짧은바늘이 숫자와 숫자 사이 중간에 있으면 긴바늘은 6을 가리켜.

다음과 같이 짧은바늘만 있는 시계의 시각을 써 보시오.

6

(   )

7

(   )

8

(   )

(9~10) 시계의 긴바늘이 한 바퀴 도는 동안 짧은바늘은 숫자 눈금 한 칸을 움직이므로 한 시간이 지난 것입니다.

긴바늘이 1바퀴 돈 시각

다음 시각에서 각각 긴바늘이 움직인 후의 시각을 오른쪽 시계에 나타내어 보시오.

9

긴바늘이 1바퀴 돈 시각

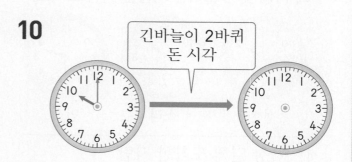

10

긴바늘이 2바퀴 돈 시각

5

시계 보기와 규칙 찾기

시각 나타내고 할 일 말하기

1 시계를 보고 계획표대로 하였으면 ○표, 하지 않았으면 ×표 하시오.

컴퓨터 하기	5시 30분
그림 그리기	7시
잠자기	9시 30분

(   )   (   )   (   )

시각의 순서 알아보기

2 정현, 소리, 민석이가 오늘 낮에 박물관에 도착한 시각입니다. 가장 일찍 도착한 사람과 가장 늦게 도착한 사람을 각각 쓰시오.

정현   소리   민석

가장 일찍 도착한 사람	
가장 늦게 도착한 사람	

몇 시 30분을 시계에 나타내기

3 미국의 세 도시의 시각을 각각 시계에 나타내어 보시오.

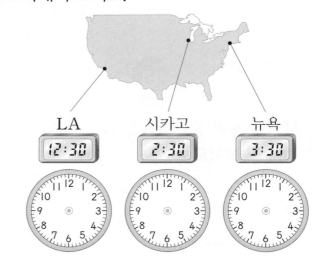

시각을 시계에 나타내기

4 시곗바늘이 없는 시계에는 시곗바늘을 알맞게 그려 넣고, □ 안에는 알맞은 숫자를 써넣으시오.

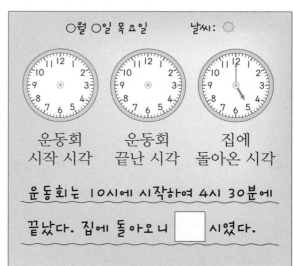

몇 시를 시계에 나타내기

5 오른쪽 시각을 시계에 나타낼 때 짧은바늘과 긴바늘이 각각 가리키는 숫자의 합을 구하는 풀이 과정을 쓰고 답을 구하시오.

유사 ⟋
동영상

서술형

[풀이]

_____

_____

[답] _____

몇 시 30분 알아보기

6 피노키오가 거꾸로 매단 오른쪽 시계의 시각을 써 보시오.

유사 ⟋

해설집 46쪽 문제 분석

(   )

시각의 순서 알아보기

7 3시보다 늦고, 5시보다 빠른 낮의 시각 중 시계의 긴바늘이 6을 가리키는 시각은 모두 몇 번인지 풀이 과정을 쓰고 답을 구하시오.

유사 ⟋
동영상

서술형

[풀이]

_____

_____

[답] _____

시각을 시계에 나타내기

8 오른쪽과 같이 시계의 일부분이 가려져 두 시곗바늘이 보이지 않습니다. 이 시계의 시각이 될 수 없는 것을 찾아 기호를 쓰시오.

유사 ⟋

해설집 47쪽 문제 분석

| ㉠ 여덟 시 | ㉡ 아홉 시 |
| ㉢ 열 시 삼십분 | ㉣ 열한 시 |

(   )

시각 알아보기

9 '몇 시' 또는 '몇 시 30분'인 시각 중 시계의 두 시곗바늘이 완전히 겹쳐지는 시각을 쓰시오.

유사 ⟋
동영상

해설집 47쪽 문제 분석

(   )

시각 알아보기

10 지수가 본 시계의 짧은바늘은 이웃한 두 수 ■와 ● 사이에 있고, 긴바늘은 6을 가리켰습니다. ■와 ●의 합이 7이라면 시계를 본 시각을 쓰고 시곗바늘을 그려 넣으시오.

유사 ⟋
동영상

시각

_____

STEP 1

만화로 개념 쏙!

❸ **규칙을 찾고 말하기**

규칙 가방과 모자가 반복됩니다.

예제 ❶ 규칙에 따라 위 그림의 빈칸에 알맞은 그림은

(,)입니다.

❹ **규칙을 찾아 여러 가지 방법으로 나타내기**

[방법 1] 규칙을 ○와 △를 이용하여 나타내기

| ○ | ○ | △ | △ | ○ | ○ | △ | △ |

[방법 2] 규칙을 0과 1을 이용하여 나타내기

| 0 | 0 | 1 | 1 | 0 | 0 | 1 | 1 |

❺ **규칙을 만들어 무늬 꾸미기**

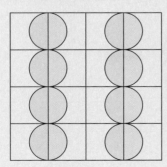

규칙

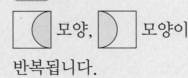 모양, 모양이

반복됩니다.

셀파 포인트

• 반복되는 부분을 찾아 /으로 표시하면 더 쉽게 규칙을 찾을 수 있습니다.

• 반복되는 부분을 찾아 그림, 글자, 숫자 등으로 나타내어 봅니다.

• 식탁보, 주방의 타일, 횡단보도, 포장지 등에서 규칙적인 무늬를 볼 수 있습니다.

예제 정답

❶ 에 ○표

▶ 정답은 48쪽에 공부한 날   월   일

개념 확인 3 규칙을 찾고 말하기

3-1 규칙을 찾아 ○표 하시오.

규칙 ()

이 반복됩니다.

3-2 규칙에 따라 빈칸에 알맞은 그림을 찾아 ○표 하시오.

개념 확인 4 규칙을 찾아 여러 가지 방법으로 나타내기

4-1 규칙을 △와 □를 이용하여 나타내시오.

🐝	🌷	🐝	🌷	🐝	🌷
△	□	△	□		

4-2 규칙을 1과 2를 이용하여 나타내시오.

✏️	▭	▭	✏️	▭	▭	✏️	▭
1	2	2	1	2	2		

개념 확인 5 규칙을 만들어 무늬 꾸미기

5-1 규칙에 따라 색칠하시오.

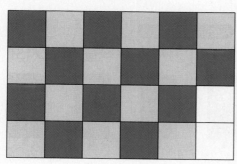

5-2 규칙에 따라 무늬를 꾸미시오.

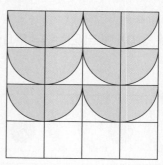

2 STEP 유형 탐구 (2)

유형 7
규칙을 찾고 말하기

비법

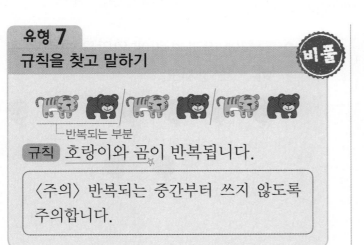

└─반복되는 부분

규칙 호랑이와 곰이 반복됩니다.

〈주의〉 반복되는 중간부터 쓰지 않도록 주의합니다.

1
반복되는 부분을 찾아 ◯로 묶어 보시오.

2
규칙을 찾아 □ 안에 알맞은 말을 써넣으시오.

┌고양이 ┌토끼

규칙 [　　　] 와 [　　　　　] 가 반복됩니다.

3
보기와 같이 반복되는 부분마다 /를 그어 보시오.

보기
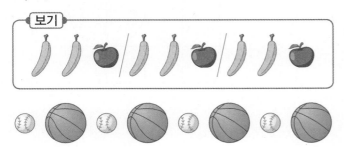

4
규칙을 찾아 반복되는 채소의 이름을 차례로 쓰시오.

┌무 ┌배추

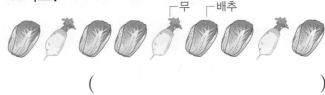

(　　　　　　　　　　　　)

5 익힘책 유형
물건을 늘어놓은 규칙을 바르게 말한 사람은 누구입니까?

치마, 바지, 모자가 반복돼.

바지, 치마, 모자가 반복돼.

예승　　　　　　현서

(　　　　　　　　　　　　)

6 서술형 창의·융합
신호등이 켜지는 규칙을 써 보시오.

[규칙]

유형 8
규칙에 따라 그리고 말하기

반복됩니다.

★ ☆을 차례로
그리면 ★이 그려져.

규칙 빨간색과 흰색 별이 반복됩니다.

교과서 유형

❖ 규칙에 따라 빈칸에 알맞은 그림을 그려
보시오. (7~8)

7

8

9

규칙에 따라 구슬을 꿰어 팔찌를 만들려고 합
니다. 다음에 꿰어야 할 구슬은 어느 것입니
까? ································· (　　)

10

🗃, 📎, ✏, ✏이 반복될 때 📎를 놓아야
할 곳의 기호를 쓰시오.

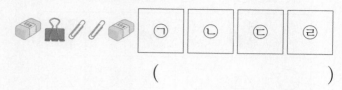

（　　　　）

11 서술형

규칙을 찾아 쓰고, 규칙에 따라 빈 시계에 시
곗바늘을 알맞게 그려 보시오.

[규칙]

_____

_____

12 창의·융합 익힘책 유형

규칙에 따라 그렸을 때 빈칸에 들어갈 모양의
물건을 주변에서 두 가지 찾아 쓰시오.

（　　　　）

유형 9
규칙에 따라 그림이나 수로 나타내기 비풀

• 규칙을 ◯와 △를 이용하여 나타내기

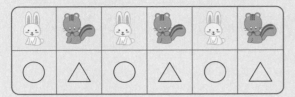

방법
① 규칙을 찾습니다.
② 규칙에 따라 같은 모양을 같은 그림, 수, 기호 등으로 나타냅니다.

13 교과서 유형
규칙에 따라 리듬 치기를 한 것입니다. 빈칸에 알맞은 그림을 그려 넣으시오.

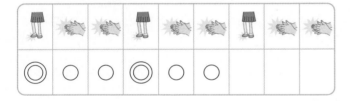

14 익힘책 유형
규칙에 따라 빈칸에 주사위를 그리고 수를 써 넣으시오.

·	·	:·:	·	·	::		
1	1	4	1	1			

15
규칙에 따라 ◈와 ★을 이용하여 나타내려고 합니다. ◈이 들어갈 곳을 모두 고르시오. ……………………………… ( )

16 창의·융합
♪는 큰북을 치고 ♩는 작은북을 칩니다. 규칙에 따라 악보를 완성하면 큰북은 모두 몇 번 쳐야 합니까?

( )

17
규칙을 0, 2, 5로 나타내려고 합니다. 빈칸에 들어갈 수의 합을 구하시오.

5		2	0		2		

( )

유형 10
규칙에 따라 몸으로 표현하기

비품

규칙　만세 한 남학생과 차렷한 여학생이 반복됩니다.

반복되는 동작을 보고 규칙을 찾고 규칙에 따라 알맞은 행동을 알아봅니다.

교과서 유형

❖ 규칙에 따라 몸으로 표현한 것입니다. 빈칸에 들어갈 동작을 찾아 기호를 쓰시오.

(18~19)

가　　　　나　　　　다

18

(　　　　　　　　)

19

(　　　　　　　　)

20 서술형

규칙에 따라 몸으로 표현한 것입니다. 규칙을 찾아 쓰시오.

[규칙]
_____

21

규칙에 따라 몸으로 표현한 것입니다. 잘못된 동작을 한 한 사람을 찾아 ○표 하시오.

22 해설집 49쪽　문제 분석

서우네 반 학생들은 규칙에 따라 1번부터 차례로 동물 흉내를 내고 있습니다. 8번인 서우가 흉내 낼 동물은 무엇입니까?

1번　2번　3번　4번　5번　6번
(　　　　　　　　)

5
시계 보기와 규칙 찾기

유형 11
규칙에 따라 색칠하기

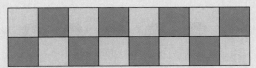

규칙 노란색과 파란색이 반복됩니다.
첫째 줄은 노란색과 파란색이,
둘째 줄은 파란색과 노란색이
반복됩니다.

❖ 무늬를 보고 물음에 답하시오. (23~24)

23
무늬에는 어떤 규칙이 있는지 알아보시오.

(1) 첫째 줄은 빨간색, [   ],
[   ]이 반복됩니다.

(2) 둘째 줄은 노란색, [   ],
[   ]이 반복됩니다.

(3) 셋째 줄은 [   ], [   ],
[   ]이 반복됩니다.

24 교과서 유형
위 23에서 찾은 규칙에 따라 색칠해 보시오.

25 익힘책 유형
규칙에 따라 알맞게 색칠해 보시오.

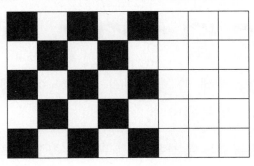

26
규칙에 따라 색칠할 때 빨간색을 칠해야 하는
곳을 모두 찾아 기호를 쓰시오.

| | | | | | | ㉠ | ㉡ | ㉢ |
| | | | | | | ㉣ | ㉤ | ㉥ |

(   )

27 창의·융합
규칙에 따라 색칠할 때 빨간색은 몇 칸 더 색
칠해야 합니까?

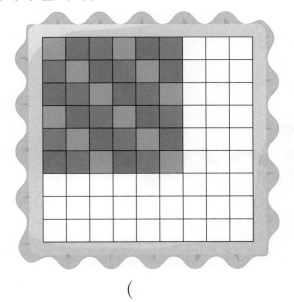

(   )

유형 12
규칙에 따라 무늬 꾸미기

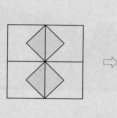 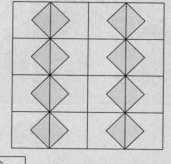

규칙   모양, ▷ 모양이 반복됩니다.

28
규칙에 따라 무늬를 완성하시오.

규칙

◢ 모양, ◥ 모양이 반복됩니다.

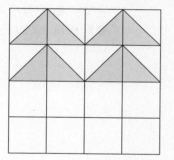

29 교과서 유형
보기 를 이용하여 규칙에 따라 무늬를 꾸며
보시오.

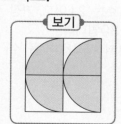 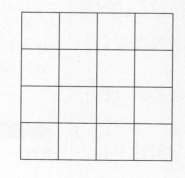

30
⊠ 모양을 이용하여 무늬를 꾸민 것을 찾아
기호를 쓰시오.

㉠ 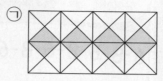   ㉡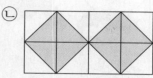

㉢ 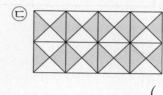   ㉣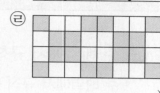

(   )

31
무늬를 꾸밀 때 이용한 모양을 모두 찾아 ○
표 하시오.

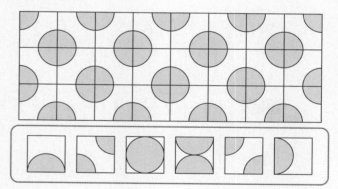

32 서술형
보기 를 이용하여 규칙적인 무늬를 만들고
규칙을 써 보시오.

 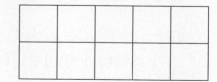

[규칙]

_____

_____

만화로 개념 쏙!

❻ 수 배열에서 규칙 찾기

• 수 배열에서 규칙 찾기

| 10 | — | 5 | — | 10 | — | 5 | — | 10 | — | 5 |

규칙 10과 5가 반복됩니다.

• 규칙을 만들어 수 배열하기

규칙 20부터 시작하여 2씩 작아집니다.

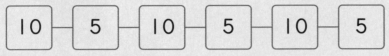

예제 ❶ | 1 | — | 2 | — | 3 | — | 4 | — | 5 | — | ☐ |

❼ 수 배열표에서 규칙 찾기

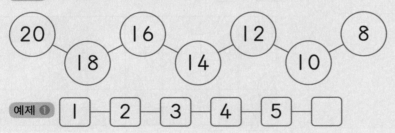

1	2	3	4	5	6	7	8	9	10
11	12	13	14	15	16	17	18	19	20
21	22	23	24	25	26	27	28	29	30
31	32	33	34	35	36	37	38	39	40

① ------에 있는 수들은 21부터 시작하여 오른쪽으로 1칸 갈 때마다 1씩 커집니다.

② ------에 있는 수들은 3부터 시작하여 아래쪽으로 1칸 갈 때마다 10씩 커집니다.

③ 색칠한 수는 5부터 시작하여 5씩 뛰어 세는 규칙입니다.

셀파 포인트

• 수 배열에서 수가 커지는지, 작아지는지, 반복되는 수가 있는지 알아보고 규칙을 찾습니다.

• ●씩 작아지거나 ●씩 커지는 규칙은 ●씩 작게 뛰어 세거나 ●씩 크게 뛰어 세는 것과 같습니다.

• 왼쪽 수 배열표에서 찾을 수 있는 규칙

① 수 배열표의 가장 위쪽에 있는 수들은 1부터 시작하여 오른쪽으로 1칸 갈 때마다 1씩 커집니다.

② ------에 있는 수들 중 가장 작은 수는 21이고, 가장 큰 수는 30입니다.

등 여러 가지 규칙을 찾을 수 있습니다.

예제 정답

❶ 6

개념 확인 6 수 배열에서 규칙 찾기

6-1 다음 수 배열에서 규칙을 알아보려고 합니다. 알맞은 수에 ○표 하시오.

```
7 — 9 — 11 — 13 — 15
```

규칙 7부터 시작하여 (2 , 9)씩 커집니다.

6-2 다음 수 배열에서 규칙을 알아보려고 합니다. ☐ 안에 알맞은 수를 써넣으시오.

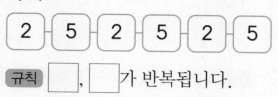

```
2 — 5 — 2 — 5 — 2 — 5
```

규칙 ☐ , ☐ 가 반복됩니다.

6-3 규칙에 따라 빈칸에 알맞은 수를 써넣으시오.

┌ 규칙 ┐
73부터 시작하여 1씩 커집니다.

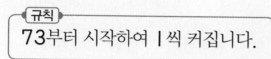

```
73 — 74 — 75 — 76 — ☐
```

6-4 은서가 말하는 규칙에 따라 빈칸에 알맞은 수를 써넣으시오.

10부터 시작하여 1씩 작아지는 규칙이야.

은서

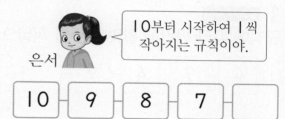

```
10 — 9 — 8 — 7 — ☐
```

개념 확인 7 수 배열표에서 규칙 찾기

7-1 수 배열표를 보고 ☐ 안에 알맞은 수를 써넣으시오.

61	62	63	64	65	66	67	68	69	70
71	72	73	74	75	76	77	78	79	80
81	82	83	84	85	86	87	88	89	90
91	92	93	94	95	96	97	98	99	100

-------에 있는 수들은 71부터 시작하여 오른쪽으로 1칸 갈 때마다 ☐ 씩 커집니다.

7-2 왼쪽 7-1의 수 배열표를 보고 ☐ 안에 알맞은 수를 써넣으시오.

(1) 가장 위쪽에는 61부터 ☐ 까지의 수들이 있습니다.

(2) -------에 있는 수들은 68부터 시작하여 아래쪽으로 1칸 갈 때마다 ☐ 씩 커집니다.

(3) 색칠한 수들은 66부터 시작하여 ☐ 씩 뛰어 세는 규칙입니다.

유형 13
수 배열에서 규칙 찾기

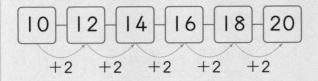

10 — 12 — 14 — 16 — 18 — 20

+2 +2 +2 +2 +2

규칙 10부터 시작하여 2씩 커집니다.

〈참고〉 수들이 커지는지, 작아지는지, 반복되는지 알아보면 규칙을 쉽게 찾을 수 있습니다.

1 교과서 유형
규칙에 따라 빈칸에 알맞은 수를 써넣으시오.

(1)

| 4 | 9 | 4 | 9 | | |

(2)

| 13 | 16 | 19 | 22 | | |

2 서술형 익힘책 유형
수 배열에서 규칙을 찾아 쓰시오.

| 3 | 1 | 3 | 1 | 3 | 1 |

[규칙]

_____

_____

3
□ 안에 알맞은 수를 써넣으시오.

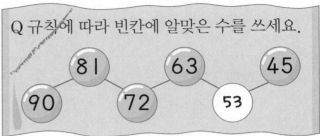

Q 규칙에 따라 빈칸에 알맞은 수를 쓰세요.

81   63   45

90   72   53

< 해법 톡톡

민서: 왜 틀린 거야?

서우: 아~ 저 수들은 90부터 시작하여 □ 씩 작아져. 그러니까 빈칸에는 63보다 □ 작은 수가 들어가.

민서: 아! 그럼 빈칸에는 □ 구나~!

4 창의·융합
오누이가 타고 올라가야 하는 밧줄의 기호를 쓰시오.

저희가 도망갈 수 있게 밧줄을 내려 주세요.

1, 5, 9, 13과 같은 규칙으로 수가 적힌 밧줄을 타고 올라오거라.

| ㉠ | ㉡ | ㉢ |
| 20,16,12,8 | 25,29,33,37 | 7,10,7,10 |

(   )

유형 14
규칙에 따라 수 배열하기

개념 동영상

- 커지거나 작아지는 규칙
  - 예 10부터 시작하여 1씩 작아지는 규칙

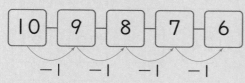

- 반복되는 규칙
  - 예 5와 6이 반복되는 규칙

❖ 규칙에 따라 빈칸에 알맞은 수를 써넣으시오. (5~6)

5

규칙
11부터 시작하여 5씩 커집니다.

6

규칙
2, 7, 7이 반복됩니다.

7
10부터 시작하여 20씩 커지는 규칙으로 수를 쓸 때, ㉠에 알맞은 수는 얼마입니까?

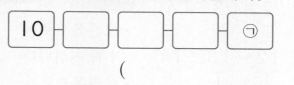

(   )

8 서술형
내가 정한 규칙에 따라 수를 써넣고 어떤 규칙인지 써 보시오.

[규칙]
_____

9 서술형
대화를 보고 규칙을 찾아 쓰고 빈칸에 알맞은 수를 써넣으시오.

[규칙]
_____

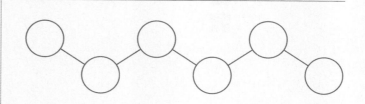

5
시계 보기와 규칙 찾기

다양한 수 배열에서 규칙 찾기

개념 동영상

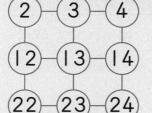

규칙
• 오른쪽으로는 1씩 커집니다.
• 아래쪽으로는 10씩 커집니다.

❖ 수 배열을 보고 물음에 답하시오. (10~11)

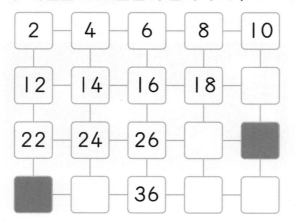

10

☐ 안의 수들의 규칙이 맞으면 ○표, 틀리면 ×표 하시오.

• 오른쪽 옆으로는 1씩 커집니다. (   )

• 아래쪽으로는 10씩 커집니다.

                               (   )

11

■와 ■에 알맞은 수를 각각 구하시오.

              ■ (   )

              ■ (   )

12 [교과서 유형]

규칙에 따라 빈칸에 알맞은 수를 써넣으시오.

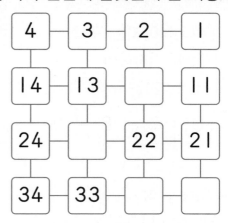

13

규칙에 따라 빈칸에 알맞은 수를 써넣으시오.

3	6	3
4	8	4
5		5
6		6

14 [서술형] [익힘책 유형]

휴대 전화에 있는 수 배열입니다. 여러 가지 규칙을 찾아 쓰시오.

[규칙]

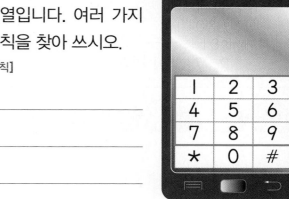

유형 16
수 배열표에서 규칙 찾기

61	62	63	64	65	66	67	68	69	70
71	72	73	74	75	76	77	78	79	80
81	82	83	84	85	86	87	88	89	90

• ------에 있는 수들은 71부터 시작하여 1씩 커집니다.

• ▢의 수들은 65부터 시작하여 5씩 뛰어 세는 규칙입니다.

❖ 수 배열표를 보고 물음에 답하시오.

(15~17)

1	2	3	4	5	6	7	8	9	10
11	12	13	14	15	16	17	18	19	20
21	22	23	24	25	26	27	28	29	30
31	32	33	34	35	36	37	38	39	40
41	42	43	44	45	46	47	48	49	50
51	52	53	54	55	56	57	58	59	60
61	62	63	64	65	66	67	68	69	70
71	72	73	74	75	76	77	78	79	80
81	82	83	84	85	86	87	88	89	90
91	92	93	94	95	96	97	98	99	100

15 익힘책 유형

------와 ------에 있는 수들은 각각 몇씩 커집니까?

------ (　　　　　　　　)

------ (　　　　　　　　)

16

색칠한 수는 몇씩 뛰어 센 것입니까?

(　　　　　　　　)

17 서술형

가장 오른쪽에 있는 수들의 규칙을 쓰시오.

[규칙]

18

규칙에 따라 빈칸에 알맞은 수를 써넣으시오.

41	42	43	44	45	46	47	48	49	50
51	52	53	54	55	56	57	58	59	60
61	62	63	64	65	66				70
71	72	73							

19 창의·융합

규칙에 따라 풍선을 터뜨리고 있습니다. 더 터뜨려야 할 풍선은 모두 몇 개입니까?

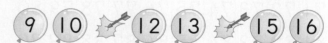

(　　　　　　　　)

유형 17
수 배열표에서 규칙 찾아 색칠하기

① 색칠한 수들의 규칙을 찾습니다.
② 규칙에 맞게 나머지 수를 찾아 색칠합니다.

〈참고〉 색칠한 칸이 몇 칸씩 건너 뛰어 색칠했는지 세어 나머지 부분을 색칠해도 됩니다.

20 교과서 유형
색칠한 규칙에 따라 나머지 부분에 색칠하여 보시오.

1	2	3	4	5	6	7	8	9	10
11	12	13	14	15	16	17	18	19	20
21	22	23	24	25	26	27	28	29	30
31	32	33	34	35	36	37	38	39	40

21
62부터 시작하여 7씩 커지는 수를 파란색으로 색칠하시오.

61	62	63	64	65	66	67	68	69	70
71	72	73	74	75	76	77	78	79	80
81	82	83	84	85	86	87	88	89	90
91	92	93	94	95	96	97	98	99	100

22
규칙에 따라 수 배열표에 색칠한 것입니다. 바르게 말한 사람을 찾아 쓰시오.

51	52	53	54	55	56	57	58	59	60
61	62	63	64	65	66	67	68	69	70
71	72	73	74	75	76	77	78	79	80
81	82	83	84	85	86	87	88	89	90
91	92	93	94	95	96	97	98	99	100

은경: 53부터 시작하여 5씩 커지는 수를 색칠했어.
수진: 더 색칠할 수는 83, 89, 95야.

(   )

23 서술형 익힘책 유형
색칠한 수의 규칙을 각각 쓰고 마지막 줄에 알맞게 색칠하시오.

21	22	23	24	25	26	27	28	29	30
31	32	33	34	35	36	37	38	39	40
41	42	43	44	45	46	47	48	49	50
51	52	53	54	55	56	57	58	59	60

• 빨간색으로 색칠한 수의 규칙을 쓰시오.
[규칙]
_____

• 파란색으로 색칠한 수의 규칙을 쓰시오.
[규칙]
_____

유형 18
규칙에 맞게 수 배열표에 수 쓰기 비풀

수 배열표에 적힌 수를 보고 규칙을 찾아 봅니다.

50		53		56	
	59		62		65
		68		71	

규칙 50부터 시작하여 3씩 커집니다.

❖ 규칙에 따라 수 배열표에 수를 쓴 것입니다. 규칙을 찾아 빈칸에 알맞은 수를 써넣으시오. (24~25)

24

		15			20
		25			30
		35			40

25

	42				49
			56		
	63				

26 서술형

수 배열표에 수를 쓴 규칙을 쓰시오.

	22						30
					38		
				46			

[규칙]

_____

27 창의·융합

규칙에 따라 수 배열표에 수를 쓴 것입니다. 규칙에 따라 수를 더 쓸 때 수를 쓰지 않을 칸에 모두 색칠하시오.

			74			78		
	82				86			90

28 해설집 52쪽 문제 분석

규칙에 따라 수 배열표에 수를 쓴 것입니다. 잘못 쓴 수 하나를 찾아 ✕표 하고 바르게 고치시오.

			55	
61				67
	74			79
	85			

(　　　　　　　)

(1~3) 위치나 방향, 순서 등이 반대로 바뀌는 것을 반전이라고 합니다.

> 흰색은 검은색으로, 검은색은 흰색으로 반전한 규칙이야.

 반전

위의 반전의 규칙에 따라 오른쪽 그림에 색칠하시오.

1 반전

2 반전

3 반전

(4~5) 은서가 규칙에 따라 고양이의 눈을 그린 것입니다.

규칙 첫째, 둘째, 셋째 번 눈이 반복됩니다.

다음 각각의 그림에서 규칙을 찾아 그림을 완성하시오.

4

5

6 반복되는 규칙을 이용하여 고양이가 출발점에서 도착점까지 가는 길을 나타낸 것입니다.

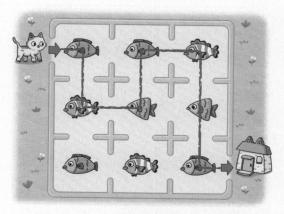

다음의 반복되는 규칙에 따라 출발점에서 도착점까지 가는 길을 나타내시오.

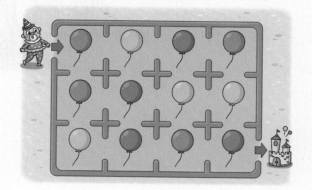

(7~8) 다음과 같은 수 배열표가 있습니다.

1	2	3	4	5	6	7	8	9	10
11	12	13	14	15	16	17	18	19	20
21	22	23	24	25	26	27	28	29	30
31	32	33	34	35	36	37	38	39	40
41	42	43	44	45	46	47	48	49	50
51	52	53	54	55	56	57	58	59	60
61	62	63	64	65	66	67	68	69	70
71	72	73	74	75	76	77	78	79	80
81	82	83	84	85	86	87	88	89	90
91	92	93	94	95	96	97	98	99	100

이 수 배열표를 잘라 수를 지웠습니다. 자른 수 배열표의 빈칸에 알맞은 수를 써넣으시오.

7

자른 수 배열표에 있는 수 중 가장 큰 수는 98이야.

8

자른 수 배열표에 있는 수 중 가장 작은 수는 13이야.

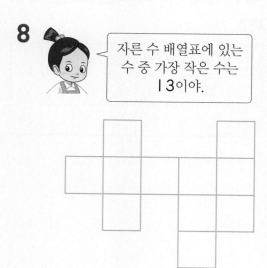

5. 시계 보기와 규칙 찾기 **155**

규칙에 따라 몸으로 표현하기

1 규칙에 따라 빈칸에 알맞은 행동을 찾아 유사 ✎ 기호를 쓰시오.

( )

규칙에 따라 무늬 꾸미기

2 규칙에 따라 나비 도장과 벌 도장을 찍고 유사 ✎ 있습니다. ㉠에 찍어야 하는 도장은 무엇 입니까?

( )

규칙에 따라 수 배열하기 〈서술형〉

3 조건 에 맞게 규칙을 정하고 만든 규칙에 유사 ✎ 따라 빈칸에 알맞은 수를 써넣으시오.

조건
반복되는 규칙을 만듭니다.

[규칙]

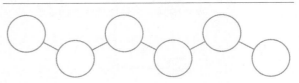

규칙에 따라 그리고 말하기

4 규칙에 따라 구슬을 놓을 때 10째 번에 유사 ✎ 놓아야 할 구슬은 무슨 색깔입니까?
동영상

( )

규칙을 찾고 말하기 〈서술형〉

5 규칙을 찾아 쓰시오.
유사 ✎
동영상

[규칙]

유사 : 표시된 문제의 유사 문제가 제공됩니다.
동영상 : 표시된 문제의 동영상 특강을 볼 수 있어요.
QR 코드를 찍어 보세요.

▶정답은 53쪽에   공부한 날   월   일

다양한 수 배열에서 규칙 찾기   서술형

6 규칙에 따라 수를 쓴 것입니다. 규칙을 쓰고 빈칸에 알맞은 수를 써넣으시오.

유사
동영상

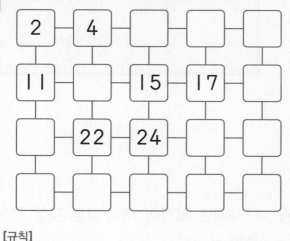

[규칙]

_____

_____

규칙에 따라 색칠하기

7 규칙에 따라 모두 색칠할 때 초록색과 파란색이 칠해진 △칸은 각각 몇 칸이겠습니까?

유사

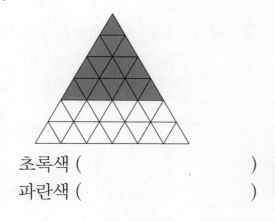

초록색 (   )

파란색 (   )

수 배열표에서 규칙 찾기

8 규칙에 따라 뽑기에 ○표를 했을 때 ○표한 뽑기는 모두 몇 개입니까?

유사
동영상

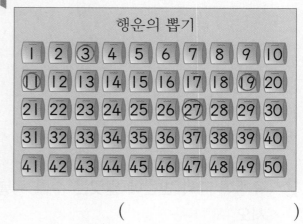

(   )

수 배열표에서 규칙 찾아 색칠하기

해설집 54쪽   문제 분석

9 규칙에 따라 색칠했을 때, 분홍색과 초록색이 모두 칠해지는 수를 찾아 쓰시오.

유사
동영상

41	42	43	44	45	46	47	48	49	50
51	52	53	54	55	56	57	58	59	60
61	62	63	64	65	66	67	68	69	70
71	72	73	74	75	76	77	78	79	80

(   )

규칙에 따라 수 배열하기

해설집 54쪽   문제 분석

10 규칙에 따라 빈칸에 수를 써넣었을 때 ㉠과 ㉡에 알맞은 수의 합을 구하시오.

유사
동영상

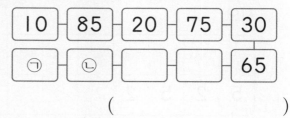

(   )

5

시계 보기와 규칙 찾기

1 시각을 써 보시오.

(   )

2 규칙에 따라 빈칸에 알맞은 수를 써넣으시오.

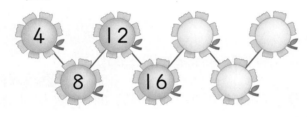

3 규칙에 따라 색칠하시오.

4 규칙에 따라 빈칸에 알맞은 수를 써넣으시오.

5	2	5	2				

5 규칙에 따라 꽃을 색칠하여 보시오.

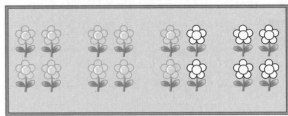

6 나타내는 시각이 서로 <u>다른</u> 것을 찾아 기호를 쓰시오.

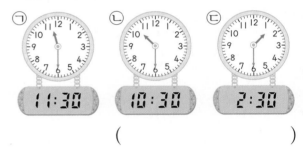

(   )

7 규칙에 따라 시곗바늘을 그리시오.

8 (보기)를 이용하여 규칙에 따라 무늬를 꾸며 보시오.

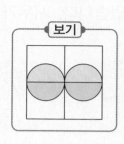

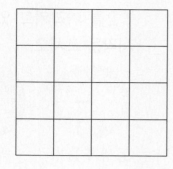

9 영화가 2시에 시작하여 3시 30분에 끝났습니다. 영화가 시작한 시각과 끝난 시각을 각각 시계에 나타내어 보시오.

시작한 시각   끝난 시각

10 규칙에 따라 빈칸에 알맞은 행동을 하고 있는 사람의 이름을 쓰시오.

미진   수현   은영

(   )

11 은재는 ♩에 리듬 막대를 칩니다. 규칙에 맞게 악보를 완성했을 때 은재는 리듬 막대를 몇 번 쳐야 합니까?

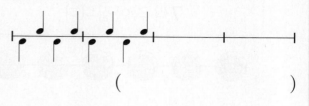

(   )

❖ 수 배열표를 보고 물음에 답하시오.
(12~13)

1	2	3	4	5	6	7	8	9	10
11	12	13	14	15	16	17	18	19	20
21	22	23	24	25	26	27	28	29	30
31	32	33	34	35	36	37	38	39	40

(서술형)
12 --------에 있는 수들의 규칙을 쓰시오.

[규칙] _____

(서술형)
13 --------에 있는 수들의 규칙을 쓰시오.

[규칙] _____

(서술형)
14 시각을 시계에 나타내고 그 시각에 하고 싶은 일을 쓰시오.

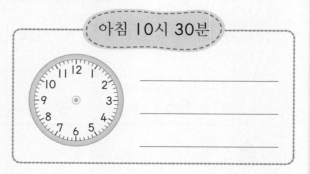

아침 10시 30분

5

시계 보기와 규칙 찾기

15 다음 규칙으로 수를 쓸 때 ㉠에 알맞은 수를 구하시오.

┌─ 규칙 ─┐
7씩 작아집니다.

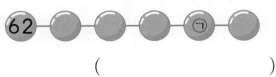
62 ○ ○ ○ ㉠ ○

(   )

서술형

16 디지털시계의 시각을 시계에 잘못 나타낸 것을 찾고 그 이유를 쓰시오.

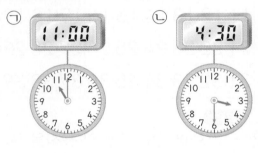
㉠ 11:00   ㉡ 4:30

[답]

[이유]

17 규칙에 따라 ⭐과 ❤에 알맞은 수를 각각 구하시오.

37	38		40	41	42
43		45	46		⭐
			52		
	56			❤	

⭐ (   ), ❤ (   )

18 서우가 오늘 낮에 한 일입니다. 숙제를 하고 동생과 놀기 전 본 시계의 긴바늘은 12를 가리키고 있었습니다. 서우가 본 시각을 쓰시오.

동생과 놀기   책 읽기   숙제 하기

(   )

19 규칙에 따라 수를 쓸 때 빈칸에 알맞은 수의 합을 구하시오.

■	▲	●	▲	■	▲	●	▲	■	▲	●	▲
4	3	0	3	4	3			4		0	

(   )

20 '몇 시' 또는 '몇 시 30분'인 시각 중 시계의 두 시곗바늘이 서로 반대 방향을 가리키는 시각을 쓰시오.

(   )

▶ 정답은 56쪽에 공부한 날   월   일

점수

1 보기와 같이 반복되는 부분마다 /를 그어 나타내시오.

보기

2 규칙에 따라 빈칸에 알맞은 행동을 찾아 ○표 하시오.

(   )(   )

3 규칙에 따라 무늬를 꾸몄습니다. 무늬를 완성하시오.

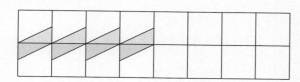

4 휴대 전화를 본 시각을 오른쪽 시계에 나타내어 보시오.

5 색칠한 규칙에 따라 나머지 부분에 색칠하여 보시오.

50	51	52	53	54	55	56	57	58	59
60	61	62	63	64	65	66	67	68	69
70	71	72	73	74	75	76	77	78	79

❖ 시계를 보고 계획표대로 하였으면 □ 안에 ○표, 하지 않았으면 ×표 하시오. (6~7)

계획표

일어나기	7시	아침 운동	8시
아침 식사	9시	공부	10시 30분

6

7

8 규칙에 따라 색칠하여 보시오.

9 규칙에 따라 빈칸에 들어갈 수를 쓰고 두 가지 방법으로 읽어 보시오.

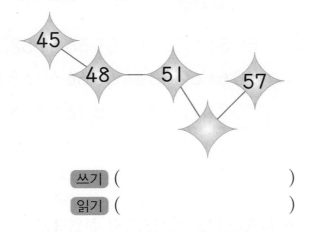

쓰기 (   )

읽기 (   )

10 규칙을 찾아 써 보시오.

장미   튤립

[규칙]

_____

_____

11 유주의 사물함에는 ♥ 모양의 붙임딱지가 붙여져 있습니다. 유주의 사물함 번호는 몇 번입니까?

(   )

12 은서, 지희, 현서가 오늘 아침에 도서관에 도착한 시각입니다. 일찍 도착한 사람부터 차례로 이름을 쓰시오.

은서   지희   현서

(   )

13 규칙에 따라 빈칸에 들어갈 물건에서 찾을 수 있는 모양을 말한 사람은 누구입니까?

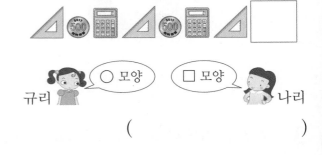

규리 ○ 모양   □ 모양 나리

(   )

14 규칙에 따라 악보를 완성하면 채욱이는 큰북을 몇 번 치게 됩니까?

(   )

15  오른쪽과 같이 거꾸로 매달린 시계의 시각을 알아보는 풀이 과정을 쓰고 답을 구하시오.

[풀이]

_____

[답]

16 다음과 같이 수 배열표의 일부가 찢어졌습니다. ♥에 알맞은 수를 쓰시오.

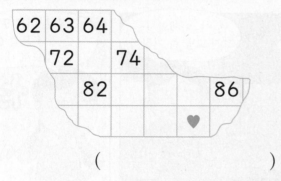

(   )

17 규칙 찾기 놀이를 하고 있습니다. 혜진이가 답해야 할 동물은 무엇입니까?

(   )

18 주아가 낮 12시부터 3시까지 친구들과 소꿉놀이를 하는 동안 볼 수 <u>없는</u> 시각을 찾아 그 시각을 쓰시오.

(   )

19 규칙에 따라 빈칸에 들어갈 수를 구하는 풀이 과정을 쓰고 답을 구하시오.

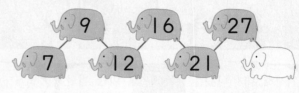

[풀이]

_____

[답]

20 규칙에 따라 각 칸에 색종이를 한 장씩 붙이고 있습니다. 초록색 색종이를 몇 장 더 붙여야 합니까?

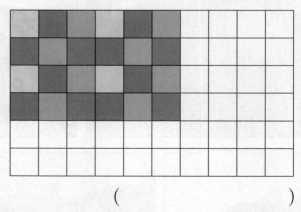

(   )

5단원이 끝났습니다. QR 코드를 찍으면 재미있는 게임을 할 수 있어요.

5

시계 보기와 규칙 찾기

제6화 ▶ 아인슈타인 박사님과의 대결!

난 꿈이 많아. 가수, 탤런트, 운동선수, 발레리나, 요리사……

하나만 정하면……?

잠깐 너 지금 초콜릿 먹어?

아까 퀴리 부인이 주셨어.

내 것은?

헉! 먹다 보니……

치사해. 내가 나눠준 과자가 얼마나 많은데 혼자 먹어?

미안. 먹던 거라도……

필요 없어. 나한테 얻어 먹은 초콜릿 모두 내 놔.

뭐야. 이제와서~ 그건 그냥 준 거잖아.

싫어. 어제 7개 준 거랑 오늘 6개 준 거 도로 내 놔.

13개나??

어떻게 그렇게 빨리 계산했어?

10을 먼저 만든 후 남은 수를 더하면 쉽게 계산할 수 있어.

$$7 + 6 = 13$$
$$3 \quad 3$$

응? 근데 여긴 어디야?

한 사람만 더 보고 집에 갈 거야.

누군데?

세계적인 천재 아인슈타인 박사님.

독일에서 태어난 물리학자인데 대단한 분이지.

아! 나도 책에서 본 적 있어!

이미 배운 내용	이번에 배울 내용	앞으로 배울 내용
[1-2 덧셈과 뺄셈 (1)] • 두 자리 수의 범위에서 받아올림이 없는 덧셈하기와 받아내림이 있는 뺄셈하기 **[1-2 덧셈과 뺄셈 (2)]** • 세 수의 덧셈과 뺄셈	• 10을 이용하여 모으기와 가르기 • (몇)+(몇)=(십몇), (십몇)−(몇)=(몇) 다양한 방법으로 계산하기	**[2-1 덧셈과 뺄셈]** • 두 자리 수의 범위에서 받아올림이 있는 덧셈하기와 받아내림이 있는 뺄셈하기 • 덧셈과 뺄셈의 관계 이해하기

만화로 개념 쏙!

❶ 10을 이용하여 모으기와 가르기

• 10을 이용하여 모으기 − 모형이 모두 몇 개인지 알아보기

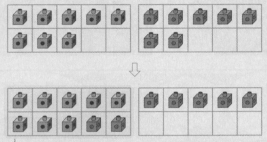
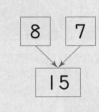

└ 오른쪽 수판에서 왼쪽 수판으로 2를 옮겨서 10을 만들면 10과 5가 되어 15가 됩니다.

• 10을 이용하여 가르기 − 10개를 담고 남은 모형이 몇 개인지 알아보기

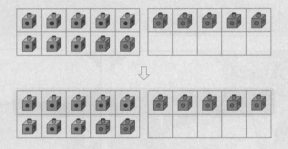
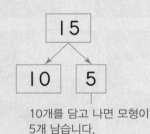

10개를 담고 나면 모형이 5개 남습니다.

• 10을 이용하여 모으기와 가르기

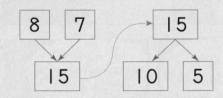

예제 ❶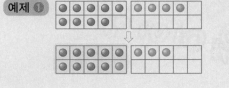
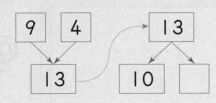

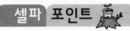

개념 확인 ① １０을 이용하여 모으기와 가르기

❖ 열차 놀이기구를 타려고 학생들이 기다리고 있습니다. 물음에 답하시오. (1-1~1-2)

남학생은 ７명이에요.

여학생은 ６명입니다.

열차에는 한 번에 １０명씩 탈 수 있어요.

1-1 놀이기구를 기다리는 학생은 모두 몇 명인지 빈칸에 알맞은 수를 써넣으시오.

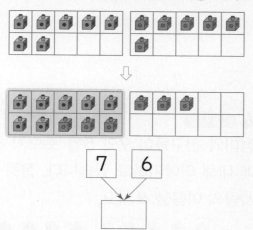

7　6

→ ▢

1-2 １０명이 타고 남은 학생은 몇 명인지 빈칸에 알맞은 수를 써넣으시오.

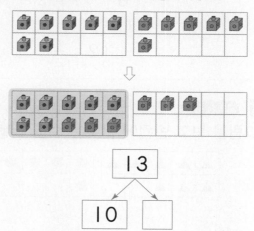

13

10　▢

1-3 빈칸에 알맞은 수를 써넣으시오.

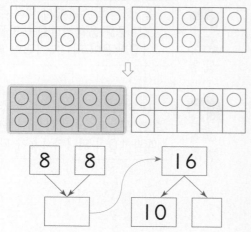

8　8　16

▢　10　▢

1-4 빈칸에 알맞은 수를 써넣으시오.

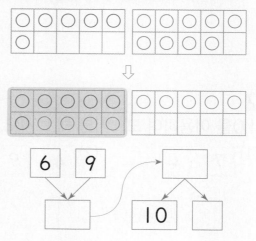

6　9

▢　10　▢

6

덧셈과 뺄셈 (3)

2 STEP 유형 탐구 (1)

유형 1
10을 이용하여 모으기

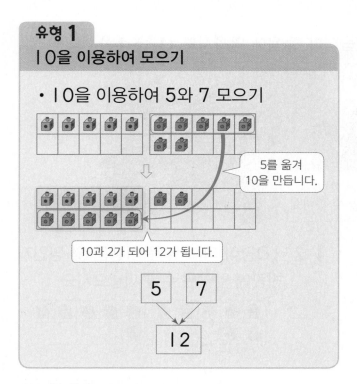

• 10을 이용하여 5와 7 모으기

5를 옮겨 10을 만듭니다.

10과 2가 되어 12가 됩니다.

5 7

12

1 교과서 유형
그림을 보고 빈칸에 알맞은 수를 써넣으시오.

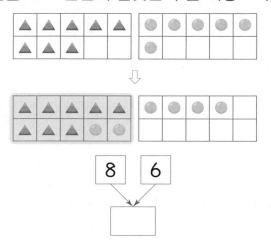

8 6

2
10을 이용하여 모으기를 해 보시오.

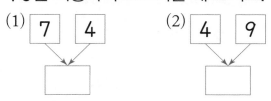

(1) 7 4

(2) 4 9

3 익힘책 유형
사탕은 모두 몇 개인지 알아보려고 합니다. 빈 곳에 알맞은 수만큼 ○를 그려 넣고 답을 구하시오.

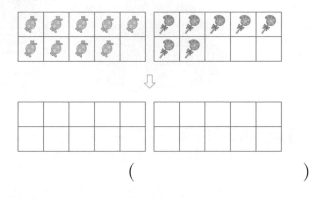

(   )

4 창의·융합
정미와 친구들이 9와 5를 모으기 하는 방법에 대해 이야기하고 있습니다. 잘못 이야기한 사람의 이름을 쓰시오.

정미
9와 5를 모으기 할 때 10을 이용하여 모으기 할 수 있어.

상우
응. 오른쪽 수판에서 왼쪽 수판으로 2를 옮겨서 10을 만들면 10과 3이 되니까 13이 돼.

현주
난 왼쪽 수판에서 오른쪽 수판으로 5를 옮겨서 10을 만들었어. 4와 10이 되니까 14가 되지!

(   )

유형 2
10을 이용하여 가르기

• 10을 이용하여 13 가르기

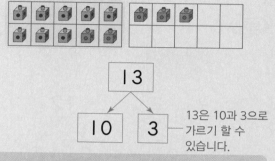

13

10　3 ──13은 10과 3으로 가르기 할 수 있습니다.

십몇은 10과 몇으로 가르기 할 수 있습니다.

5

그림을 보고 빈칸에 알맞은 수를 써넣으시오.

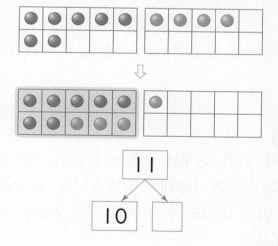

11

10

6

10을 이용하여 가르기를 해 보시오.

(1)
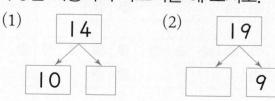

14

10

(2)

19

9

7

구슬의 수를 10을 이용하여 가르기를 바르게 한 것을 찾아 기호를 쓰시오.

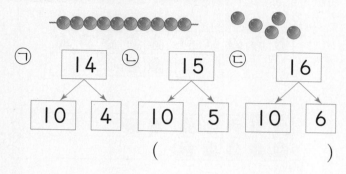

㉠ 14 　 ㉡ 15 　 ㉢ 16

10　4 　 10　5 　 10　6

(　　　　　　　)

8 익힘책 유형

과자가 17개 있습니다. 상자 1칸에 1개씩 담으면 상자에 담고 남은 과자는 몇 개입니까?

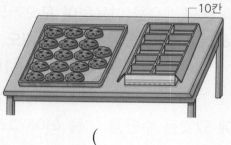

─10칸

(　　　　　　　)

9 서술형

㉠과 ㉡ 중 더 큰 수를 찾으려고 합니다. 풀이 과정을 쓰고 답을 구하시오.

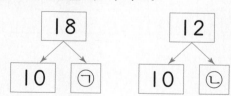

18　　　　　12

10　㉠　　　10　㉡

[풀이]

[답]

6

덧셈과 뺄셈 (3)

유형 3

10을 이용하여 모으기와 가르기
— 그림으로 알아보기

개념 동영상

❖ 🌸과 🌼을 10을 이용하여 모으기와 가르기 하려고 합니다. 물음에 답하시오.

(10~11)

10

빈 곳에 알맞은 수만큼 ◯를 이어 그려 넣으시오.

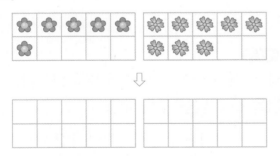

11

위 **10**을 보고 빈칸에 알맞은 수를 써넣으시오.

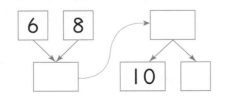

12

보기와 같이 왼쪽 그릇의 구슬이 10개가 되도록 오른쪽 그릇에서 옮기고, 오른쪽 그릇에 남은 구슬의 수를 구하시오.

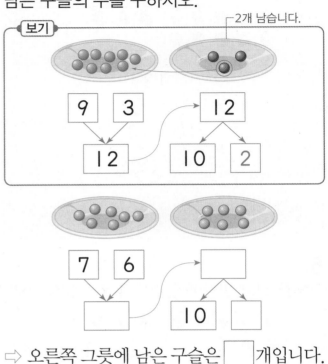

➡ 오른쪽 그릇에 남은 구슬은 ☐개입니다.

13

수지, 연아, 정수는 과일을 종류에 상관 없이 각각 상자에 10개씩 담았습니다. 상자에 담고 남은 과일의 수가 가장 적은 사람은 누구입니까?

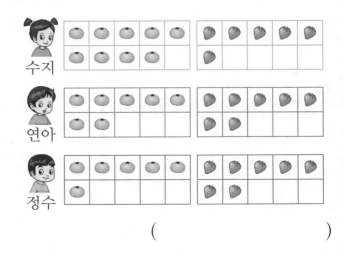

( )

유형 4

10을 이용하여 모으기와 가르기 — 수의 구조로 알아보기

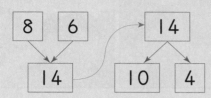

⇨ 위와 같은 그림을 그려 보면 11에서 19까지의 수를 10을 이용하여 모으기와 가르기를 할 수 있습니다.

14 익힘책 유형

10을 이용하여 모으기와 가르기를 해 보시오.

(1)
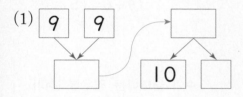

(2)
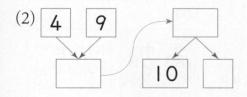

15

빈칸에 알맞은 수가 같은 것끼리 선으로 이어 보시오.

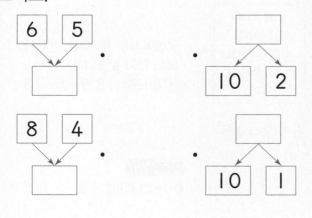

16 창의·융합   해설집 58쪽 문제 분석

대화를 읽고 ☐ 안에 알맞은 수를 써넣으시오.

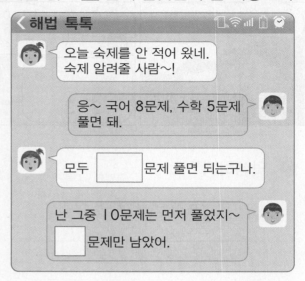

오늘 숙제를 안 적어 왔네. 숙제 알려줄 사람~!

응~ 국어 8문제, 수학 5문제 풀면 돼.

모두 ☐ 문제 풀면 되는구나.

난 그중 10문제는 먼저 풀었지~ ☐ 문제만 남았어.

17 서술형

각 모둠별로 긴 의자 1개에 앉으려고 합니다. 의자에 앉지 못하는 학생이 가장 많은 모둠은 무슨 모둠인지 풀이 과정을 쓰고 답을 구하시오.

긴 의자 1개에는 10명만 앉을 수 있네.

〈모둠별 학생 수〉

가 모둠: 남학생 7명, 여학생 5명
나 모둠: 남학생 6명, 여학생 8명
다 모둠: 남학생 9명, 여학생 4명

[풀이]

[답]

6
덧셈과 뺄셈 (3)

만화로 개념 쏙!

② 덧셈하기 (1)

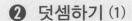
연필 9자루가 있었는데 6자루가 더 늘어났습니다.(첨가)

$$9+6=15$$

$$10+5=15$$

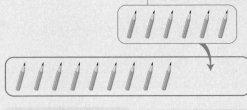

└ 9와 1을 더해 10을 만들고 남은 5를 더합니다.

③ 덧셈하기 (2)

리본 머리핀 9개와 꽃 머리핀 6개를 모았습니다.(합병)

$$9+6=15$$

$$5+10=15$$

└ 6과 4를 더해 10을 만들고 남은 5를 더합니다.

④ 덧셈하기 (3)

$$8+6=14$$
$$8+7=15$$
$$8+8=16$$
$$8+9=17$$

1씩 커지는 수를 더하면 합도 1씩 커집니다.

$$8+6=14$$
$$8+5=13$$
$$8+4=12$$
$$8+3=11$$

1씩 작아지는 수를 더하면 합도 1씩 작아집니다.

예제 ① $6+6=12$, $6+7=13$, $6+8=14$, $6+9=15$

⇨ 1씩 커지는 수를 더하면 합이 1씩
(커집니다 , 작아집니다).

셀파 포인트

· 9+6의 계산

오른쪽 수판에서 왼쪽 수판으로 1을 옮겨서 10을 만들면 10과 5가 되어 15가 됩니다.
⇨ $9+6=15$

· 수가 늘어나는 경우를 '첨가', 모으는 경우를 '합병'이라고 합니다.

添 加 더하다 더하다 첨 가	이미 있는 것에 덧붙이거나 보탬.
合 倂 합하다 아우르다 합 병	둘이나 둘보다 많은 것이 하나로 합쳐짐.

· 덧셈에서는 두 수를 바꾸어 더해도 합이 같습니다.
예) $4+9=13$, $9+4=13$

예제 정답
❶ 커집니다에 ○표

개념 확인 ② 덧셈하기 (1)

2-1 그림을 보고 ☐ 안에 알맞은 수를 써 넣으시오.

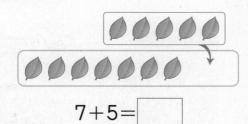

$$7+5=\boxed{}$$

2-2 그림을 보고 ☐ 안에 알맞은 수를 써 넣으시오.

$$9+2=\boxed{}$$

개념 확인 ③ 덧셈하기 (2)

3-1 그림을 보고 ☐ 안에 알맞은 수를 써 넣으시오.

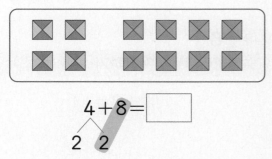

$$4+8=\boxed{}$$
$$2\quad2$$

3-2 그림을 보고 ☐ 안에 알맞은 수를 써 넣으시오.

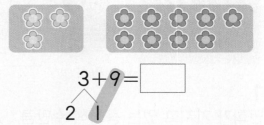

$$3+9=\boxed{}$$
$$2\quad1$$

개념 확인 ④ 덧셈하기 (3)

4-1 덧셈을 하시오.

$$7+4=\boxed{}$$
$$7+5=\boxed{}$$
$$7+6=\boxed{}$$
$$7+7=\boxed{14}$$

4-2 4-1의 덧셈을 보고 알맞은 수나 말에 ○표 하시오.

> 1씩 커지는 수를 더하면 합이 1씩 (커집니다 , 작아집니다).
> 따라서 7+7=14이므로
> 7+8은 (13 , 15)입니다.

유형 5

덧셈하기 (1) — 그림으로 알아보기

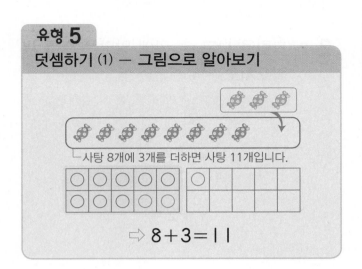

사탕 8개에 3개를 더하면 사탕 11개입니다.

⇨ 8+3=11

❖ 민희가 가지고 있는 동화책이 모두 몇 권인지 알아보려고 합니다. 물음에 답하시오. (1~2)

동화책이 6권 있었는데 엄마가 5권을 더 사 주셨습니다.

민희

1

민희가 가지고 있는 동화책 수만큼 ○를 이어 그려 보시오.

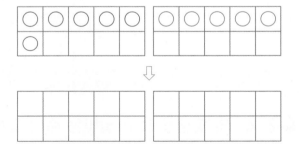

2

민희가 가지고 있는 동화책이 모두 몇 권인지 알아보시오.

[식] 6+ ☐ = ☐   [답] ☐ 권

3 교과서 유형

새는 모두 몇 마리인지 그림을 그려 알아보시오.

(   )

유형 6

덧셈하기 (1) — 계산하기

비풀

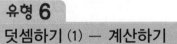
$8+3=11$

① 8과 2를 더하면 10입니다.
② 10과 남은 1을 더하면 11입니다.

4 익힘책 유형

그림을 보고 덧셈식을 완성하시오.

6+ ☐ = ☐

5
덧셈을 하시오.

(1) 8+9= ☐

☐ 7

(2) 5+8= ☐

☐ 5

6
영미는 연필을 4자루 가지고 있었는데 생일 선물로 연필 7자루를 더 받았습니다. 영미가 가진 연필은 모두 몇 자루입니까?

(　　　　　　　)

7 창의·융합 서술형
선미는 꺼낸 두 수의 합을 주민이보다 크게 하려고 합니다. 선미는 어떤 수를 꺼내야 하는지 풀이 과정을 쓰고 답을 구하시오.

나는 6과 7을 꺼냈어.

나는 5를 꺼냈어.

주민　　선미

[풀이]

[답]

유형 7
덧셈하기 (2) — 그림으로 알아보기

꽃 2송이와 9송이를 모으면 꽃 11송이입니다.

⇨ 2+9=11

❖ 별과 달이 모두 몇 개인지 알아보려고 합니다. 물음에 답하시오. (8~9)

★ ★ ★ ★ ★ 　 ☽ ☽ ☽ ☽ ☽
★ ★ ★ 　 　 ☽ ☽

8
별과 달의 수만큼 ◯를 이어 그려 보시오.

◯ ◯ ◯ ◯ ◯ 　 ◯ ◯ ◯
◯ ◯ ◯ 　 　 ◯ ◯

⇩

9
별과 달은 모두 몇 개인지 알아보시오.

[식] 8+ ☐ = ☐ 　 [답] ☐ 개

유형 8

덧셈하기 (2) — 계산하기

비풀

$$3 + 9 = 12$$

2 1
② ①

① 9와 1을 더하면 10입니다.
② 10과 남은 2를 더하면 12입니다.

10 익힘책 유형

덧셈을 하시오.

(1) $7 + 6 = \boxed{}$
3 $\boxed{}$

(2) $8 + 3 = \boxed{}$
$\boxed{}$ 7

11

9 + 7을 가르기와 모으기를 이용하여 2가지 방법으로 계산하시오.

[방법 1] 뒤의 수 7을 가르기 하여 10을 만들고 남은 수 더하기

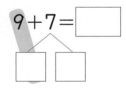

$$9 + 7 = \boxed{}$$
$\boxed{}$ $\boxed{}$

[방법 2] 앞의 수 9를 가르기 하여 10을 만들고 남은 수 더하기

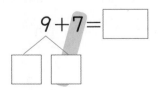

$$9 + 7 = \boxed{}$$
$\boxed{}$ $\boxed{}$

12 서술형

⬤ 모양의 쿠키가 6개, ▢ 모양의 쿠키가 9개 있습니다. 쿠키는 모두 몇 개인지 식을 쓰고 답을 구하시오.

[식]

[답]

13 창의·융합 익힘책 유형

두 수의 합이 작은 것부터 차례대로 점을 이어 보시오.

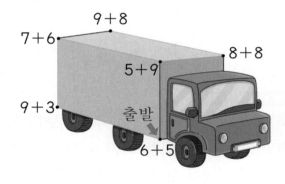

9+8
7+6
8+8
5+9
9+3
출발
6+5

14 해설집 60쪽 문제 분석

정훈이와 수지가 2일 동안 받은 붙임딱지의 수입니다. 정훈이와 수지가 2일 동안 받은 붙임딱지는 모두 몇 장입니까?

	어제	오늘
정훈	4	5
수지	3	2

( )

유형 9

덧셈하기 ⑶
─ 덧셈을 하고 규칙 찾기

개념 동영상

더하는 수┐   ┌합
$6+5=11$
$6+6=12$
$6+7=13$
$6+8=14$
1씩 커집니다.

1씩 커지는 수를 더하면

↓

합도 1씩 커집니다.

❖ 덧셈한 것을 보고 물음에 답하시오.

(15~16)

$8+7=15$
$8+6=14$
$8+5=13$
$8+4=12$
$8+3=$

15

알맞은 말에 ○표 하시오.

같은 수에 1씩 작아지는 수를 더하면 합이 1씩 (커집니다 , 작아집니다).

16

위 **15**를 이용하여 $8+3$을 알아보려고 합니다. □ 안에 알맞은 수를 써넣으시오.

$8+4$가 12이므로 $8+3$은 12보다 □ 작은 수인 □입니다.

17

덧셈한 것을 보고 알게 된 점을 <u>잘못</u> 말한 사람의 이름을 쓰시오.

$5+6=11$ $7+6=13$
$6+5=11$ $6+7=13$

은주

5+6과 7+6을 보면, 2 큰 수에 더했더니 합도 2 커진 것을 알 수 있어.

형준

두 수를 바꾸어 더해도 합은 같구나.

지민

6+5와 6+7을 봐. 2 큰 수를 더하면 합이 2 작아지네.

(   )

18 서술형

덧셈을 하고 알게 된 점을 써 보시오.

$3+9=\boxed{}$

$5+9=\boxed{}$

$7+9=\boxed{}$

$9+9=\boxed{}$

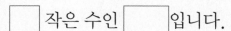

6

덧셈과 뺄셈 ⑶

유형 **10**
덧셈하기 ⑶ — 합이 같은 덧셈식 알아보기

• 합이 13으로 같은 덧셈식

1 큰 수   1 큰 수   1 큰 수

5+8   6+7   7+6   8+5

1 작은 수   1 작은 수   1 작은 수

더해지는 수가 커지는만큼 더하는 수가
작아지면 합이 같습니다.

19 교과서 유형
합을 구하여 보기 의 색으로 칠해 보시오.

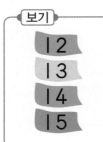

보기

12
13
14
15

	4+8	
5+7	5+8	5+9
6+7	6+8	6+9
	7+8	

20
합이 같은 것끼리 알맞게 이어 보시오.

7+7	•	•	8+4
3+9	•	•	8+6

21
합이 다른 덧셈식을 찾아 기호를 쓰시오.

㉠ 9+4   ㉡ 6+6   ㉢ 5+8

(   )

22
□ 안에 알맞은 수를 써넣으시오.

$$5+8=\boxed{}+7=9+\boxed{}$$

유형 **11**
덧셈하기⑶ — 덧셈 표에서 규칙 찾기

5+5	5+6	5+7	5+8	5+9
10	11	12	13	14
6+5	6+6	6+7	6+8	6+9
11	12	13	14	15
7+5	7+6	7+7	7+8	7+9
12	13	14	15	16
8+5	8+6	8+7	8+8	8+9
13	14	15	16	17
9+5	9+6	9+7	9+8	9+9
14	15	16	17	18

⑩ 오른쪽(→)으로 가면 1씩 큰 수를 더
하므로 합도 1씩 커집니다.

23
두 수의 합을 구하여 표를 완성하시오.

4+7=11

+	4	5	6	7	8	9
7	11	12			15	
8		13			16	17
9	13	14	15		17	

24

표를 보고 잘못 설명한 것의 기호를 쓰시오.

7+4	7+5	7+6	7+7	7+8
	12	13	14	
8+4	8+5	8+6	8+7	8+8
12			15	

┌─────────────────────────────┐
│ ㉠ → 방향으로 가면 합이 1씩 커집니다. │
│ ㉡ 완성된 표에서 가장 큰 합은 17입 │
│ 니다. │
└─────────────────────────────┘

(   )

25 익힘책 유형

💙이 있는 칸에 들어갈 수와 합이 같은 덧셈식 2개를 그림에서 찾아 써 보시오.

5+6	5+7	5+8
11	12	13
6+6	💙	6+8
12		14
7+6	7+7	7+8
13	14	15

① [ ] + [ ]

② [ ] + [ ]

26 서술형

다음 표에서 규칙이 있는 부분을 찾아 색연필로 선을 긋고 규칙을 써 보시오.

+	6	7	8	9
5	11	12	13	14
6	12	13	14	15
7	13	14	15	16

[규칙]

─────────────────────────────

유형 12
그림 보고 덧셈 문제 만들기

더해지는 경우, 모으는 경우 등 상황에 맞게 덧셈 문제를 만들어 봅니다.

27 교과서 유형

그림에 알맞은 덧셈 문제를 완성하고 덧셈식을 만들어 보시오.

현기   경아

[문제] 구슬을 현기는 [ ]개, 경아는 [ ]개 가지고 있습니다. 현기와 경아가 가지고 있는 구슬은 모두 몇 개입니까?

[식] [ ] + [ ] = [ ]   [답] [ ]개

28 창의·융합 서술형

그림에 알맞은 덧셈 문제를 만들고 답을 구해 보시오.

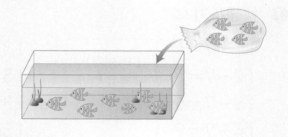

[문제]

─────────────────────────────

─────────────────────────────

[답]

만화로 개념 쏙!

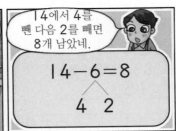

셀파 포인트

- ■ － ▲
  - ┌ 빼는 수
  - └ 빼지는 수

❺ 뺄셈하기 (1)

└ 딸기 11개 중 4개를 먹었습니다.(제거)

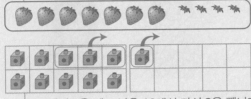

$11-4=7$

$\overset{1\quad3}{\underset{10-3=7}{\wedge}}$

└ 11에서 1을 빼고 남은 10에서 다시 3을 뺍니다.

・수가 줄어드는 경우를 '제거', 많고 적은 것을 따지는 경우를 '비교'라고 합니다.

除去 덜다 가다 제 거	없애 버림.
比較 견주다 견주다 비 교	서로 간의 비슷한 점, 다른 점 등을 생각함.

❻ 뺄셈하기 (2)

└ 꽃 머리핀이 리본 머리핀보다 몇 개 더 많은지 비교합니다.

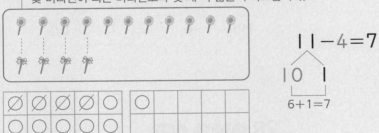

$11-4=7$

$\overset{1\quad0\quad1}{\underset{6+1=7}{\wedge}}$

└ 11을 10과 1로 가르고 10에서 4를 빼고 남은 6과 1을 더합니다.

❼ 뺄셈하기 (3)

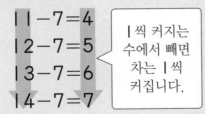

$11-7=4$
$12-7=5$
$13-7=6$
$14-7=7$

1씩 커지는 수에서 빼면 차는 1씩 커집니다.

$13-4=9$
$13-5=8$
$13-6=7$
$13-7=6$

1씩 커지는 수를 빼면 차는 1씩 작아집니다.

・빼지는 수와 빼는 수가 모두 1씩 커지면 차가 같습니다.

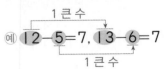

예제 ❶ $15-9=6$, $15-8=7$, $15-7=8$, $15-6=9$

⇨ 같은 수에서 1씩 작아지는 수를 빼면 차는 1씩
(커집니다 , 작아집니다).

예제 정답

❶ 커집니다에 ◯표

개념 확인 5 **뺄셈하기** (1)

5-1 그림을 보고 □ 안에 알맞은 수를 써 넣으시오.

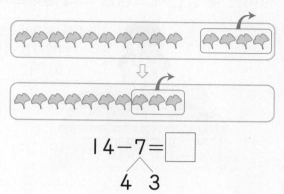

$14-7=\boxed{}$

4　3

5-2 그림을 보고 □ 안에 알맞은 수를 써 넣으시오.

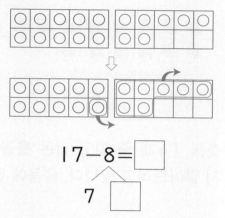

$17-8=\boxed{}$

7　$\boxed{}$

개념 확인 6 **뺄셈하기** (2)

6-1 그림을 보고 □ 안에 알맞은 수를 써 넣으시오.

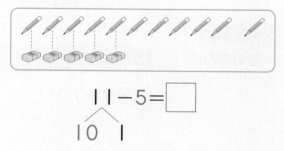

$11-5=\boxed{}$

10　1

6-2 그림을 보고 □ 안에 알맞은 수를 써 넣으시오.

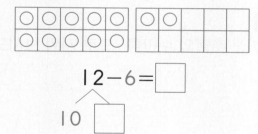

$12-6=\boxed{}$

10　$\boxed{}$

개념 확인 7 **뺄셈하기** (3)

7-1 뺄셈을 하시오.

$13-4=\boxed{}$

$13-5=\boxed{}$

$13-6=\boxed{}$

$13-7=\boxed{6}$

7-2 **7-1**의 뺄셈 결과를 보고 알맞은 수나 말에 ○표 하시오.

1씩 커지는 수를 빼면 차가 1씩 (커집니다 , 작아집니다).
따라서 $13-7=6$이므로
$13-8$은 (5 , 7)입니다.

유형 13
뺄셈하기 ⑴ — 그림으로 알아보기

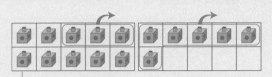

모형 16개 중 9개를 덜어 내면 7개가 남습니다.

⇨ $16-9=7$

❖ 촛불 14개 중 끄고 남은 촛불은 몇 개인 지 알아보려고 합니다. 물음에 답하시오.

(1~2)

촛불 5개를 껐습니다.

1
꺼진 촛불의 수만큼 /으로 지워 보시오.

○	○	○	○	○		○	○	○	○
○	○	○	○	○					

2
끄고 남은 촛불은 몇 개인지 알아보시오.

[식] $14-\boxed{}=\boxed{}$ [답] $\boxed{}$ 개

3 교과서 유형
색종이로 종이 비행기를 접었습니다. 남은 색 종이는 몇 장인지 그림을 그려 알아보시오.

11장 중 3장으로 종이 비행기를 접었 습니다.

○	○	○	○	○		○			
○	○	○	○	○					

(   )

유형 14
뺄셈하기 ⑴ — 계산하기

비풀

$$16-9=7$$
①

$$\underset{①}{6} \quad \underset{②}{3}$$

① 16에서 먼저 6을 빼면 10입니다.
② 남은 10에서 3을 빼면 7입니다.

4
뺄셈을 하시오.

(1) $15-7=\boxed{}$ (2) $13-9=\boxed{}$

$\boxed{}$ 2   3 $\boxed{}$

5
차를 구하여 이어 보시오.

13−5	•		•	7
17−8	•		•	8
15−8	•		•	9

6 (익힘책 유형) (서술형)
사탕 16개 중 8개를 먹었습니다. 남은 사탕은 몇 개인지 식을 쓰고 답을 구하시오.

[식]

[답]

7 (창의·융합)
카드에 적힌 두 수의 차가 가장 큰 사람이 이기는 놀이를 하고 있습니다. 이긴 사람의 이름을 쓰시오.

민기　　다빈　　윤수

(　　　　　　　　)

유형 15
뺄셈하기 (2) ─ 그림으로 알아보기

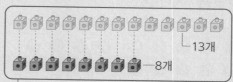
노란색 모형은 파란색 모형보다 5개 더 많습니다.
⇨ 13−8=5

❖ 빨간색 구슬이 노란색 구슬보다 몇 개 더 많은지 알아보려고 합니다. 물음에 답하시오. (8∼9)

8
노란색 구슬의 수만큼 왼쪽 수판에서 /으로 지워 보시오.

9
빨간색 구슬은 노란색 구슬보다 몇 개 더 많은지 알아보시오.

[식] 12−  = 　　[답] □ 개

6
덧셈과 뺄셈 (3)

10

그림을 보고 뺄셈식으로 바르게 나타낸 것을 찾아 기호를 쓰시오.

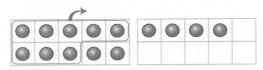

⊙ 14-7=7   ⊙ 14-8=6

(   )

유형 16

뺄셈하기 ② ― 계산하기   비풀

$$13 - \underset{①}{5} = 8$$

① 10에서 먼저 5를 빼면 5입니다.
② 남은 5와 3을 더하면 8입니다.

11

뺄셈을 하시오.

(1) 15-7=☐
10 ☐

(2) 12-4=☐
☐ 2

12

빈 곳에 알맞은 수를 써넣으시오.

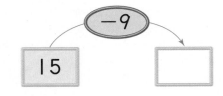

13

계산 결과의 크기를 비교하여 ◯ 안에 >, =, <를 알맞게 써넣으시오.

16-9 ◯ 13-4

14 익힘책 유형 서술형

민규가 친구 12명에게 공책을 한 권씩 나누어 주려고 합니다. 공책은 6권 있습니다. 공책이 몇 권 더 필요한지 식을 쓰고 답을 구하시오.

[식]

[답]

15 창의·융합

오른쪽과 같은 다트판이 있습니다. 빨간색 부분은 점수를 얻고, 파란색 부분은 점수를 잃습니다. 민서와 지호 중 점수가 높은 사람은 누구입니까?

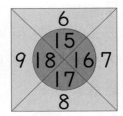

17과 9를 맞혔어.   난 7과 16을 맞혔어.

민서   지호

(   )

유형 17

뺄셈하기 (3)
― 뺄셈을 하고 규칙 찾기

개념 동영상

빼는 수 ― 　　― 차
$13-4=9$
$13-5=8$
$13-6=7$
$13-7=6$
1씩 커집니다.　　1씩 작아집니다.

1씩 커지는 수를 빼면
차는 1씩 작아집니다.

16 교과서 유형

뺄셈을 하시오.

$15-6=\boxed{9}$
$15-7=\boxed{}$
$15-8=\boxed{}$
$15-9=\boxed{}$

17 서술형

뺄셈을 하고 알게 된 점을 써 보시오.

$12-8=\boxed{}$
$12-7=\boxed{}$
$12-6=\boxed{}$
$12-5=\boxed{}$

_____

_____

18

차가 2씩 커지는 뺄셈식을 쓰려고 합니다. 빈 칸에 알맞은 식을 각각 쓰시오.

$11-6$		$13-8$
⇩		⇩
$13-6$		$13-6$
⇩		⇩

유형 18

뺄셈하기 (3) ― 차가 같은 뺄셈식 알아보기

• 차가 5로 같은 뺄셈식

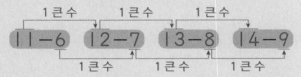
1큰수　　1큰수　　1큰수
$11-6$　$12-7$　$13-8$　$14-9$
1큰수　　1큰수　　1큰수

빼지는 수가 커지는만큼 빼는 수가 커지면 차가 같습니다.

19 교과서 유형

차를 구하여 보기 의 색으로 칠해 보시오.

보기
5
6
7
8

	$13-8$	
$14-7$	$14-8$	$14-9$
$15-7$	$15-8$	$15-9$
	$16-8$	

6
덧셈과 뺄셈 (3)

20 익힘책 유형

차가 **4**인 뺄셈식을 모두 찾아 ◯표 하시오.

16－8	13－9	11－7
( )	( )	( )

21 창의·융합

차가 같은 뺄셈식을 들고 있는 사람끼리 짝이 된다고 합니다. 영주의 짝은 누구입니까?

영주 18－9 수미 11－3 진아 13－8 규호 15－6

(   )

22 해설집 64쪽 문제 분석

사용하고 남은 색종이의 수가 준수와 같은 사람은 누구입니까?

준수: 색종이 **17**장 중 **9**장을 사용했어.
민경: 난 **15**장 중 **8**장을 썼지.
지아: 색종이 **12**장이 있었는데 **4**장을 사용했어.

(   )

유형 19

뺄셈하기⑶ － 뺄셈 표에서 규칙 찾기

11－5 6	11－6 5	11－7 4	11－8 3	11－9 2
12－5 7	12－6 6	12－7 5	12－8 4	12－9 3
13－5 8	13－6 7	13－7 6	13－8 5	13－9 4
14－5 9	14－6 8	14－7 7	14－8 6	14－9 5
	15－6 9	15－7 8	15－8 7	15－9 6

예 오른쪽(→)으로 가면 빼는 수가 **1**씩 커지므로 차는 **1**씩 작아집니다.

❖ 다음 표를 보고 물음에 답하시오.

11－4＝7   (23～24)

－	11	12	13	14	15
4	7		9	10	11
5	6		8		10
6		6			9

23

두 수의 차를 구하여 표를 완성하시오.

24

미주가 말하는 부분을 표에서 모두 찾아 색칠하시오.

차가 **8**인 칸에 모두 색칠해야지.

미주

❖ 표를 보고 물음에 답하시오. (25~26)

13-4	13-5	13-6	13-7	13-8
9	8	7	6	5
	14-5	14-6	14-7	14-8
	9	8	7	6
		15-6	15-7	15-8
		9	8	7
			16-7	16-8
			9	8
				17-8
				9

25 (서술형)

보기 와 같이 규칙을 찾아 ↘ 표시한 부분의 규칙을 완성해 보시오.

보기
➡ : 1씩 커지는 수를 빼면 차는 1씩 작아집니다.

↘ : 1씩 커지는 수에서 1씩 커지는 수를 빼면

_____

26 (서술형)

다른 규칙을 한 군데 더 찾아 색연필로 화살표를 그리고 규칙을 써 보시오.

[규칙]

_____

_____

유형 20
그림 보고 뺄셈 문제 만들기

수가 줄어드는 경우, 비교하는 경우 등 상황에 맞게 뺄셈 문제를 만들어 봅니다.

27 (교과서 유형)

그림에 알맞은 뺄셈 문제를 완성하고 뺄셈식을 만들어 보시오.

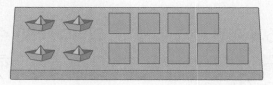

[문제] 색종이 ☐ 장 중 ☐ 장으로 종이배를 접었습니다. 남은 색종이는 몇 장입니까?

[식] ☐ - ☐ = ☐   [답] ☐ 장

28 (창의·융합) (서술형)

그림에 알맞은 뺄셈 문제를 만들고 답을 구해 보시오.

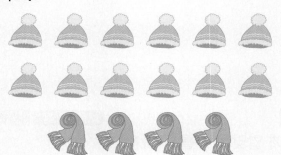

[문제]

_____

_____

[답] _____

6

덧셈과 뺄셈 (3)

유형 21
모르는 수 구하기

비품

• 8과 어떤 수의 합이 13일 때 어떤 수 구하기

$$8+\boxed{}=13$$ ─어떤 수를 □로 놓고 식을 만듭니다.

$$13-8=\boxed{},\ \boxed{}=5$$

⇨ 어떤 수는 5입니다.

❖ 6과 어떤 수의 합은 11입니다. 어떤 수는 얼마인지 구하려고 합니다. 물음에 답하시오. (29~30)

29
어떤 수를 □로 하여 덧셈식을 만들어 보시오.

[식]

30
어떤 수는 얼마입니까?
(   )

31
해설집 65쪽 **문제 분석**

▲에 알맞은 수를 구하시오.

$$13-\blacksquare=7$$
$$8+\blacksquare=\blacktriangle$$

(   )

32 (창의·융합)
대화를 읽고 □ 안에 알맞은 수를 써넣으시오.

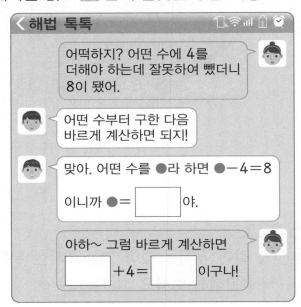

< 해법 톡톡

어떡하지? 어떤 수에 4를 더해야 하는데 잘못하여 뺐더니 8이 됐어.

어떤 수부터 구한 다음 바르게 계산하면 되지!

맞아. 어떤 수를 ●라 하면 ●−4=8 이니까 ●=□야.

아하~ 그럼 바르게 계산하면 □+4=□이구나!

유형 22
□ 안에 들어갈 수 있는 수 찾기

비품

• 0부터 9까지의 수 중 □ 안에 들어갈 수 있는 수 찾기

$$13-\boxed{}<6$$

① $13-\boxed{}=6 \Rightarrow \boxed{}=7$

② $\boxed{}>7$이므로 □ 안에는 8, 9가 들어갈 수 있습니다.
─7보다 큰 수를 빼야 차가 6보다 작습니다.

33
□ 안에 들어갈 수 있는 수에 모두 ○표 하시오.

$$8+\boxed{}>15$$

(5 , 6 , 7 , 8 , 9)

34

□ 안에 들어갈 수 <u>없는</u> 수를 찾아 기호를 쓰시오.

$$16 - □ < 9$$

⊙ 7   ⓒ 8   ⓒ 9

(   )

35

0부터 9까지의 수 중에서 □ 안에 들어갈 수 있는 수를 모두 쓰시오.

$$11 - □ > 7$$

(   )

36

0부터 9까지의 수 중에서 □ 안에 들어갈 수 있는 수는 모두 몇 개입니까?

$$5 + 4 + □ > 14$$

(   )

유형 23
계산 결과에 따른 식 만들기

개념 동영상

• 합이 가장 큰 덧셈식:

(가장 큰 수)+(두 번째로 큰 수)

⇨ $9 + 8 = 17$ 또는 $8 + 9 = 17$

• 합이 가장 작은 덧셈식:

(가장 작은 수)+(두 번째로 작은 수)

⇨ $5 + 6 = 11$ 또는 $6 + 5 = 11$

37

다음 수 카드 중 2장을 골라 한 번씩 사용하여 합이 가장 큰 덧셈식을 만들어 보시오.

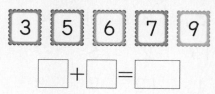

$$□ + □ = □$$

38 서술형

다음 수 카드 중 2장을 골라 한 번씩 사용하여 차가 가장 큰 뺄셈식을 만들어 보시오.

[식]

6
덧셈과 뺄셈
(3)

(1~2) 다음과 같이 옆으로 덧셈식이 되는 세 수를 모두 찾아 ☐ + ☐ = ☐ 표 해 보시오.

예

3	+	4	=	7	9
8		9	+	2	= 11
6		1		8	5

(3~4) 다음과 같은 규칙에 따라 계산 결과가 작은 것부터 차례로 이어 보시오.

규칙 위, 아래, 왼쪽, 오른쪽 칸으로만 이동할 수 있습니다.

예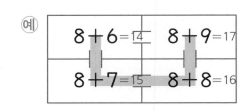

1

10	5 + 9 = 14	7
8	3	11	4	16
19	2	6	7	13
1	12	7	8	15

3

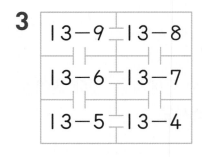

 같은 수에서 1씩 작아지는 수를 빼면 차는 어떻게 될까?

2

9 + 7 = 16	2	3
5	1	8	8	16
13	4	7	11	6
6	8	14	3	15

4

9+7	4+7
8+7	5+7
7+7	6+7

동영상◀ 특강을 볼 수 있어요.

QR 코드를 찍어 보세요.

▶ 정답은 66쪽에   공부한 날   월   일

(5~6) 다음과 같이 덧셈과 뺄셈을 하여 빈 곳에 알맞은 수를 써넣으시오.

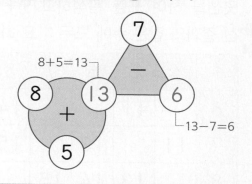

8+5=13
13−7=6

5

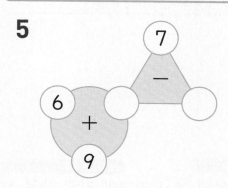

6

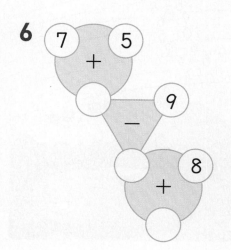

(7~8) 다음과 같은 규칙으로 뺄셈 놀이를 하고 있습니다. 먼저 '빙고'를 외친 사람의 이름을 쓰시오.

규칙
① 친구가 말한 뺄셈식의 계산 결과를 찾아 각자의 놀이판에 ◯표 합니다.
② ◯표 한 수로 한 줄이 완성되면 '빙고'라고 외칩니다.

7

18−9, 15−8, 11−3

계산 결과가 9이므로 9를 찾아 ◯표 합니다.

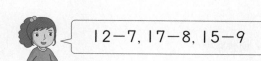

명수

5	1	4
⑨	7	8
3	2	6

하민

8	2	⑨
1	5	4
3	7	6

(   )

8

12−7, 17−8, 15−9

민아

8	3	5
4	1	9
2	7	6

유라

5	1	3
7	2	6
4	9	8

(   )

6

덧셈과 뺄셈 ⑶

빨셈하기

1 계산 결과가 가장 큰 것에 ○표, 가장 작은 것에 △표 하시오.

유사

| 14−6 | 11−2 | 13−9 |

(   ) (   ) (   )

덧셈하기   **서술형**

2 재호와 동생은 과수원에서 배를 땄습니다. 두 사람이 딴 배는 모두 몇 개인지 식을 쓰고 답을 구하시오.

유사
동영상

동생: 형! 나 배 **8**개나 땄다. 형은 몇 개 땄어?

재호: 우와~ 열심히 땄구나! 형은 **9**개 땄어.

[식]

[답]

덧셈하기

3 영규와 선아가 주사위를 2번씩 던져 나온 눈입니다. 나온 눈의 수의 합이 더 큰 사람은 누구입니까?

유사

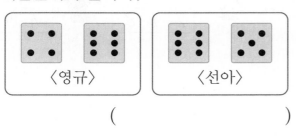

〈영규〉   〈선아〉

(   )

덧셈하기

4 덧셈을 하여 표를 완성하고 9+3의 계산 결과와 같은 수에 모두 ○표 하시오.

유사
동영상

+	4	5	6	7	8	9
6		11			14	15
7	11		13		15	
8		13	14	15		17

덧셈하기, 빨셈하기   **해설집 68쪽** **문제 분석**

5 계산을 한 뒤 계산 결과와 같은 색을 칠해 보시오.

유사

| 5 | 7 | 9 | 11 | 13 | 15 | 17 |

11−2
5+8
9+6
10−5
16−9
8+9
7+4

• 뺄셈하기

6 〔보기〕에 있는 수와 기호를 모두 사용하여
유사 ✐ 뺄셈식을 2개 만들어 보시오.

서술형

〔보기〕

4, 12, =, −, 8

• 10을 이용하여 모으기와 가르기

7 ㉠과 ㉡에 알맞은 수의 합이 얼마인지 풀
유사 ✐ 이 과정을 쓰고 답을 구하시오

서술형

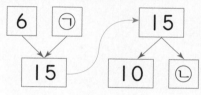

[풀이]

[답]

• 10을 이용하여 모으기와 가르기

8 운동장에 남학생 8명, 여학생 7명이 있
유사 ✐ 습니다. 그중 10명은 태풍 놀이를 하고
동영상◀ 나머지 학생들은 그림자 놀이를 합니다.
그림자 놀이를 하는 학생은 몇 명입니까?

(   )

• 덧셈하기, 뺄셈하기

해설집 68쪽 문제 분석

9 동훈이와 종현이는 과녁 맞히기 놀이를
유사 ✐ 하고 있습니다. 화살을 두 번씩 던져서 종
동영상◀ 현이가 이기려면 두 번째에 적어도 몇 점
을 얻어야 합니까? (단, 점수의 합이 큰
사람이 이깁니다.)

	첫 번째	두 번째
동훈	7점	5점
종현	8점	

(   )

• 모르는 수 구하기

10 어떤 수에 4를 더해야 할 것을 잘못하여
유사 ✐ 뺐더니 9가 되었습니다. 바르게 계산한
동영상◀ 값을 구하시오.

(   )

• □ 안에 들어갈 수 있는 수 찾기

해설집 69쪽 문제 분석

11 0부터 9까지의 수 중에서 □ 안에 들어
유사 ✐ 갈 수 있는 가장 작은 수를 구하시오.
동영상◀

4 > 16 − 7 − □

(   )

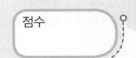
1 그림을 보고 빈칸에 알맞은 수를 써넣으시오.

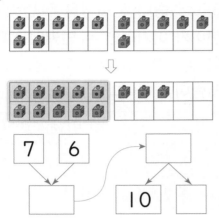

2 뺄셈식에 맞게 /으로 지워 뺄셈을 하시오.

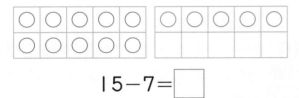

$$15-7=\boxed{}$$

3 ☐ 안에 알맞은 수를 써넣으시오.

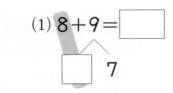

(1) $8+9=\boxed{}$

7

(2) $7+7=\boxed{}$

4

4 뺄셈을 하시오.

(1) $16-8$

(2) $12-5$

5 빈 곳에 두 수의 합을 써넣으시오.

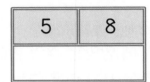

6 차가 나머지와 <u>다른</u> 것은 어느 것입니까? ································· (　　　)

① $13-7$ ② $14-8$

③ $11-4$ ④ $12-6$

⑤ $15-9$

7 계산 결과의 크기를 비교하여 ◯ 안에 >, =, <를 알맞게 써넣으시오.

$$\boxed{6+6} \quad \bigcirc \quad \boxed{5+9}$$

▶ 정답은 69쪽에

8 다음 수 카드를 한 번씩 모두 이용하여 두 수의 덧셈식과 뺄셈식을 1개씩 만들어 보시오.

[덧셈식] _____

[뺄셈식] _____

(창의·융합)

9 ⬤ 모양 과자에 쓰인 수의 합을 구하시오.

(　　　　)

(서술형)

10 미나의 말 중 **틀린** 부분을 찾아 바르게 고치시오.

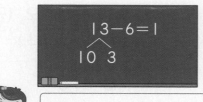

미나

10에서 6을 빼면 4이고, 남은 4에서 3을 빼면 1입니다.

_____

11 철주는 노란 색종이 6장과 파란 색종이 8장을 가지고 있습니다. 철주가 가지고 있는 색종이는 모두 몇 장입니까?

(　　　　)

12 두 덧셈식의 합이 같도록 □ 안에 알맞은 수를 구하시오.

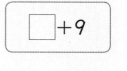

(　　　　)

(서술형)

13 뺄셈을 하고, 알게 된 점을 쓰시오.

┌빼지는 수┐　┌빼는 수

$15-7=8$ 　 $13-5=\square$

$14-6=8$ 　 $12-4=\square$

[알게 된 점] 빼지는 수와 빼는 수가 모두

1씩 작아지면 _____

14 위 **13**을 보고 차가 8인 새로운 뺄셈식을 써 보시오.

6

덧셈과 뺄셈 (3)

단원평가 6. 덧셈과 뺄셈 (3) ❶회

❖ 각자 상자에 담고 남은 사탕의 수를 구하려고 합니다. 물음에 답하시오. (15~16)

딸기 맛 사탕 8개와 사과 맛 사탕 4개를 넣어야지.

딸기 맛 사탕과 사과 맛 사탕 둘 다 7개씩 넣을 거야.

10칸

준호   민지

15 상자 Ⅰ칸에 사탕 Ⅰ개씩 담으면 준호가 상자에 담고 남은 사탕은 몇 개입니까?

(   )

16 상자 Ⅰ칸에 사탕 Ⅰ개씩 담으면 민지가 상자에 담고 남은 사탕은 몇 개입니까?

(   )

창의·융합
17 표에서 규칙을 찾아 🍅와 🌻가 있는 칸에 들어갈 덧셈식을 써 보시오.

7+6 13	7+7 14	7+8 15	7+9 16
8+6 14	🍅	8+8 16	8+9 17
9+6 15	9+7 16	9+8 17	🌻

🍅 ☐ + ☐ = ☐

🌻 ☐ + ☐ = ☐

서술형
18 지율이는 빨간 풍선과 노란 풍선을 가지고 있습니다. 빨간 풍선이 5개이고 노란 풍선이 빨간 풍선보다 2개 더 많다면 지율이가 가지고 있는 풍선은 모두 몇 개인지 풀이 과정을 쓰고 답을 구하시오.

[풀이]

[답]

19 선생님께서 색종이를 지후와 수민이에게 각각 Ⅰ4장씩 주셨습니다. 두 사람이 사용한 색종이는 모두 몇 장입니까?

색종이가 5장 남았어.

나는 8장 남았어.

지후   수민

(   )

20 ▲=9일 때, ★을 구하시오. (단, 같은 모양은 같은 수를 나타냅니다.)

▲ + ● = 15
★ + ★ + ● = 14

(   )

단원평가

6. 덧셈과 뺄셈 (3) ❷ 회

점수

1 10을 이용하여 모으기와 가르기를 해 보시오.

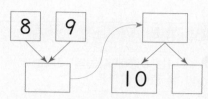

2 그림에 맞는 뺄셈식을 만들어 보시오.

11 − ☐ = ☐

3 덧셈을 하시오.
(1) 4+9
(2) 7+5

4 계산 결과를 찾아 이어 보시오.

| 14−7 | • | • | 7 |
| 16−8 | • | • | 8 |

5 빈 곳에 알맞은 수를 써넣으시오.

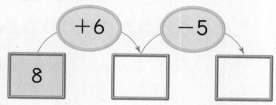

6 계산 결과가 더 큰 식의 기호를 쓰시오.

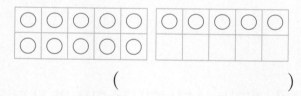

ㄱ 6+7   ㄴ 8+4

(   )

7 사탕 15개 중 8개를 먹었습니다. 남은 사탕은 몇 개인지 그림을 그려서 알아보 시오.

○○○○○ ○○○○○
○○○○○

(   )

8 합이 같은 것끼리 같은 색을 칠하시오.

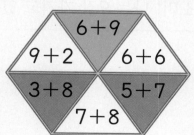

6+9
9+2   6+6
3+8   5+7
7+8

6

덧셈과 뺄셈 (3)

창의·융합

9 옆으로 뺄셈식이 되는 세 수를 모두 찾아 □ − □ = □ 표 해 보시오.

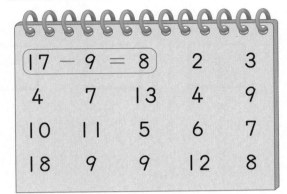

17	−	9	=	8		2	3
4	7	13	4	9
10	11	5	6	7
18	9	9	12	8

서술형

10 농장에 염소가 5마리, 닭이 9마리 있습니다. 농장에 염소와 닭이 모두 몇 마리 있는지 식을 쓰고 답을 구하시오.

[식]

[답]

11 아라는 소미보다 색종이를 몇 장 더 많이 가지고 있습니까?

아라: 나는 색종이를 12장 가지고 있어.
소미: 나는 9장 가지고 있는데~!

( )

❖ 친구들이 각각 몇 층에 사는지 알아보려고 합니다. 대화를 보고 물음에 답하시오.
(12~13)

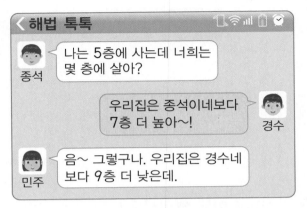

해법 톡톡

종석: 나는 5층에 사는데 너희는 몇 층에 살아?

경수: 우리집은 종석이네보다 7층 더 높아~!

민주: 음~ 그렇구나. 우리집은 경수네보다 9층 더 낮은데.

12 경수네 집은 몇 층입니까?

( )

13 민주네 집은 몇 층입니까?

( )

서술형

14 덧셈을 하고, 알게 된 점을 쓰시오.

더해지는 수┐ ┌더하는 수
$6+6=\boxed{12}$ $6+8=\boxed{}$

$6+7=\boxed{}$ $6+9=\boxed{}$

[알게 된 점]

15 일주일 동안 책을 더 많이 읽은 사람의 이름을 쓰시오.

〈일주일 동안 읽은 책 수〉

	동화책	만화책
미경	8	8
훈구	4	9

(　　　　　　　　)

16 카드에 적힌 두 수의 차가 큰 사람이 이기는 놀이를 하였습니다. 이긴 사람은 누구입니까?

민기　　　　　　수호

(　　　　　　　　)

17 다음 수 카드 중 2장을 골라 한 번씩 사용하여 합이 가장 큰 덧셈식을 만들어 보시오.

5　6　7　8　9

[식] ☐ + ☐ = ☐

18 서술형

그림에 알맞은 뺄셈 문제를 만들고 답을 구하시오.

[문제] _____

_____

[답] _____

19 서연이는 공책을 6권 가지고 있습니다. 공책을 지호는 서연이보다 5권 더 많이 가지고 있고, 준우는 지호보다 3권 더 적게 가지고 있습니다. 준우는 공책을 몇 권 가지고 있습니까?

(　　　　　　　　)

20 민호와 태수가 가위바위보를 하여 딱지를 이기면 5개, 지면 1개 가집니다. 민호가 3번 이기고, 1번 졌다면 민호는 태수보다 딱지를 몇 개 더 많이 가지게 됩니까? (단, 비기는 경우는 없습니다.)

(　　　　　　　　)

6단원이 끝났습니다. QR 코드를 찍으면 재미있는 게임을 할 수 있어요.

6

덧셈과 뺄셈 (3)

도미노에서 규칙을 찾아 볼까요?

크기가 같은 □ 모양 2개를 붙인 모양을 **도미노**라고 합니다.

도미노는 한 칸에 들어 가는 점이 0개~6개인 '6점 도미노'와 0개~9개인 '9점 도미노'가 있습니다.

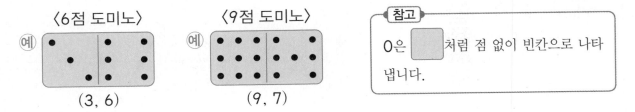

〈6점 도미노〉
예 (3, 6)

〈9점 도미노〉
예 (9, 7)

참고
0은 ▢ 처럼 점 없이 빈칸으로 나타 냅니다.

에디슨과 마리가 도미노가 놓인 규칙을 찾고 있습니다.

왼쪽 칸의 점은 1씩 늘어나고, 오른쪽 칸의 점은 1씩 줄어드네.

아하~ 그럼 다음 차례에 올 도미노의 눈은 (4, 3)이구나.

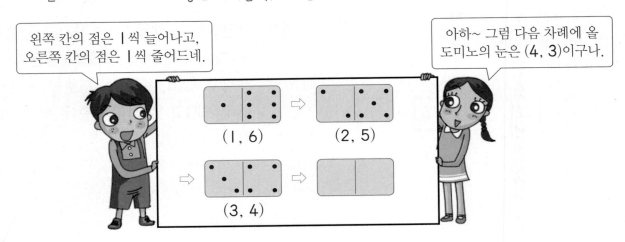

(1, 6)   (2, 5)

(3, 4)

아래 도미노가 놓인 규칙을 찾아 다음 차례에 올 도미노를 그려 보세요.

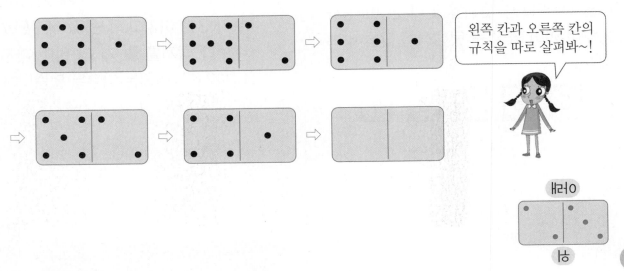

왼쪽 칸과 오른쪽 칸의 규칙을 따로 살펴봐~!

예러0

능   요금

book.chunjae.co.kr

교재 내용 문의	·········	교재 홈페이지 ▶ 초등 ▶ 교재상담
교재 내용 외 문의	·········	교재 홈페이지 ▶ 고객센터 ▶ 1:1문의
발간 후 발견되는 오류	·········	교재 홈페이지 ▶ 초등 ▶ 학습지원 ▶ 학습자료실

모든 유형을 다 담은 해결의 법칙

정답과 풀이

해설집

수학
1·2

천재교육

차례 _____ 1-2

정답과 풀이
포인트 ❸가지

▶ 혼자서도 이해할 수 있는 친절한 문제 풀이

▶ 문제 해결에 필요한 생각열기, 해법순서 또는
틀리기 쉬운 내용을 담은 참고, 주의 BOX

▶ 문제 분석으로 어려운 문항 완벽 대비

자세한 풀이는 물론 문제 분석까지!

자세하고 꼼꼼한 해설 제공!

1 문제 분석

· 철저한 문제 분석을 통해 해당 문제를 단계별로 자세하게 분석함으로써 문제 해결력을 높일 수 있습니다.

2 생각열기, 해법순서

· 문제를 쉽게 이해하고, 풀 수 있도록 문제에 대한 해법 열쇠를 제시하고 있습니다.

3 참고, 주의, 다른풀이

· 학생 혼자서도 쉽게 문제를 해결할 수 있고, 다양한 방법으로 문제를 바라볼 수 있는 시각을 기를 수 있습니다.

정답과 풀이

문제분석 ▶ 본문 13쪽

①달걀의 수를 ②바르게 말한 사람은 누구입니까?

희수: 10개씩 묶음 8개와 낱개 7개야.
은진: 달걀이 일흔여덟 개 있어

(2) 87은 팔십칠 또는 여든일곱이라고 읽습니다.

19 생각열기 10개씩 묶음이 한 개씩 늘어나고 읽어 봅니다.

· 10개씩 묶음 6개와 낱개 4개 ⇨ 64
64를 육십사 또는 예순넷이라고 읽습니다.
· 10개씩 묶음 7개와 낱개 4개 ⇨ 74
74를 칠십사 또는 일흔넷이라고 읽습니다.
· 10개씩 묶음 8개와 낱개 4개 ⇨ 84
84를 팔십사 또는 여든넷이라고 읽습니다.

13 오십칠 ⇨ 57
      50   7

주의

94를 구십넷 또는 아흔사라고 읽지 않도록 주의합니다.

---

2 유형 탐구 (1)   10~13쪽

1 6개   **2** 60원
3 예 10원짜리 동전이 6+1=7(개)이므로 70원입니다. ; 70원
4 90그루   **5** 8개
6 80   **7**
8 ④   **9** 육십, 예순
10 95   **11** 8, 9
12 63권   **13** 57
14 구십사, 아흔넷   **15** 현우
16 71, 칠십일 또는 일흔하나
17 예 구슬이 한 개 더 있으면 10개씩 묶음 7개와 낱개 2개이므로 72이고 칠십이 또는 일흔둘이라고 읽습니다. ; 72, 칠십이 또는 일흔둘
18 (위부터) 구십오, 아흔여섯 ; 구십칠, 아흔일곱 ; 구십팔, 아흔여덟
19 64, 육십사 또는 예순넷 /
74, 칠십사 또는 일흔넷 /
84, 팔십사 또는 여든넷

4 생각열기 10개씩 묶음 ▲개는 ▲0입니다.
10그루씩 9줄은 90그루입니다.
5 80권은 10개씩 묶음 8개입니다.
6 생각열기 수는 두 가지 방법으로 읽을 수 있습니다.
여든은 80입니다.
참고
80을 여든 또는 팔십이라고 읽습니다.
7 70은 칠십 또는 일흔, 90은 구십 또는 아흔이라고 읽습니다.
8 생각열기 각각 나타내는 수를 숫자로 나타내어 봅니다.
① 여든 ⇨ 80   ② 80 ⇨ 80   ③ 팔십 ⇨ 80
④ 아흔 ⇨ 90   ⑤ 10개씩 묶음 8개 ⇨ 80
①, ②, ⑤는 80을 나타내고, ④는 90을 나타냅니다.
9 60은 육십 또는 예순이라고 읽습니다.
10 생각열기 10개씩 묶음 ●개와 낱개 ▲개를 ●▲라고 합니다.
10개씩 묶음 9개와 낱개 5개는 95입니다.
11 89는 10개씩 묶음 8개와 낱개 9개입니다.
12 10권씩 담은 상자 6개와 낱개 3권이므로 책꽂이에 있던 책은 모두 63권입니다.

18 생각열기 낱개가 1개씩 늘어나는 수입니다.

96 → 육 여섯
97 → (읽기) 구십 칠 또는 아흔 일곱

· 10개씩 묶음 7개와 낱개 4개 ⇨ 74
74를 칠십사 또는 일흔넷이라고 읽습니다.
· 10개씩 묶음 8개와 낱개 4개 ⇨ 84
84를 팔십사 또는 여든넷이라고 읽습니다.
20 생각열기 56은 10개씩 묶음 5개와 낱개 6개입니다.
· 56을 오십육 또는 쉰여섯이라고 읽습니다.
· 56에서 10개씩 묶음 한 개가 늘어나면 10개씩 묶음 6개와 낱개 6개이므로 66이고 66을 육십육 또는 예순여섯이라고 읽습니다.
· 66에서 10개씩 묶음 한 개가 늘어나면 10개씩 묶음 7개와 낱개 6개이므로 76이고 76을 칠십육 또는 일흔여섯이라고 읽습니다.

21 10개씩 묶어 보면 10개씩 묶음개가 남습니다. 따라서 딸기는 낱개 9개이므로 59입니다.

22 문제분석 ▶ 본문 13쪽

①달걀의 수를 ②바르게 말한 사

희수: 10개씩 묶음 8개와
은진: 달걀이 일흔여덟 개
동욱: 달걀은 여든일곱 개야

①달걀의 수
②바르게 말한 사람

낱개를 10개씩 묶어 보면 묶음로 달걀은 모두 10개씩 묶음 7개따라서 달걀의 수는 78이고 78여덟이라고 읽으므로 바르게 말

3-2

87 88 89 90 91 93 92

3-3 66, 68   **3-4** 90
4-1 100   **4-2** 10

3-1 (1) 54부터 수를 순서대로 쓰면
54—55—56—57입니다.

1. 100까지의 수

1 STEP 핵심 개념 (1)
9쪽

1-1 8, 80

1-2 (1) 60에 ◯표 (2) 90에 ◯표

2-1 59

2-2 93

2-3 ⟋

2-4 (1) 예순넷에 ◯표
　　　(2) 팔십칠에 ◯표

1-2 (1) 10개씩 묶음 6개를 60이라고 합니다.
　　 (2) 10개씩 묶음 9개를 90이라고 합니다.

2-2 10개씩 묶음 9개와 낱개 3개는 93입니다.

2-3 72를 칠십이 또는 일흔둘이라고 읽습니다.

2-4 (1) 64는 육십사 또는 예순넷이라고 읽습니다.
　　 (2) 87은 팔십칠 또는 여든일곱이라고 읽습니다.

2 STEP 유형 탐구 (1)
10~13쪽

1 6개

2 60원

3 ⟨예⟩ 10원짜리 동전이 6+1=7(개)이므로 70원
　입니다. ; 70원

4 90그루

5 8개

6 80

7 ✕

8 ④

9 육십, 예순

10 95

11 89

12 63권

13 57

14 구십사, 아흔넷

15 현우

16 71, 칠십일 또는 일흔하나

17 ⟨예⟩ 구슬이 한 개 더 있으면 10개씩 묶음 7개와
　낱개 2개이므로 72이고 칠십이 또는 일흔둘이
　라고 읽습니다. ; 72, 칠십이 또는 일흔둘

18 (위부터) 구십육, 아흔여섯 ; 구십칠, 아흔일곱 ;
　구십팔, 아흔여덟

19 64, 육십사 또는 예순넷 /
　74, 칠십사 또는 일흔넷 /
　84, 팔십사 또는 여든넷

20 (위부터) 66 / 육십육, 예순여섯 ;
　76 / 칠십육, 일흔여섯

21 ⟨예⟩
; 5, 9 / 59

22 은진

---

1 하나씩 세어 보면 10원짜리 동전은 모두 6개입니다.

2 10원짜리 동전이 6개이므로 60원입니다.

3 ⟨서술형 가이드⟩ 10원짜리 동전의 수를 알고 답을 구할 수 있는지
　확인합니다.

평가기준	동전의 수를 알고 답을 바르게 구함.	상
	동전의 수는 알았으나 실수하여 답이 틀림.	중
	동전의 수를 몰라 답을 구하지 못함.	하

4 ⟨생각열기⟩ 10개씩 묶음 ▲개는 ▲0입니다.
　10그루씩 9줄이므로 90그루입니다.

5 80권은 10개씩 묶음 8개입니다.

6 ⟨생각열기⟩ 수는 두 가지 방법으로 읽을 수 있습니다.
　여든은 80입니다.

⟨참고⟩

80을 여든 또는 팔십이라고 읽습니다.

---

7 70은 칠십 또는 일흔, 90은 구십 또는 아흔이라고
　읽습니다.

8 ⟨생각열기⟩ 각각 나타내는 수를 숫자로 나타내어 봅니다.
　① 여든 ⇨ 80　② 80　③ 팔십 ⇨ 80
　④ 아흔 ⇨ 90　⑤ 10개씩 묶음 8개 ⇨ 80
　①, ②, ③, ⑤는 80을 나타내고, ④는 90을 나타냅니다.

9 60은 육십 또는 예순이라고 읽습니다.

10 ⟨생각열기⟩ 10개씩 묶음 ●개와 낱개 ▲개를 ●▲라
　고 합니다.
　10개씩 묶음 9개와 낱개 5개는 95입니다.

11 10개씩 묶음 8개와 낱개 9개는 89입니다.

12 10권씩 담은 상자 6개와 낱개 3권이므로 책꽂이에
　있던 책은 모두 63권입니다.

13 오십칠 ➡ 57
50 7

14 생각열기 수는 두 가지 방법으로 읽을 수 있습니다.
94는 구십사 또는 **아흔넷**이라고 읽습니다.

주의
94를 구십넷 또는 아흔사라고 읽지 않도록 주의합니다.

15 10개씩 묶음 8개와 낱개 5개를 85라 하고 팔십오
또는 여든다섯이라고 읽습니다.

16 구슬의 수는 10개씩 묶음 7개와 낱개 1개이므로 71
입니다. 71을 **칠십일** 또는 **일흔하나**라고 읽습니다.

17 생각열기 구슬이 한 개 더 있으면 낱개가 1개 더 늘
어나는 것입니다.

서술형
가이드 구슬의 수를 알고 수를 쓰고 바르게 읽을 수 있는
지 확인합니다.

평가기준	10개씩 묶음과 낱개를 알고 구슬의 수를 쓰고 바르게 읽음.	상
	10개씩 묶음과 낱개를 알고 구슬의 수를 찾았으나 실수하여 답이 틀림.	중
	구슬의 수를 알지 못함.	하

18 생각열기 낱개가 1개씩 늘어나는 수입니다.

96
97 ➡ (읽기) 구십 ― 육 또는 아흔 ― 여섯
98   칠   일곱
         팔   여덟

19 생각열기 10개씩 묶음이 한 개씩 늘어나는 수를 쓰
고 읽어 봅니다.

• 10개씩 묶음 6개와 낱개 4개 ➡ 64
64를 육십사 또는 **예순넷**이라고 읽습니다.

• 10개씩 묶음 7개와 낱개 4개 ➡ 74
74를 칠십사 또는 **일흔넷**이라고 읽습니다.

• 10개씩 묶음 8개와 낱개 4개 ➡ 84
84를 팔십사 또는 **여든넷**이라고 읽습니다.

20 생각열기 56은 10개씩 묶음 5개와 낱개 6개입니다.

• 56을 오십육 또는 쉰여섯이라고 읽습니다.

• 56에서 10개씩 묶음 한 개가 늘어나면 10개씩
묶음 6개와 낱개 6개이므로 66이고 66을 육십육
또는 **예순여섯**이라고 읽습니다.

• 66에서 10개씩 묶음 한 개가 늘어나면 10개씩
묶음 7개와 낱개 6개이므로 76이고 76을 **칠십육**
또는 **일흔여섯**이라고 읽습니다.

21 10개씩 묶어 보면 10개씩 묶음 5개가 되고 낱개 9
개가 남습니다. 따라서 딸기는 10개씩 묶음 5개와
낱개 9개이므로 59입니다.

22 문제분석 ▶ 본문 13쪽

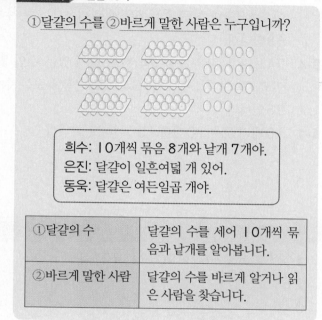

①달걀의 수를 ②바르게 말한 사람은 누구입니까?

희수: 10개씩 묶음 8개와 낱개 7개야.
은진: 달걀이 일흔여덟 개 있어.
동욱: 달걀은 여든일곱 개야.

①달걀의 수	달걀의 수를 세어 10개씩 묶음과 낱개를 알아봅니다.
②바르게 말한 사람	달걀의 수를 바르게 알거나 읽은 사람을 찾습니다.

낱개를 10개씩 묶어 보면 묶음 1개와 낱개 8개이므
로 달걀은 모두 10개씩 묶음 7개와 낱개 8개입니다.
따라서 달걀의 수는 78이고 78은 칠십팔 또는 일흔
여덟이라고 읽으므로 바르게 말한 사람은 은진입니다.

1 STEP **핵심 개념 ②**   15쪽

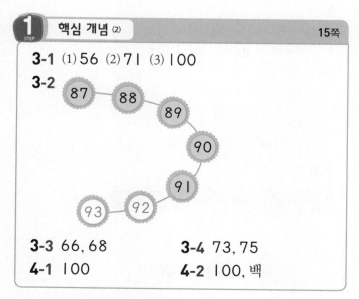

3-1 (1) 56 (2) 71 (3) 100

3-2
87 88 89 90 91 92 93

3-3 66, 68   **3-4** 73, 75
4-1 100   **4-2** 100, 백

3-1 (1) 54부터 수를 순서대로 쓰면
54―55―56―57입니다.

(3) 97부터 수를 순서대로 쓰면
97−98−99−100입니다.

3-2 87부터 수를 순서대로 세어 빈 곳에 써넣습니다.

3-3 67보다 1 작은 수는 67 바로 앞에 있는 수인 66 이고 67보다 1 큰 수는 67 바로 다음에 오는 수인 68입니다.

3-4 74보다 1 작은 수는 74 바로 앞에 있는 수인 73 이고, 74보다 1 큰 수는 74 바로 다음에 오는 수인 75입니다.

4-1 10개씩 묶음 10개를 100이라고 합니다.

2 STEP 유형 탐구 (2) 16~19쪽

1 (1) 52, 55, 56 (2) 90, 91, 92

2 69

3

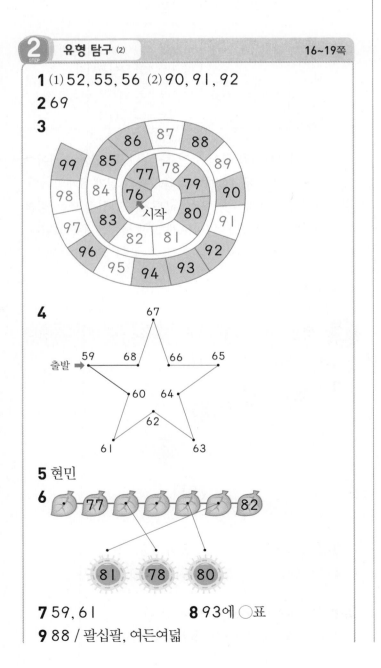

4

5 현민

6

7 59, 61

8 93에 ○표

9 88 / 팔십팔, 여든여덟

10 76

11 72

12 예 은서네 모둠에서 캔 감자는 10개씩 8자루와 낱개 4개로 84개입니다.
선주네 모둠에서 캔 감자는 은서네 모둠보다 한 개 더 적으므로 84보다 1 작은 수인 83개입니다.
따라서 지후네 모둠에서 캔 감자는 선주네 모둠보다 한 개 더 적으므로 83보다 1 작은 수인 82 개입니다. ; 82개

13 52, 53

14 ④

15 82

16

17 56, 57, 58, 59

18 5개

19 100 / 백

20

51	52	53	54	55	56	57	58	59	60
61	62	63	64	65	66	67	68	69	70
71	72	73	74	75	76	77	78	79	80
81	82	83	84	85	86	87	88	89	90
91	92	93	94	95	96	97	98	99	100

21 ㉡

22 예 내 동생이 태어난 지 백 일이 되었습니다.

23 10번

1 (1) 52부터 수를 순서대로 써 보면
52−53−54−55−56

(2) 89부터 수를 순서대로 써 보면
89−90−91−92−93

2 64부터 1씩 커지는 수를 순서대로 써 보면
64−65−66−67−68−69−70이므로
★=69입니다.

3 76부터 수를 순서대로 써 봅니다.

4 59부터 수를 순서대로 이어 봅니다.

5 생각열기 69부터 수를 거꾸로 세어 봅니다.
69부터 수를 거꾸로 써 보면
69−68−67−66−65이므로 빈 곳에 들어갈 수 는 66입니다.

6 76−77−78−79−80−81−82의 순서에 맞 게 선으로 이어 봅니다.

7 60보다 1 작은 수는 59이고 1 큰 수는 61입니다.

8 아흔넷은 94이고 94보다 1 작은 수는 94 바로 앞에 있는 수인 93입니다.

9 87보다 1 큰 수는 87 바로 다음에 오는 수인 88입니다. 88을 **팔십팔** 또는 **여든여덟**이라고 읽습니다.

10 74-75-76이므로 74보다 2 큰 수는 76입니다.

11 74-73-72이므로 74보다 2 작은 수는 72입니다.

12 서술형 가이드 은서네 모둠과 선주네 모둠의 감자 수를 알고 이용할 수 있는지 확인합니다.

평가기준	은서네 모둠과 선주네 모둠의 감자 수를 알고 답을 바르게 구함.	상
	은서네 모둠과 선주네 모둠의 감자 수를 알고 있으나 실수하여 답이 틀림.	중
	은서네 모둠과 선주네 모둠의 감자 수를 몰라 답을 구하지 못함.	하

13 51부터 수를 순서대로 쓰면
51-52-53-54입니다.

14 66-67-68-69-70-71-72-73-74-75이므로 66과 75 사이의 수는 67부터 74까지의 수입니다. 따라서 ① 70 ② 71 ③ 69 ④ 65 ⑤ 68 중에서 66과 75 사이의 수가 아닌 것은 ④입니다.

15 81과 83 사이의 수는 81-82-83이므로 82입니다. 따라서 ●는 82입니다.

16 59와 61 사이의 수는 59-60-61이므로 60이고, 76보다 1 큰 수는 76 바로 다음에 오는 수이므로 77이고, 71보다 1 작은 수는 71 바로 앞에 있는 수이므로 70입니다.

17 쉰다섯은 55이고 예순은 60입니다.
따라서 55와 60 사이의 수는 56, 57, 58, 59입니다.

18 문제분석 ▶ 본문 18쪽

①87과 93 사이의 수는 ②모두 몇 개입니까?	
①87과 93 사이의 수	87과 93 사이의 수를 알아봅니다.
②모두 몇 개입니까?	①의 수를 세어 봅니다.

87과 93 사이의 수는 88, 89, 90, 91, 92이므로 모두 5개입니다.

주의

87과 93 사이의 수에 87과 93은 포함되지 않는 것에 주의합니다.

19 99보다 1 큰 수는 100이고 **백**이라고 읽습니다.

20 수를 순서대로 씁니다.

21 ㉠ 100원 ㉡ 50원 ㉢ 100원
따라서 나타내는 금액이 다른 하나는 ㉡입니다.

22 서술형 가이드 백을 알고 사용되는 상황을 바르게 썼는지 확인합니다.

평가기준	백이 사용되는 상황을 바르게 씀.	상
	백을 알고 있으나 사용되는 상황 설명이 미흡함.	중
	백을 몰라 사용되는 상황을 설명하지 못함.	하

23 100은 10개씩 묶음 10개이므로 十을 10번 써야 합니다.

1 STEP **핵심 개념 ③**　　　21쪽

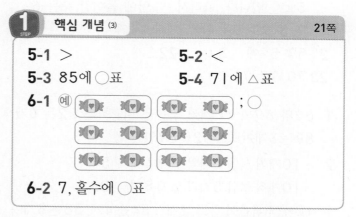

5-1 >　　　　　5-2 <
5-3 85에 ○표　　5-4 71에 △표
6-1 예 　　　　　; ○
6-2 7, 홀수에 ○표

5-1 10개씩 묶음을 비교하면 7개와 6개이므로 72>65입니다.

5-2 10개씩 묶음이 같으므로 낱개를 비교하면 0개와 2개이므로 80<82입니다.

5-3 10개씩 묶음을 비교하면 6개와 8개이므로 더 큰 수는 85입니다.

5-4 10개씩 묶음이 같으므로 낱개를 비교하면 6개와 1개이므로 더 작은 수는 71입니다.

6-1 사탕을 둘씩 짝을 지을 수 있습니다.

6-2 7은 둘씩 짝을 지어 보면 짝을 지을 수 없으므로 홀수입니다.

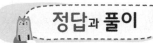

2 STEP 유형 탐구 ⑶   22~25쪽

1 <

2 54, 58 ; 54에 △표

3 [읽기 1] 예 69는 70보다 작습니다.

　　[읽기 2] 예 70은 69보다 큽니다.

4 (1) <　(2) >

5 < ; 작습니다 / 큽니다

6 상훈

7 71, 78

8 해법 농구단

9 91에 ○표

10 캥거루

11 빨강 풍선

12 은희, 진우, 재민

13 짝

14

홀수　　　　짝수
11　13　　　12　14
15　17　19　　16　18　20

15 바나나

16 예 식사 준비를 하며 젓가락을 놓을 때 짝수가 이용됩니다.

17 5개

18 2에 ○표

19 7, 8, 9

20 예 10개씩 묶음이 같으므로 낱개를 비교해 보면 5<□입니다. 따라서 □ 안에 들어갈 수는 6, 7, 8, 9로 모두 4개입니다. ; 4개

21 57, 59에 ○표

22 3개

23 70, 72, 74

1 62와 89의 10개씩 묶음을 비교하면 62는 6개, 89는 8개이므로 62<89입니다.

2 ・10개씩 묶음 5개와 낱개 4개 ⇨ 54

　　・10개씩 묶음 5개와 낱개 8개 ⇨ 58

　　10개씩 묶음이 같고 낱개가 54는 4개, 58은 8개이므로 54가 58보다 작습니다.

3 서술형 가이드 크기 비교를 보고 2가지 방법으로 바르게 읽을 수 있는지 확인합니다.

평가기준	크기 비교를 보고 2가지 방법으로 바르게 읽음.	상
	크기 비교를 보고 한 가지 방법으로만 바르게 읽음.	중
	크기 비교를 보고 읽지 못함.	하

참고

・●>▲ ⇨ ●는 ▲보다 큽니다.

・●<▲ ⇨ ●는 ▲보다 작습니다.

4 (1) 76 < 82
　　　└ 7<8 ┘

　　(2) 95 > 91
　　　└ 5>1 ┘

참고

・수의 크기 비교 방법

① 10개씩 묶음을 비교합니다.

② 10개씩 묶음이 같으면 낱개를 비교합니다.

5 85 < 89 ⇨ 85는 89보다 작습니다.
　　└ 5<9 ┘ ⇨ 89는 85보다 큽니다.

6 59와 64의 10개씩 묶음을 비교하면 59는 5개, 64는 6개이므로 64가 더 큰 수입니다. 따라서 더 큰 수를 들고 있는 사람은 **상훈**입니다.

7 10개씩 묶음이 같은 수는 71과 78이고 두 수의 크기를 비교하면 71<78입니다.

8 생각열기 성범이가 응원하는 농구단은 우승을 한 팀입니다.

점수가 더 높은 농구단이 우승한 농구단이므로 두 팀의 점수를 비교해 보면 88<91입니다. 따라서 해법 농구단이 이겼으므로 성범이가 응원하는 농구단의 이름은 **해법 농구단**입니다.

9 10개씩 묶음이 58은 5개, 91은 9개, 52는 5개이므로 가장 큰 수는 91입니다.

10 ・10개씩 묶음을 비교해 보면 90은 9개, 75와 79는 7개이므로 가장 큰 수는 90입니다.

・남은 두 수 75와 79는 10개씩 묶음이 7로 같으므로 낱개를 비교해 보면 75는 5개, 79는 9개입니다. ⇨ 75<79

따라서 세 수 중 가장 작은 수가 75이므로 가장 작은 수를 들고 있는 동물은 **캥거루**입니다.

11 문제분석 ▶ 본문 23쪽

풍선 가게에서 하루 동안 ①빨강 풍선을 77개, 노랑 풍선을 72개, 파랑 풍선을 75개 팔았습니다. ②가장 많이 판 풍선은 어떤 풍선입니까?

①빨강 풍선을 77개, 노랑 풍선을 72개, 파랑 풍선을 75개	빨강 풍선, 노랑 풍선, 파랑 풍선의 수를 비교합니다.
②가장 많이 판 풍선	①에서 가장 큰 수를 찾습니다.

판 풍선은 각각 77개, 72개, 75개로 10개씩 묶음이 같고 낱개가 77은 7개, 72는 2개, 75는 5개입니다. 따라서 가장 큰 수가 77이므로 가장 많이 판 풍선은 **빨강 풍선**입니다.

12 은희가 받은 칭찬 도장은 60보다 4 큰 수이므로 60-61-62-63-64에서 64입니다.
칭찬 도장을 진우는 60번, 은희는 64번, 재민이는 58번 받았습니다. 따라서 64가 가장 큰 수이고, 58이 가장 작은 수이므로 칭찬 도장을 많이 받은 사람부터 차례로 쓰면 **은희, 진우, 재민**이입니다.

13 판다를 둘씩 짝을 지어 보면 짝을 지을 수 있으므로 판다의 수는 **짝수**입니다.

14 [생각열기] 각각의 수의 끝나는 수를 살펴봅니다.
수가 2, 4, 6, 8, 0으로 끝나면 짝수이고, 1, 3, 5, 7, 9로 끝나면 홀수입니다. 따라서 11, 13, 15, 17, 19는 홀수이고, 12, 14, 16, 18, 20은 짝수입니다.

[참고]
• 짝수: 둘씩 짝을 지을 수 있는 수
(수가 2, 4, 6, 8, 0으로 끝남.)
• 홀수: 둘씩 짝을 지을 수 없는 수
(수가 1, 3, 5, 7, 9로 끝남.)

15 [생각열기] 각 과일의 수를 세어 봅니다.
사과는 2개, 포도는 2개, 딸기는 4개, 바나나는 5개입니다. 따라서 과일의 수가 홀수인 과일은 **바나나**입니다.

16 [서술형 가이드] 짝수를 알고 이용되는 상황을 바르게 썼는지 확인합니다.

평가기준		
짝수가 이용되는 상황을 바르게 씀.	상	
짝수를 알고 있으나 상황 설명이 미흡함.	중	
짝수를 몰라 이용되는 상황을 설명하지 못함.	하	

17 [문제분석] 본문 24쪽

①29보다 크고 40보다 작은 수 중에서 ②홀수는 모두 몇 개입니까?

①29보다 크고 40보다 작은 수	29보다 크고 40보다 작은 수를 알아봅니다.
②홀수는 모두 몇 개	①의 수 중에서 수가 1, 3, 5, 7, 9로 끝나는 수의 개수를 세어 봅니다.

29보다 크고 40보다 작은 수는
30, 31, 32……37, 38, 39입니다. 그중 홀수는 31, 33, 35, 37, 39입니다. 따라서 29보다 크고 40보다 작은 홀수는 모두 5개입니다.

18 두 수의 10개씩 묶음이 같으므로 낱개를 비교해 보면 3>□입니다. 따라서 □ 안에는 주어진 수 중 3보다 작은 2가 들어갈 수 있습니다.

19 □ 안에 1부터 차례로 넣어 크기를 비교해 보면
14 > 68 (×), 24 > 68 (×), 34 > 68 (×),
44 > 68 (×), 54 > 68 (×), 64 > 68 (×),
74 > 68 (○), 84 > 68 (○), 94 > 68 (○)
따라서 □ 안에 들어갈 수 있는 수는 7, 8, 9입니다.

20 [서술형 가이드] 10개씩 묶음과 낱개를 비교하여 수의 크기에 맞게 □ 안에 들어갈 수를 찾을 수 있는지 확인합니다.

평가기준		
크기 비교를 보고 □ 안에 들어갈 수를 모두 찾아 답을 바르게 구함.	상	
크기 비교를 보고 □ 안에 들어갈 수를 일부만 구함.	중	
크기 비교를 몰라 □ 안에 들어갈 수를 구하지 못함.	하	

21 56보다 크고 61보다 작은 수는 57, 58, 59, 60이고 이중 홀수는 57, 59입니다.

[참고]
• 짝수: 둘씩 짝을 지을 수 있는 수
(수가 2, 4, 6, 8, 0으로 끝남.)
• 홀수: 둘씩 짝을 지을 수 없는 수
(수가 1, 3, 5, 7, 9로 끝남.)

22 [해·법·순·서]
① 83보다 1 작은 수를 알아봅니다.
② ①과 86 사이의 수를 알아봅니다.
③ ②의 수를 세어 봅니다.
83보다 1 작은 수는 82입니다. 82와 86 사이의 수는 83, 84, 85이고 모두 3개입니다.

23 [생각열기] 각 조건을 만족하는 수를 알아봅니다.
• 10개씩 묶음 7개이면 7■입니다.
• 7■ 중 짝수인 수는 70, 72, 74, 76, 78입니다.
• 70, 72, 74, 76, 78 중에서 75보다 작은 수는 70, 72, 74입니다.
따라서 주어진 조건을 모두 만족하는 수는 70, 72, 74입니다.

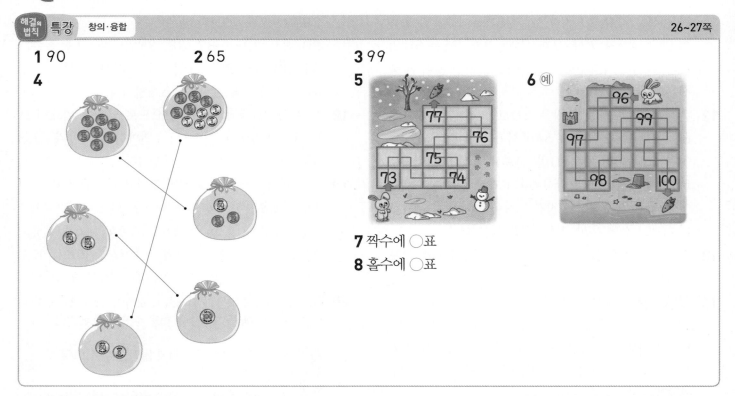

1 90   **2** 65   **3** 99

4

5

6 예

7 짝수에 ◯표

8 홀수에 ◯표

---

1 10을 나타내는 모양이 9개이므로 90입니다.

2 10을 나타내는 모양이 6개, 1을 나타내는 모양이 5개이므로 65입니다.

3 10을 나타내는 모양이 9개, 1을 나타내는 모양이 9개이므로 99입니다.

4 각 주머니 속에 든 돈이 얼마인지 알아보고 같은 금액끼리 선으로 잇습니다.
   - 10원짜리 동전 7개 ⇨ 70원
   - 10원짜리 동전 5개, 1원짜리 동전 5개 ⇨ 55원
   - 50원짜리 동전 2개 ⇨ 100원
   - 50원짜리 동전 1개, 10원짜리 동전 2개 ⇨ 70원
   - 50원짜리 동전 1개, 5원짜리 동전 1개 ⇨ 55원
   - 100원짜리 동전 1개 ⇨ 100원

5 생각열기 수를 순서대로 찾아 선으로 잇습니다.
   73−74−75−76−77 순서대로 칸을 지나도록 선을 잇습니다.

6 96−97−98−99−100 순서대로 칸을 지나도록 선을 잇습니다.

7 칸을 둘씩 짝을 지을 수 있으므로 짝수입니다.

8 칸을 둘씩 짝을 지을 수 없으므로 홀수입니다.

셀파 가·이·드

1~3 각 모양이 나타내는 수를 찾아 그림이 나타내는 수를 알아봅니다.

5~6
주의

모든 칸을 한 번씩 지나야 하고 같은 칸을 여러 번 지나지 않도록 길을 찾아 선으로 이어야 합니다.

▶ 두 칸씩 묶어 봅니다.

---

3 STEP **레벨 UP**

28~29쪽

1 육십육 또는 예순여섯   **2** (위부터) 16, 3   **3** 하나

4 예 우리 집 강아지는 태어난 지 100일 되었습니다.   **5** ㉢

6 53개   **7** 규찬   **8** 89권   **9** 9개

10 97   **11** 예 □9<8□이므로 □는 8보다 작은 수입니다. □=7일 때 79와 87 사이의 수는 7개이고, □=6일 때 69와 86 사이의 수는 16개입니다. 따라서 □ 안에 공통으로 들어가는 수는 6입니다. ; 6

1 생각열기 그림이 나타내는 수를 먼저 알아봅니다.

구슬의 수는 10개씩 묶음 6개와 낱개 4개이므로 64입니다.

(64) (65) (66) ⇨ 따라서 64보다 2 큰 수는 66입니다.

└ 1 큰 수 ┘ └ 1 큰 수 ┘

2 96: 10개씩 묶음 9개와 낱개 6개

⇨ 10개씩 묶음 8개와 낱개 16개

59: 10개씩 묶음 5개와 낱개 9개

⇨ 10개씩 묶음 4개와 낱개 19개

⇨ 10개씩 묶음 3개와 낱개 29개

3 75>66 (○), 85>66 (○), 65>66 (×)

따라서 □ 안에 들어갈 수 없는 수를 들고 있는 사람은 **하나**입니다.

4 서술형 가이드 10개씩 묶음이 10개인 수가 100임을 알고 100이 들어간 문장을 만들 수 있어야 합니다.

평가기준		
설명하는 수를 알고 활용하여 문장을 바르게 만듦.		상
설명하는 수를 알고 있지만 만든 문장이 어색함.		중
설명하는 수를 알지 못해 문장을 만들지 못함.		하

5 76과 81 사이의 수: 77, 78, 79, 80

㉠ 일흔여덟 ⇨ 78 ㉡ 80보다 1 작은 수 ⇨ 79 ㉢ 75보다 1 큰 수 ⇨ 76

따라서 78, 79, 76 중에서 76과 81 사이의 수가 아닌 것은 ㉢ 76입니다.

6 문제분석 ▶ 본문 28쪽

①사과가 10개씩 6봉지와 낱개 13개가 있습니다. 이 중에서 ②10개씩 2봉지를 상자에 담았습니다. ③상자에 담고 남은 사과는 몇 개입니까?

①사과가 10개씩 6봉지와 낱개 13개가 있습니다.	처음에 있던 사과의 수를 알 수 있습니다.
②10개씩 2봉지를 상자에 담았습니다.	처음의 사과에서 담은 사과를 뺍니다.
③상자에 담고 남은 사과는 몇 개입니까?	남은 사과의 수를 10개씩 묶음과 낱개의 수를 이용하여 구합니다.

생각열기 10개씩 2봉지를 팔았으므로 뺄셈을 이용합니다.

처음에 있던 사과: 10개씩 6봉지, 낱개 13개

−) 상자에 담은 사과: 10개씩 2봉지 ┌ 10개씩 1봉지와 낱개 3개

담고 남은 사과: 10개씩 4봉지, 낱개 13개

따라서 남은 사과 10개씩 4봉지와 낱개 13개는 10개씩 4+1=5(봉지)와 낱개 3개와 같으므로 53개입니다.

7 규찬: 66장, 윤성: 62장, 초희: 59장

66, 62, 59의 10개씩 묶음을 비교하면 66과 62는 6개, 59는 5개이므로 59가 가장 작고 66과 62의 낱개를 비교하면 66은 6개, 62는 2개이므로 66이 가장 큽니다. 따라서 딱지를 가장 많이 가지고 있는 사람은 **규찬**입니다.

셀파 가·이·드

▶ 10개씩 묶음 ■개와 낱개 ▲개는 ■▲입니다.

▶ 10개씩 묶음 1개는 낱개 10개와 같습니다.

▶ 해·법·순·서

① 76과 81 사이의 수를 알아봅니다.

② ㉠, ㉡, ㉢을 각각 수로 나타냅니다.

③ ㉠, ㉡, ㉢ 중에서 ①의 수가 아닌 것을 알아봅니다.

▶ 낱개 ■●개는 10개씩 묶음 ■개와 낱개 ●개와 같습니다.

▶ 초희는 한 장만 더 있으면 60장이 되므로 지금은 60장보다 한 장 적은 59장을 가지고 있습니다.

8 문제분석 ▶ 본문 29쪽

은수네 반 학급문고에 있는 책의 수입니다. ①위인전이 가장 적고 ②동화책이 가장 많을 때 ③과학책은 몇 권입니까?

위인전	동화책	과학책
88권	□1권	8□권

①위인전이 가장 적고	가장 적은 책은 위인전입니다.
②동화책이 가장 많을	가장 많은 책은 동화책입니다.
③과학책은 몇 권입니까?	세 수의 크기를 알고 과학책의 수를 구합니다.

동화책은 위인전과 과학책보다 많으므로 10개씩 묶음이 8개보다 많은 9개로 91권입니다. 과학책은 위인전보다 많고 동화책보다 적으므로 88과 91 사이의 수 중 8□이므로 89권입니다.

9 문제분석 ▶ 본문 29쪽

③조건을 모두 만족하는 수는 몇 개입니까?

• ①50과 80 사이의 수이고 짝수입니다.
• ②10개씩 묶음의 수가 낱개의 수보다 큽니다.

①50과 80 사이의 수이고 짝수입니다.	50, 51, 52……78, 79 중 2, 4, 6, 8, 0으로 끝나는 수입니다.
②10개씩 묶음의 수가 낱개의 수보다 큽니다.	①의 수 중 10개씩 묶음의 수가 낱개의 수보다 많은 수를 찾습니다.
③조건을 모두 만족하는 수는 몇 개입니까?	②에서 찾은 수는 몇 개인지 세어 봅니다.

50과 80 사이의 수 중에서 짝수: 52, 54, 56, 58, 60, 62, 64, 66, 68, 70, 72, 74, 76, 78
위의 수 중에서 10개씩 묶음의 수가 낱개의 수보다 큰 수는 52, 54, 60, 62, 64, 70, 72, 74, 76으로 모두 9개입니다.

참고

짝수: 둘씩 짝을 지을 수 있는 수 예 2, 14, 20……
홀수: 둘씩 짝을 지을 수 없는 수 예 1, 37, 59……

10 5, 9, 7, 2로 만들 수 있는 몇십몇은 25, 27, 29, 52, 57, 59, 72, 75, 79, 92, 95, 97입니다. 이 중에서 95보다 큰 수는 97입니다.

11 □9는 8□보다 작으므로 □에는 8보다 작은 수가 들어가야 합니다.

서술형 가이드 □에 8과 8보다 큰 수가 들어갈 수 없다는 것을 알고 답을 찾을 수 있는지 확인합니다.

평가기준	□가 8보다 작은 수임을 알고 답을 바르게 구함.	상
	답은 알고 있으나 풀이가 미흡함.	중
	문제를 이해하지 못해 답을 구하지 못함.	하

▶ 짝수는 2, 4, 6, 8, 0으로 끝나고, 홀수는 1, 3, 5, 7, 9로 끝나는 수입니다.

▶ 지호가 이겼으므로 지호는 95보다 큰 수를 만들었습니다.

▶ □9와 8□의 □에 8을 넣으면 각각 89와 88이 됩니다. 따라서 □9가 8□보다 더 큰 수가 되어 조건에 맞지 않습니다.

1회 단원 평가

30~32쪽

1 70

2 92

3 83<90

4 (1) > (2) <

5 60 / 육십, 예순

6

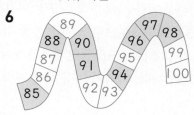

7 94에 ○표, 45에 △표

8 77개

9 69, 70

10 예 10개씩 묶음이 69는 6개, 70은 7개로 69<70입니다. 따라서 윤서가 더 많이 찼습니다. ; 윤서

11 6, 7, 8, 9에 ○표

12 90가구

13 67개

14 78, 79, 80, 81

15 예 구슬은 10개씩 묶음 9개이므로 목걸이를 모두 9개 만들 수 있습니다. ; 9개

16 100번

17 3개

18 99

19 예 10개씩 8상자에서 10개씩 2상자를 빼면 10개씩 6상자가 남습니다. 따라서 남은 배는 10개씩 6상자와 낱개 2개로 62개입니다. ; 62개

20 86 / 팔십육, 여든여섯

1 10개씩 묶음 7개이므로 곶감의 수는 70입니다.

2 10개씩 묶음 9개와 낱개 2개이므로 92입니다.

3 83은 90보다 작습니다. ⇨ 83<90

4 (1) 67 > 51   (2) 90 < 92
┌0<2┐
└6>5┘   └9=9┘

5 사탕의 수는 10개씩 묶음 6개이므로 60입니다. 60은 육십 또는 **예순**이라고 읽습니다.

6 85부터 수를 순서대로 씁니다.

7 10개씩 묶음이 가장 많은 94가 가장 큰 수이고 10개씩 묶음이 가장 적은 45가 가장 작은 수입니다.

8 구슬을 10개씩 묶어서 세어 보면 10개씩 묶음 7개와 낱개 7개이므로 77개입니다.

9 민준 – 예순아홉: 69, 윤서 – 일흔: 70

10 서술형 가이드 수의 크기 비교 방법을 알고 답을 구할 수 있는지 확인합니다.

평가기준	두 수의 크기를 비교하여 답을 바르게 구함.	상
	두 수의 크기를 비교하였으나 실수하여 답이 틀림.	중
	두 수의 크기를 비교하지 못하여 답을 구하지 못함.	하

11 57>58(×), 67>58(○), 77>58(○), 87>58(○), 97>58(○)

12 10가구씩 동이 9개이므로 90가구입니다.

13 10개씩 상자 6개: 60개
낱개 7개: 7개 ⇨ 67개

14 77－78－79－80－81－82
└─ 77과 82 사이의 수 ─┘

15 서술형 가이드 낱개 10개가 10개씩 묶음 1개와 같다는 것을 알고 답을 구할 수 있는지 확인합니다.

평가기준	10개씩 묶음의 수를 이용하여 답을 바르게 구함.	상
	10개씩 묶음의 수를 이용하였으나 실수하여 답이 틀림.	중
	10개씩 묶음의 수를 이용하지 못하여 답을 구하지 못함.	하

16 97－98－99－100
⇨ 4일째 되는 날은 줄넘기를 100번 해야 합니다.

17 86은 8□보다 작습니다. ⇨ 86<8□
86과 8□의 낱개를 비교하면 6<□이므로 □ 안에 들어갈 수는 7, 8, 9로 모두 3개입니다.

18 낱개가 9개인 어떤 수를 ●9라 하면 10개씩 묶음의 수 ●와 낱개의 수가 같으므로 ●=9입니다. 따라서 어떤 수는 99입니다.

19 서술형 가이드 남은 배는 10개씩 몇 상자이고 낱개 몇 개인지 구할 수 있는지 확인합니다.

평가기준	남은 배가 10개씩 몇 상자이고 낱개 몇 개인지 구한 후 답을 바르게 구함.	상
	남은 배가 10개씩 몇 상자이고 낱개 몇 개인지 구하였으나 실수로 답이 틀림.	중
	문제를 이해하지 못해 답을 구하지 못함.	하

20 3, 6, 8로 만들 수 있는 몇십몇은 36, 38, 63, 68, 83, 86이고 그중 가장 큰 수는 86입니다. 86은 팔십육 또는 여든여섯이라고 읽습니다.

1 100	**2** (위부터) 84, 87
3 79, 81	**4** 89
5	**6** (1) 82에 ○표
	(2) 76에 ○표

7 ⑩ 10개씩 묶음이 같고 낱개가 67은 7개, 65는 5개이므로 청군의 학생 수가 더 많습니다. ; 청군

8 ④	**9** 95장
10 지훈	**11** ㉢
12 9명	**13** 흰색 보석

14 ⑩ 지수는 정아보다 1개 더 적게 주웠고 73보다 1 작은 수는 72입니다. 따라서 지수는 밤을 72개 주웠습니다. ; 72개

15 71 / 칠십일 또는 일흔하나

16 58	**17** 60장

18 ⑩ 쉰하나는 51이고 51보다 1 큰 수는 52입니다. 예순은 60이고 60보다 1 작은 수는 59입니다. 따라서 52와 59 사이의 수는 53, 54, 55, 56, 57, 58로 모두 6개입니다. ; 6개

19 상희	**20** 79

1 10개씩 묶음이 10개이므로 100입니다.

2 81부터 수를 순서대로 씁니다.

3 80보다 1 작은 수는 80 바로 앞에 있는 수인 79이고 80보다 1 큰 수는 80 바로 다음에 오는 수이므로 81입니다.

4 88-89-90이므로 88과 90 사이의 수는 89입니다.

5 10개씩 묶음 8개 ⇨ 80(팔십 또는 여든)
10개씩 묶음 6개 ⇨ 60(육십 또는 예순)

6 (1) 80보다 큰 수는 82입니다.
   (2) 62보다 큰 수는 76입니다.

7 서술형 가이드 수의 크기 비교 방법을 알고 답을 구할 수 있는지 확인합니다.

평가기준	크기 비교를 하여 답을 바르게 구함.	상
	크기 비교는 하였으나 실수하여 답이 틀림.	중
	크기 비교를 하지 못하여 답을 구하지 못함.	하

8 ④ 96을 구십육 또는 아흔여섯이라고 읽습니다.

9 10장씩 든 상자 9개와 낱개 5장은 95장입니다.

10 아흔둘은 92이므로 70<92입니다.

11 ㉠ 80 ㉡ 78 ㉢ 82
따라서 가장 큰 수는 ㉢ 82입니다.

12 90과 100 사이의 수는 91, 92, 93, 94, 95, 96, 97, 98, 99이므로 경품을 받을 사람은 모두 9명입니다.

13 10개씩 묶음이 6개와 7개이므로 67이 가장 작은 수이고 72와 75의 낱개를 비교하면 2개와 5개이므로 가장 큰 수는 75입니다. 따라서 가장 많은 보석은 흰색 보석입니다.

14 서술형 가이드 ●보다 1 작은 수를 알고 답을 구할 수 있는지 확인합니다.

평가기준	73보다 1 작은 수를 찾아 답을 바르게 구함.	상
	73보다 1 작은 수를 알고 있으나 실수하여 답이 틀림.	중
	73보다 1 작은 수를 알지 못하여 답을 구하지 못함.	하

15 일흔은 70이고 70보다 1 큰 수는 71입니다.

16 56보다 크고 60보다 작은 수는 57, 58, 59이고 그중 짝수는 58입니다.

17 10장씩 묶음 9개 중에서 3개를 썼으므로 10장씩 묶음 9-3=6(개)가 남았습니다. ⇨ 60장

18 서술형 가이드 조건에 맞는 수를 모두 찾아 답을 구할 수 있는지 확인합니다.

평가기준	조건에 맞는 수를 찾아 답을 바르게 구함.	상
	조건에 맞는 수를 찾았으나 실수하여 답이 틀림.	중
	조건에 맞는 수를 찾지 못하여 답을 구하지 못함.	하

19 85번 뛰거나 85번보다 적게 뛰면 예선을 통과하지 못하므로 예선에서 떨어진 사람은 상희입니다.

20 해·법·순·서
① 65와 80 사이의 수를 알아봅니다.
② ①의 수 중에서 10개씩 묶으면 낱개가 9개인 수를 알아봅니다.
③ ②의 수 중에서 10개씩 묶음의 수가 낱개의 수보다 2 작은 수를 알아봅니다.
65와 80 사이의 수는 10개씩 묶음의 수가 6 또는 7이므로 6□ 또는 7□입니다. 6□와 7□ 중에서 10개씩 묶으면 낱개가 9개인 수는 69와 79입니다. 따라서 69와 79 중에서 10개씩 묶음의 수가 낱개의 수보다 2 작은 수는 79입니다.

2. 덧셈과 뺄셈 (1)

1 STEP 핵심 개념 (1)
39쪽

1-1 29   **1-2** 4, 7
2-1 (1) 3, 0 (2) 7, 9 (3) 5, 8 (4) 6, 7
2-2 (1) 60 (2) 48 (3) 78 (4) 95
3-1 20, 32
3-2 (1) 20, 27 (2) 12, 7, 19(또는 7, 12, 19)

1-1 25+4는 10개씩 묶음 2개와 낱개 9개이므로 29
입니다.

1-2 40+7은 10개씩 묶음 4개와 낱개 7개이므로 47
입니다.

2-1 낱개는 낱개끼리, 10개씩 묶음은 10개씩 묶음끼리
더합니다.

3-1 빨간색 크레파스: 12개
파란색 크레파스: 20개
⇨ (빨간색)+(파란색)=12+20=32

3-2 생각열기 각 색깔별 크레파스의 수를 세어 알맞은
덧셈식을 만듭니다.
(1) 노란색 크레파스: 7개
파란색 크레파스: 20개
⇨ (노란색)+(파란색)=7+20=27
(2) 빨간색 크레파스: 12개
노란색 크레파스: 7개
⇨ (빨간색)+(노란색)=12+7=19

2 STEP 유형 탐구 (1)
40∼45쪽

1 22, 23, 24   **2** 24
3 24개

4
```
    2 [4]
+     5
  [2][9]
```

5 (1) 29 (2) 47 (3) 35 (4) 19
6 >
7 (선 연결)
8 41+6=47(또는 6+41=47) ; 47장
9 27+2에 색칠

10 ⑩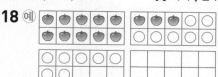

11 20, 10, 30(또는 10, 20, 30)
12 (1) 60 (2) 90   **13** 80
14 50자루   **15** 80송이
16 70, 90, 80   **17** 11, 29
18 ⑩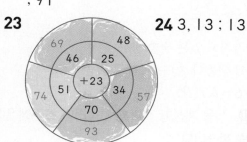

19 27개   **20** (1) 59 (2) 76
21 68에 색칠
22 ⑩ 가장 큰 수는 61이고 가장 작은 수는 30입니
다. 따라서 두 수의 합은 61+30=91입니다.
; 91

23

（+23을 중심으로）
69, 48
46, 25
51, 34
74, 57
70
93

24 3, 13 ; 13
25 11, 3, 14(또는 3, 11, 14) ; 14
26 11, 10, 21(또는 10, 11, 21) ; 21
27 51, 56 / 55, 56 / 50, 6, 56
28 63+5+20=68+20=88
29 22+6=28(또는 6+22=28) ; ⑩ 2와 6을
더하고 20을 더하여 구합니다.
30 ⑩ 15+22=15+20+2=35+2=37
⑩ 15+22=10+20+5+2=30+7=37
31 (위부터) 24, 26, 28
32 (위부터) 69, 69, 69
33 (위부터) 78, 77, 76, 75 ; ⑩ 더하는 수가 1씩
작아지면 합도 1씩 작아집니다.

1 20부터 이어 세어 보면 20−21−22−23−24
2 20부터 1씩 4번 이어서 세면 24입니다.
3 20부터 1씩 4번 이어서 센 수가 24이므로 당근은
모두 24개입니다.

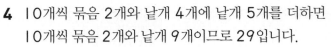

4 10개씩 묶음 2개와 낱개 4개에 낱개 5개를 더하면
10개씩 묶음 2개와 낱개 9개이므로 29입니다.

$$\begin{array}{r} 2\,4 \\ +\ \ 5 \\ \hline 9 \end{array} \Rightarrow \begin{array}{r} 2\,4 \\ +\ \ 5 \\ \hline 2\,9 \end{array}$$

5 생각열기 낱개는 낱개끼리 줄을 맞추어 쓴 다음 더합니다.

(1) $\begin{array}{r} 2\,0 \\ +\ \ 9 \\ \hline 2\,9 \end{array}$ (2) $\begin{array}{r} 6 \\ +4\,1 \\ \hline 4\,7 \end{array}$

(3) $\begin{array}{r} 5 \\ +3\,0 \\ \hline 3\,5 \end{array}$ (4) $\begin{array}{r} 1\,2 \\ +\ \ 7 \\ \hline 1\,9 \end{array}$

6 $\begin{array}{r} 1 \\ +7\,2 \\ \hline 7\,3 \end{array}$ $\begin{array}{r} 6\,7 \\ +\ \ 2 \\ \hline 6\,9 \end{array}$ $\bigcirc$ (>)

7 $\begin{array}{r} 6\,3 \\ +\ \ 2 \\ \hline 6\,5 \end{array}$, $\begin{array}{r} 7 \\ +5\,0 \\ \hline 5\,7 \end{array}$

8 (민우가 가지고 있는 색종이 수)
　＝(빨간색 색종이 수)＋(파란색 색종이 수)
　＝41＋6＝47(장)

9 생각열기 식을 계산한 결과를 이용하여 조건에 알맞은 카드를 찾습니다.

20＋3＝**23**, 3＋30＝**33**, 27＋2＝**29**,
4＋24＝**28**

　• 계산 결과가 30보다 작으므로 3＋30은 아닙니다.

　• 계산 결과가 25보다 크므로 20＋3은 아닙니다.

　• 계산 결과가 28이 아니므로 4＋24는 아닙니다.

따라서 남는 식은 27＋2이므로 이 식이 적힌 카드에 색칠합니다.

10 벌은 10마리이므로 △를 10개 이어서 그립니다.

11 생각열기 나비의 수에 벌의 수를 이어 그린 ○와 △의 수를 세어 봅니다.

(나비의 수)＋(벌의 수)＝20＋10＝30

12 생각열기 10개씩 묶음은 10개씩 묶음끼리, 낱개는 낱개끼리 줄을 맞추어 씁니다.

(1) $\begin{array}{r} 1\,0 \\ +5\,0 \\ \hline 6\,0 \end{array}$ (2) $\begin{array}{r} 6\,0 \\ +3\,0 \\ \hline 9\,0 \end{array}$

13 40＋40＝80

14 지아는 1등과 2등을 한 번씩 했으므로 연필
30＋20＝50(자루)를 받습니다.

15 생각열기 ●와 ▲는 모두 몇 개입니까? ⇨ ●＋▲

(튤립과 장미)＝(튤립)＋(장미)
　　　　　　＝70＋10＝80(송이)

16 문제분석 ▶ 본문 42쪽

①같은 색깔 카드에 적힌 수의 ②합을 구하시오.

10	20	50	30	70	60

①같은 색깔 카드에 적힌 수의	색깔에 따라 구분하여 두 수씩 짝을 짓습니다.
②합을 구하시오.	①에서 짝 지은 수끼리 합을 구합니다.

분홍색 카드: 10＋60＝70
노란색 카드: 20＋70＝90
파란색 카드: 50＋30＝80

17 18＋11＝29

18 귤이 14개이므로 ○를 14개 이어 그립니다.

19 사과 13개에 ○ 14개를 이어 그리면 모두 27개입니다. 따라서 사과와 귤은 모두 27개입니다.

20 생각열기 낱개는 낱개끼리, 10개씩 묶음은 10개씩 묶음끼리 더합니다.

(1) $\begin{array}{r} 4\,4 \\ +1\,5 \\ \hline 5\,9 \end{array}$ (2) $\begin{array}{r} 5\,2 \\ +2\,4 \\ \hline 7\,6 \end{array}$

21 26＋42＝68

22 서술형 가이드 수의 크기를 비교하여 조건에 맞는 두 수를 찾아 합을 구할 수 있는지 확인합니다.

평가기준	가장 큰 수와 가장 작은 수를 찾아 합을 바르게 구함.	상
	가장 큰 수와 가장 작은 수는 찾았으나 실수하여 답이 틀림.	중
	가장 큰 수와 가장 작은 수를 찾지 못하여 답을 구하지 못함.	하

23 34＋23＝57, 70＋23＝93, 51＋23＝74,
46＋23＝69

24 당근은 10개이고 무는 3개이므로 당근과 무는 모두
10＋3＝13(개)입니다.

25 오이는 11개이고 무는 3개이므로 오이와 무는 모두 11+3=14(개)입니다.

26 오이는 11개이고 당근은 10개이므로 오이와 당근은 모두 11+10=21(개)입니다.

27 여러 가지 방법으로 계산합니다.

28 63에 5를 더하고 20을 더합니다.

29 서술형 가이드 알맞은 식을 만들고 계산 방법을 설명할 수 있는지 확인합니다.

평가기준	덧셈식을 만들고 계산 방법을 바르게 설명함.	상
	덧셈식을 만들었으나 계산 방법 설명이 미흡함.	중
	덧셈식을 만들지 못함.	하

딸기 맛 우유는 22개, 바나나 맛 우유는 6개이므로 모두 22+6=28(개)입니다.

30 서술형 가이드 알맞은 식을 만들어 여러 가지 방법으로 계산할 수 있는지 확인합니다.

평가기준	식을 만들어 2가지 방법으로 바르게 계산함.	상
	식을 만들어 1가지 방법으로 바르게 계산함.	중
	식을 만들지 못하여 계산하지 못함.	하

윗칸에는 초콜릿 맛 우유가 15개, 딸기 맛 우유가 22개 있으므로 윗칸에 있는 우유는 모두 15+22=37(개)입니다.

（주의）
냉장고의 윗칸과 아랫칸을 구분하여 윗칸에 있는 우유의 수만 더해야 합니다.

31 생각열기 더해지는 수는 20으로 같습니다.
더해지는 수는 같고 더하는 수가 2, 4, 6, 8로 2씩 커지므로 합도 2씩 커집니다.

32 생각열기 더해지는 수와 더하는 수가 각각 어떻게 변하는지 알아봅니다.
더해지는 수는 56, 55, 54, 53으로 1씩 작아지고 더하는 수는 13, 14, 15, 16으로 1씩 커지므로 합은 변하지 않습니다.

33 서술형 가이드 계산 결과를 알고 덧셈식에서 규칙을 찾을 수 있는지 확인합니다.

평가기준	덧셈식에서의 규칙을 찾고 바르게 설명함.	상
	덧셈식에서의 규칙을 알고는 있으나 설명이 미흡함.	중
	덧셈식에서 규칙을 몰라 설명하지 못함.	하

1 핵심 개념 ⑵　47쪽

4-1 31　　　　**4-2** 21
5-1 ⑴ 40 ⑵ 41
5-2 ⑴ 30 ⑵ 32 ⑶ 21
6-1 4, 14　　　　**6-2** 26, 14

4-1 10개씩 묶음 3개와 낱개 4개에서 낱개 3개를 덜어 내면 10개씩 묶음 3개와 낱개 1개가 남습니다.

4-2 귤 28개에서 7개를 덜어 내면 21개가 남으므로 28-7=21입니다.

5-2 낱개는 낱개끼리, 10개씩 묶음은 10개씩 묶음끼리 뺍니다.

6-1 금붕어는 열대어보다 18-4=14(마리) 더 많습니다.

6-2 사과 26개에서 12개를 먹으면 사과는 26-12=14(개) 남습니다.

2 유형 탐구 ⑵　48~53쪽

1 예
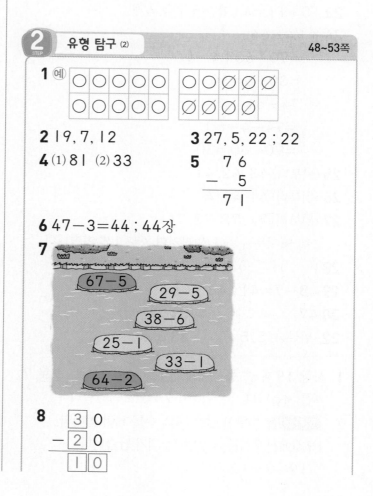

2 19, 7, 12　　　　**3** 27, 5, 22 ; 22
4 ⑴ 81 ⑵ 33　　　**5**

$$\begin{array}{r} 7\,6 \\ -5 \\ \hline 7\,1 \end{array}$$

6 47-3=44 ; 44장

7

8

$$\begin{array}{r} \boxed{3}\,0 \\ -\boxed{2}\,0 \\ \hline 1\,0 \end{array}$$

9 예 ; 20

10 (1) 50 (2) 40 　　　**11** 30

12 예
$$
\begin{array}{r} 70 \\ -50 \\ \hline 20 \end{array},\quad
\begin{array}{r} 80 \\ -40 \\ \hline 40 \end{array},\quad
\begin{array}{r} 90 \\ -80 \\ \hline 10 \end{array}
$$
따라서 계산 결과가 20보다 작은 카드는 90−80이므로 지유가 가지고 있는 카드입니다. ; 지유

13 11　　　　　　　　　**14** 민서

15 (1) 63 (2) 10 (3) 41 (4) 37

16 61

17 (위부터) 30, 45, 15

18 14점　　　　　　　　**19** 60

20
$$
\begin{array}{r} 57 \\ -21 \\ \hline 36 \end{array}\; ; 37, 6
$$

21 66−2−50=64−50=14

22 28, 8, 20 ; 20

23 15−11=4 ; 빨간색 구슬, 4개

24 예 94−64
　　 =90−60+4−4
　　 =30+0=30
　예 94−64
　　 =94−4−60
　　 =90−60=30

25 (위부터) 43, 42, 41

26 (위부터) 41, 41, 41

27 (위부터) 71, 72, 73, 74
　 ; 예 빼지는 수가 1씩 커지면 차도 1씩 커집니다.

28 (　　)(○)

29 48−7=41 / 48−41=7

30 47　　　　　**31** (위부터) 4, 1

32 (위부터) 5, 5　　　**33** 3, 5

---

1 사탕 19개 중 동생에게 7개를 주었으므로 /으로 7개를 지웁니다.

2 생각열기 지우고 남은 ○의 수를 세어 봅니다.
19개에서 7개를 지우면 12개가 남습니다.
⇨ 19−7=12

3 갈색 달걀 27개에서 흰색 달걀 5개를 지우면 갈색 달걀 22개가 남습니다. 따라서 갈색 달걀이 흰색 달걀보다 27−5=22(개) 더 많습니다.

4 생각열기 낱개끼리 줄을 맞추어 씁니다.
(1)
$$
\begin{array}{r} 83 \\ -\;\;2 \\ \hline 81 \end{array}
$$
(2)
$$
\begin{array}{r} 37 \\ -\;\;4 \\ \hline 33 \end{array}
$$

5 세로로 계산할 때 낱개끼리 줄을 맞추어 써야 하는데 맞추어 쓰지 않아 계산이 틀렸습니다.

6 (남은 색종이 수)
　 =(처음 가지고 있던 색종이 수)−(사용한 색종이 수)
　 =47−3=44(장)

7
$$
\begin{array}{r} 67 \\ -\;\;5 \\ \hline 62 \end{array},\quad
\begin{array}{r} 29 \\ -\;\;5 \\ \hline 24 \end{array},\quad
\begin{array}{r} 38 \\ -\;\;6 \\ \hline 32 \end{array},
$$
$$
\begin{array}{r} 25 \\ -\;\;1 \\ \hline 24 \end{array},\quad
\begin{array}{r} 33 \\ -\;\;1 \\ \hline 32 \end{array},\quad
\begin{array}{r} 64 \\ -\;\;2 \\ \hline 62 \end{array}
$$
따라서 67−5와 64−2, 29−5와 25−1, 38−6과 33−1을 서로 같은 색으로 칠합니다.

8 10개씩 묶음 3개에서 10개씩 묶음 2개를 덜어 내면 10개씩 묶음 1개가 남습니다.

9 10개씩 묶음 6개에서 10개씩 묶음 4개를 덜어 내면 10개씩 묶음 2개가 남습니다.
　⇨ 60−40=20

10 (1)
$$
\begin{array}{r} 80 \\ -30 \\ \hline 50 \end{array}
$$
(2)
$$
\begin{array}{r} 50 \\ -10 \\ \hline 40 \end{array}
$$

11 90−60=30

12 서술형 가이드 식을 계산하여 알맞은 답을 구할 수 있는지 확인합니다.

평가기준		
식을 계산하여 알맞은 답을 바르게 구함.	상
식을 계산하였으나 실수하여 답이 틀림.	중
문제를 이해하지 못하여 답을 구하지 못함.	하

13 27개에서 16개를 지우면 11개가 남습니다.

14 생각열기 그림을 보고 뺄셈식을 만들어 봅니다.
10개씩 묶음 3개와 낱개 9개에서 10개씩 묶음 1개와 낱개 4개를 덜어 내면 10개씩 묶음 2개와 낱개 5개가 남습니다. ⇨ 39−14=25
따라서 바르게 말한 사람은 **민서**입니다.

15 생각열기 낱개는 낱개끼리, 10개씩 묶음은 10개씩 묶음끼리 뺍니다.

(1)
$$\begin{array}{r} 9\ 3 \\ -\ 3\ 0 \\ \hline 6\ 3 \end{array}$$

(2)
$$\begin{array}{r} 6\ 5 \\ -\ 5\ 5 \\ \hline 1\ 0 \end{array}$$

(3)
$$\begin{array}{r} 5\ 8 \\ -\ 1\ 7 \\ \hline 4\ 1 \end{array}$$

(4)
$$\begin{array}{r} 7\ 9 \\ -\ 4\ 2 \\ \hline 3\ 7 \end{array}$$

16 $82-21=61$

17
$$\begin{array}{r} 8\ 6 \\ -\ 5\ 6 \\ \hline 3\ 0 \end{array}, \quad \begin{array}{r} 5\ 9 \\ -\ 1\ 4 \\ \hline 4\ 5 \end{array}, \quad \begin{array}{r} 4\ 5 \\ -\ 3\ 0 \\ \hline 1\ 5 \end{array}$$

주의

차는 큰 수에서 작은 수를 빼는 것에 주의하여 식을 만들어 계산합니다.

18 생각열기 알맞은 뺄셈식을 만들어 봅니다.

힘센 팀 점수: 88점, 승리 팀 점수: 74점
따라서 힘센 팀이 승리 팀을 $88-74=14$(점) 차로 이겼습니다.

19 문제분석 본문 51쪽

같은 모양은 같은 수를 나타냅니다. ②▲를 구하시오.

$$①\ 41+56=\blacksquare$$
$$②\ \blacksquare-37=\blacktriangle$$

① 41+56=■	■의 값을 구합니다.
② ■−37=▲, ▲를 구하시오.	■를 이용하여 ▲의 값을 구합니다.

$41+56=97 \Rightarrow \blacksquare=97$,
$\blacksquare-37=\blacktriangle \Rightarrow 97-37=\blacktriangle$,
$97-37=60$, $\blacktriangle=60$

20 생각열기 야구공과 농구공의 수의 차를 구한 방법을 설명해 봅니다.

$57-21=57-20-1=37-1=36$
$57-21=7-1+50-20=6+30=36$

21 66에서 2를 뺀 다음 50을 빼서 계산합니다.

$66-52=66-2-50$
$\quad\quad\quad=64-50=14$

22 파란색 구슬은 28개이므로 동생에게 8개를 주면 남은 파란색 구슬은 $28-8=20$(개)입니다.

23 해·법·순·서

① 빨간색 구슬과 노란색 구슬의 수를 각각 세어 봅니다.
② 두 구슬의 수를 비교합니다.
③ 알맞은 뺄셈식을 만들어 답을 구합니다.

빨간색 구슬은 15개, 노란색 구슬은 11개입니다.
따라서 **빨간색 구슬**이 노란색 구슬보다
$15-11=4$(개) 더 많습니다.

24 서술형 가이드 $94-64$를 여러 가지 방법으로 계산할 수 있는지 확인합니다.

평가기준	94−64를 2가지 방법으로 바르게 계산함.	상
	94−64를 1가지 방법으로 바르게 계산함.	중
	94−64를 계산하지 못함.	하

25 빼지는 수는 56으로 같고 빼는 수가 12, 13, 14, 15로 1씩 커지는 식입니다.
이때 차는 1씩 작아집니다.

26 빼지는 수와 빼는 수가 각각 1씩 커지는 식입니다. 이때 차는 같습니다.

27 서술형 가이드 계산 결과를 알고 규칙을 찾을 수 있는지 확인합니다.

평가기준	뺄셈식에서 규칙을 찾고 바르게 설명함.	상
	뺄셈식에서의 규칙을 알고는 있으나 설명이 미흡함.	중
	뺄셈식에서 규칙을 몰라 설명하지 못함.	하

28
$43-20=23$ $43-20=23$
$23+20=43$ $20+23=43$

29 $\bullet+\blacksquare=\blacktriangle \Big\langle \begin{array}{l} \blacktriangle-\blacksquare=\bullet \\ \blacktriangle-\bullet=\blacksquare \end{array}$

30 $\square-32=15 \Rightarrow 15+32=\square$, $\square=47$

31
$$\begin{array}{r} ⊙\ 7 \\ +\ 1\ ⊙ \\ \hline 5\ 8 \end{array}$$
· $7+⊙=8 \Rightarrow 8-7=⊙$, $⊙=1$
· $⊙+1=5 \Rightarrow 5-1=⊙$, $⊙=4$

32
$$\begin{array}{r} 6\ ⊙ \\ -\ ⊙\ 2 \\ \hline 2\ 3 \end{array}$$
· $⊙-2=3 \Rightarrow 3+2=⊙$, $⊙=5$
· $6-⊙=1 \Rightarrow 6-1=⊙$, $⊙=5$

33 생각열기 덧셈과 뺄셈의 관계를 이용하여 ⊙과 ⊙에 알맞은 수를 각각 구합니다.

$$\begin{array}{r} ⊙\ 5 \\ -\ 1\ ⊙ \\ \hline 2\ 0 \end{array}$$
· $5-⊙=0 \Rightarrow 5-0=⊙$, $⊙=5$
· $⊙-1=2 \Rightarrow 2+1=⊙$, $⊙=3$

1 ··
 ══
3

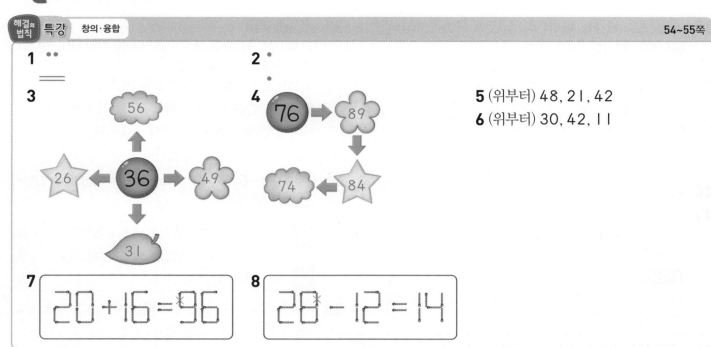

5 (위부터) 48, 21, 42
6 (위부터) 30, 42, 11

7 20+16=96
8 28-12=14

---

1 생각열기 그림이 나타내는 수를 찾아 식으로 나타내어 계산합니다.

10+40=50

2 38-17=21

3 생각열기 화살표의 규칙에 따라 식을 만들어 계산합니다.

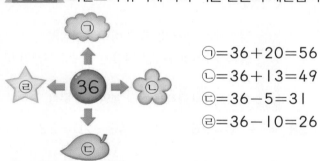

㉠=36+20=56
㉡=36+13=49
㉢=36-5=31
㉣=36-10=26

4 생각열기 화살표의 규칙에 따라 식을 만들어 계산합니다.

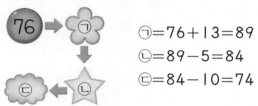

㉠=76+13=89
㉡=89-5=84
㉢=84-10=74

5 43+5=48 ⇨ 🦋=48, 🦋-27=48-27=21 ⇨ 🦗=21,
🦗+🪰=21+21=42 ⇨ 🐞=42

6 30+30=60 ⇨ 🌿=30, 72-🌿=72-30=42 ⇨ 🌱=42,
🌱-31=42-31=11 ⇨ 🌻=11

7 생각열기 성냥개비 1개를 지워도 숫자가 만들어지는 숫자를 찾아 식을 고쳐
봅니다.

20+16=36이므로 96의 성냥개비 1개를 지워 36으로 만듭니다.

8 26-12=14이므로 28의 성냥개비 1개를 지워 26으로 만듭니다.

셀파 가·이·드

▶ 계산 결과를 다시 마야의 수로 나타냅니다.

▶ 화살표의 방향에 따라 나타내는 규칙이 다른 것에 주의합니다.

▶ 🦋, 🦗, 🐞 순서로 그림이 나타내는 수를 구합니다.

▶ 🌿, 🌱, 🌻 순서로 그림이 나타내는 수를 구합니다.

3 STEP 레벨 UP

1 35−3에 색칠　　**2** (위부터) 54, 90, 68　　**3** 30+30=60 ; 60개　**4** 12개

5 43　　　　　　**6** 48　　　　　　　**7** 예 구슬은 모두 60+20=80(개)이고 80은 10개씩 묶음 8개입니다. 따라서 목걸이를 8개까지 만들 수 있습니다. ; 8개

8 65문제　　　　**9** 32, 27　　　　　**10** 86

11 예 어떤 수를 □라 하면 □+23=89 ⇨ 89−23=□, □=66입니다.
　　따라서 바르게 계산하면 66−23=43입니다. ; 43　　　　　**12** 11

1 35−3=32 ⇨ 32>30, 65−40=25 ⇨ 25<30,
49−22=27 ⇨ 27<30

2 생각열기 과일은 사과, 포도, 감이 있습니다.
사과에 적힌 수는 4와 50이므로 두 수를 더하면 4+50=54입니다.
포도에 적힌 수는 20과 70이므로 두 수를 더하면 20+70=90입니다.
감에 적힌 수는 23과 45이므로 두 수를 더하면 23+45=68입니다.

3 생각열기 도토리와 밤이 각각 30개이므로 도토리도 30개, 밤도 30개입니다.
(도토리의 수)+(밤의 수)=30+30=60(개)

4 봄을 표현한 우유갑은 4개, 여름을 표현한 우유갑은 16개입니다. 따라서 여름을 표현한 우유갑은 봄을 표현한 우유갑보다 16−4=12(개) 더 많습니다.

5 생각열기 수의 크기를 비교하여 가장 큰 수와 가장 작은 수를 먼저 찾습니다.
10개씩 묶음이 6개인 66이 가장 큰 수이고 10개씩 묶음이 2개인 23이 가장 작은 수입니다.
⇨ (가장 큰 수)−(가장 작은 수)=66−23=43

6 생각열기 20+11을 먼저 계산합니다.
20+11=31이므로 □−17=20+11 ⇨ □−17=31입니다.
□−17=31, 31+17=□, 31+17=48 ⇨ □=48

7 서술형 가이드 전체 구슬이 10개씩 묶음 몇 개인지 알고 답을 구할 수 있는지 확인합니다.

평가기준		
전체 구슬이 10개씩 묶음 몇 개인지 알고 답을 바르게 구함.	상
전체 구슬이 10개씩 묶음 몇 개인지 알고 있으나 실수하여 답이 틀림.	중
전체 구슬의 수를 몰라 답을 구하지 못함.	하

8 문제분석 ▶ 본문 57쪽

상미는 수학 문제를 어제는 31문제 풀었고, ①오늘은 어제보다 3문제 더 많이 풀었습니다. ②상미가 어제와 오늘 푼 수학 문제는 모두 몇 문제입니까?

| ①오늘은 어제보다 3문제 더 많이 풀었습니다. | (오늘 푼 수학 문제 수)=(어제 푼 수학 문제 수)+3 |
| ②상미가 어제와 오늘 푼 수학 문제는 모두 몇 문제입니까? | (어제 푼 수학 문제 수)+(오늘 푼 수학 문제 수) |

셀파 가·이·드

▶ 계산 결과를 30과 비교해 봅니다.

▶ 해·법·순·서
① 같은 과일끼리 모아 봅니다.
② 같은 과일에 적힌 수끼리 더합니다.

▶ 수의 크기 비교 방법
① 10개씩 묶음이 많을수록 큰 수입니다.
② 10개씩 묶음이 같으면 낱개가 많을수록 큰 수입니다.

▶ ●−▲=■
⇨ ▲+■=●, ■+▲=●

▶ 목걸이 한 개를 만들려면 구슬 10개가 필요하므로 구슬이 10개씩 묶음 몇 개인지 알아봅니다.

▶ ●와 ▲는 모두 몇 개입니까?
⇨ ●+▲

(오늘 푼 수학 문제 수)=(어제 푼 수학 문제 수)+3=31+3=34(문제)

⇨ (어제와 오늘 푼 수학 문제 수)

　 =(어제 푼 수학 문제 수)+(오늘 푼 수학 문제 수)

　 =31+34=65(문제)

9 낱개의 수의 합이 9인 두 수를 찾으면 35와 14, 41과 8, 32와 27이 있습니다. 각각의 합을 구해 보면 35+14=49, 41+8=49, 32+27=59이므로 세령이가 찾아야 하는 수 카드는 32와 27입니다.

10 문제분석 ▶ 본문 57쪽

> ①1부터 9까지의 수 카드가 한 장씩 있습니다. 이 수 카드를 한 번씩만 사용하여 ②만들 수 있는 몇십몇 중에서 ③가장 큰 수와 가장 작은 수의 차를 구하시오.

①1부터 9까지의 수 카드가 한 장씩 있습니다. 이 수 카드를 한 번씩만 사용하여	1부터 9까지의 수를 한 번씩만 사용합니다.
②만들 수 있는 몇십몇	1부터 9까지의 수로 몇십몇을 만듭니다.
③가장 큰 수와 가장 작은 수의 차를 구하시오.	②에서 만들 수 있는 수 중 가장 큰 수에서 가장 작은 수를 뺍니다.

만들 수 있는 가장 큰 몇십몇: 98, 만들 수 있는 가장 작은 몇십몇: 12

⇨ 만든 두 수의 차: 98-12=86

11 서술형 가이드 잘못 계산한 식을 이용하여 어떤 수를 찾아 답을 바르게 구할 수 있는지 확인합니다.

평가기준	어떤 수를 찾아 바르게 계산하여 답을 구함.	상
	어떤 수는 찾았으나 실수하여 답이 틀림.	중
	어떤 수를 찾지 못하여 답을 구하지 못함.	하

12 문제분석 ▶ 본문 57쪽

> ②□ 안에 들어갈 수 있는 수 중에서 가장 큰 수를 구하시오.　①□+53<65

①□+53<65	□+53=65가 되는 □를 이용하여 □ 안에 수를 넣어 봅니다.
②□ 안에 들어갈 수 있는 수 중에서 가장 큰 수를 구하시오.	□ 안에 들어갈 수 있는 수 중 가장 큰 수를 찾습니다.

□+53=65, 65-53=□, 65-53=12 ⇨ □=12

□=12일 때 12+53=65<65 (×),

□=11일 때 11+53=64<65 (○),

□=10일 때 10+53=63<65 (○) ……이므로 □ 안에는 11, 10, 9 ……가 들어갑니다. 따라서 □ 안에 들어갈 수 있는 수 중에서 가장 큰 수는 11입니다.

▶ 해·법·순·서

① 가장 큰 몇십몇을 만듭니다.

② 가장 작은 몇십몇을 만듭니다.

③ ①, ②에서 만든 두 수의 차를 구합니다.

▶ ▲+■=●

⇨ ●-▲=■, ●-■=▲

▶ □+53이 65가 되는 □를 먼저 알아봅니다.

1회 단원 평가
58~60쪽

1 4, 34   **2** 98

3 34

4 20, 2, 46, 48 / 20, 8, 40, 48

5 69   **6** •——•
                        ✕
                        • •

7 (위부터) 45, 44, 43, 42

8 >   **9** ㉢

10 10, 6, 16(또는 6, 10, 16) ; 16

11 예 27, 4, 23   **12** 70개

13 11+5=16(또는 5+11=16) ; 16장

14 19-8=11 ; 11장

15 15, 39에 ◯표   **16** 15개

17 67   **18** 34개

19 예 (현우가 맞힌 퀴즈 수)
    =(동호가 맞힌 퀴즈 수)-10
    =45-10=35(개)
   ⇨ (민호가 맞힌 퀴즈 수)
    =(현우가 맞힌 퀴즈 수)+12
    =35+12=47(개) ; 47개

20 4, 2

---

1 10개씩 묶음 3개와 낱개 8개에서 낱개 4개를 덜어 내면 10개씩 묶음 3개와 낱개 4개가 남습니다.

2~3 낱개는 낱개끼리, 10개씩 묶음은 10개씩 묶음끼리 계산합니다.

4 당근과 무의 수의 합을 구하는 여러 가지 방법을 알아 봅니다.

5 55+14=69

6 56-6=50, 75-24=51, 88-32=56, 20+30=50, 32+24=56, 1+50=51

7 빼지는 수는 58로 같고 빼는 수가 1씩 커집니다. 이 때 차는 1씩 작아집니다.

8 40+10=50 > 94-54=40

9 ㉠ 18-10=8 ㉡ 25-20=5 ㉢ 36-30=6

10 (꼬리잡기 놀이를 하는 학생 수)
   +(공놀이를 하는 학생 수)
   =10+6=16(명)

11 빨간색 주머니 안의 수와 노란색 주머니 안의 수를 이용하여 여러 가지 뺄셈식을 만들어 봅니다.

12 호진이의 수수깡은 10개씩 묶음 4개인 40개이고, 재영이의 수수깡은 10개씩 묶음 3개인 30개입니다. 따라서 수수깡은 모두 40+30=70(개)입니다.

13 (동화책과 필통을 살 때 필요한 쿠폰 수)
   =(동화책을 살 때 필요한 쿠폰 수)+(필통을 살 때 필요한 쿠폰 수)=11+5=16(장)

14 (곰 인형을 사고 지유에게 남은 쿠폰 수)
   =(처음 지유에게 있던 쿠폰 수)-(곰 인형을 살 때 사용한 쿠폰 수)=19-8=11(장)

15 낱개의 수의 차가 4가 되는 두 수를 먼저 찾아 보면 15와 39입니다. 39-15=24이므로 찾는 두 수는 15와 39입니다.

16 해·법·순·서
① 필요한 달걀의 수를 구합니다.
② ①과 집에 있는 달걀 수의 차를 구합니다.
전을 부치는 데 필요한 달걀은 달걀 1판과 낱개 26개이므로 30+26=56(개)입니다. 따라서 집에 있는 달걀은 41개이므로 선미가 사야 할 달걀은 56-41=15(개)입니다.

17 합이 가장 크려면 미나가 만든 수의 10개씩 묶음의 수가 가장 커야 합니다.
따라서 미나는 65를, 현우는 2를 만들면 두 수의 합은 65+2=67입니다.

참고
미나는 10개씩 묶음이 6개인 수를 만들어야 하므로 65 또는 62를 만들 수 있습니다. 이때 현우가 만든 수와의 합을 구하면 65+2=67, 62+5=67로 같습니다.

18 상자에 든 귤의 수를 □개라고 하면
25+□=59 ⇨ 59-25=□, 59-25=34
⇨ □=34

19 서술형 가이드 더 많이 맞힌 것은 덧셈식을, 더 적게 맞힌 것은 뺄셈식을 만들어 답을 구할 수 있는지 확인합니다.

평가 기준		
	현우가 맞힌 문제 수를 구한 후 민호가 맞힌 문제 수를 바르게 구함.	상
	현우가 맞힌 문제 수를 구했으나 계산 실수가 있어 답이 틀림.	중
	현우가 맞힌 문제 수를 구하지 못해 민호가 맞힌 문제 수를 구하지 못함.	하

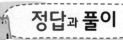
20

$$\begin{array}{r} 6\ ㉠ \\ +\ ㉡\ 1 \\ \hline 8\ 5 \end{array}$$

· ㉠+1=5 ⇨ 5−1=㉠, ㉠=4
· 6+㉡=8 ⇨ 8−6=㉡, ㉡=2

2회 단원 평가　　　　　　61~63쪽

1
$$\begin{array}{r} 1\ \boxed{5} \\ +\ \boxed{3}\ 3 \\ \hline \boxed{4}\ \boxed{8} \end{array}$$

2
$$\begin{array}{r} 6\ \boxed{5} \\ -\ \ \ 3 \\ \hline \boxed{6}\ \boxed{2} \end{array}$$

3 (1) 38 (2) 95

4 (1) 42 (2) 46

5 35

6 57, 58

7 20

8 (선으로 이어진 그림)

9 10+7=17(또는 7+10=17) ; 17마리

10 19−7=12 ; 12마리

11 31, 3

12 69−20−1=49−1=48

13 우진

14 예 시후가 13개, 미소가 15개 모았으므로 미소가 시후보다 15−13=2(개) 더 많이 모았습니다. ; 미소, 2개

15 (위부터) 59, 73, 18

16 65, 41　　　　**17** 다

18 3, 4　　　　**19** 38장

20 예 □ 안에 1부터 차례로 넣어 보면
75−┃1┃=64>44(○),
75−┃2┃1=54>44(○),
75−┃3┃1=44>44(×),
75−┃4┃1=34>44(×)……입니다. 따라서
□ 안에 들어갈 수 있는 수는 1, 2이고 그중 가장 큰 수는 2입니다. ; 2

---

1 15와 33의 합은 10개씩 묶음 4개와 낱개 8개이므로 48입니다.

2 10개씩 묶음 6개와 낱개 5개에서 낱개 3개를 덜어 내면 10개씩 묶음 6개와 낱개 2개가 남으므로 62입니다.

3~4 낱개는 낱개끼리, 10개씩 묶음은 10개씩 묶음끼리 계산합니다.

---

5 55−20=35

6 50+7=57, 50+8=58

7 빨간색 벽돌: 97개, 흰색 벽돌: 77개
따라서 빨간색 벽돌을 흰색 벽돌보다
97−77=20(개) 더 많이 사용하였습니다.

8 70−40=30, 20−10=10, 90−50=40

9 (나비의 수)+(잠자리의 수)=10+7=17

10 (벌의 수)−(잠자리의 수)=19−7=12

11 31+3=34 ⇔ 34−3=31

12 69에서 20을 빼고 1을 뺍니다.

13 31+7=38, 10+20=30, 24+12=36
따라서 합을 비교하면 38이 가장 크므로 합이 가장 큰 학생은 우진이입니다.

14 서술형 가이드 알맞은 식을 만들어 답을 구할 수 있는지 확인합니다.

평가기준		
알맞은 식을 만들어 답을 바르게 구함.		상
알맞은 식은 만들었으나 실수하여 답이 틀림.		중
식을 만들지 못하여 답을 구하지 못함.		하

15 43+16=59, 30+43=73, 2+16=18

16 생각열기 수의 크기를 비교하여 가장 큰 수와 가장 작은 수를 먼저 찾습니다.
가장 큰 수: 53, 가장 작은 수: 12
⇨ 합: 53+12=65
　　차: 53−12=41

17 가: 28−6=22, 나: 54−21=33,
다: 49−34=15, 라: 60−30=30
따라서 계산 결과가 10보다 크고 20보다 작은 식은 49−34이므로 강현이는 다입니다.

18
$$\begin{array}{r} ★\ 3 \\ +\ ★\ ● \\ \hline 6\ 7 \end{array}$$
· 3+●=7 ⇨ 7−3=●, ●=4
· ★+★=6 ⇨ 3+3=6, ★=3

19 (은희의 우표 수)=23+10=33(장)
(준서의 우표 수)=33+5=38(장)

20 서술형 가이드 □ 안에 수를 넣어 계산 결과의 크기를 비교하여 답을 찾을 수 있는지 확인합니다.

평가기준		
□ 안에 들어갈 수를 찾아 답을 바르게 구함.		상
□ 안에 들어갈 수를 찾을 수는 있으나 실수하여 답이 틀림.		중
□ 안에 들어갈 수를 찾지 못함.		하

3. 여러 가지 모양

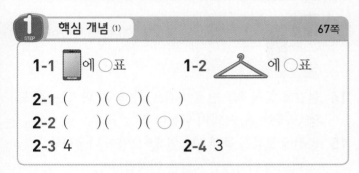

① STEP 핵심 개념 (1)
67쪽

1-1 📱 에 ○표　　**1-2** 🪝 에 ○표

2-1 (　)(○)(　)
2-2 (　)(　)(○)
2-3 4　　　　　　**2-4** 3

1-1

📱 ■ 모양　　　● 모양

1-2
■ 모양　　　🪝 ▲ 모양

2-1 삼각자를 본뜬 모양은 ▲ 모양입니다.

2-2 동전을 본뜬 모양은 ● 모양입니다.

2-3
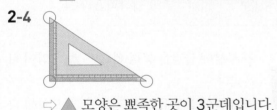
⇨ ■ 모양은 뾰족한 곳이 4군데입니다.

2-4
⇨ ▲ 모양은 뾰족한 곳이 3군데입니다.

② STEP 유형 탐구 (1)
68~73쪽

1 (○)(△)(□)
　(□)(○)(△)

2 2개　　　　**3** (　)(○)

4 ⑩ 시계는 ● 모양입니다.

5
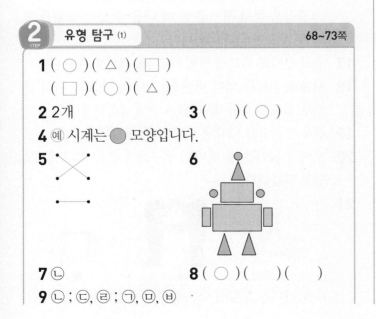

6

7 ㉡　　　　**8** (○)(　)(　)

9 ㉡ ; ㉢, ㉣ ; ㉠, ㉭, ㉻

---

10 ③　　　　　　**11** ⑩

12 ㉠　　　　　　**13** (○)(　)
14

16 ㉡, ㉢　　　　**17** (　)(○)
18 ■ ; ●　　　　**19** (　)(○)
20 ● 모양　　　　**21** ㉢
22 (○)(　)(　)　**23** 초아
24 ▲, ●　　　　**25** 가
26 (○)(　)

27 ● 모양 훌라후프 ; ⑩ ▲ 모양 훌라후프는 뾰족한 곳이 있어서 돌리기 불편합니다.

1 도넛과 동전은 ● 모양, 조각 피자와 샌드위치는 ▲ 모양, 지우개와 수첩은 ■ 모양입니다.

2 시계와 동전은 ● 모양, 자는 ■ 모양, 삼각 김밥은 ▲ 모양입니다.
　⇨ ● 모양의 물건은 2개입니다.

3 해는 ● 모양과 ▲ 모양으로 되어 있습니다.
　꽃은 ■, ▲, ● 모양이 모두 있습니다.
　⇨ 그림에 맞게 이야기한 친구는 오른쪽 친구입니다.

4 [서술형 가이드] ■, ▲, ● 모양의 특징을 알고 그림에서 ■, ▲, ● 모양을 찾아 바르게 썼는지 확인합니다.

평가 기준	그림에서 ■, ▲, ● 모양 중 1개를 찾아 바르게 씀.	상
	물건을 찾았으나 어떤 모양인지 쓰지 못함.	중
	■, ▲, ● 모양을 찾지 못함.	하

참고

거울과 달력은 ■ 모양, 옷걸이와 조각 피자는 ▲ 모양, 시계와 접시는 ● 모양입니다.

5 거울과 과자는 ● 모양, 스케치북과 신문은 ■ 모양, 샌드위치와 아이스크림은 ▲ 모양입니다.

6 생각열기 크기에 상관없이 왼쪽과 같은 모양을 찾아 각각 같은 색으로 칠합니다.

■ 모양은 주황색, ▲ 모양은 초록색, ● 모양은 보라색으로 칠합니다.

7 ⓛ은 ▲ 모양이 아니라 ● 모양입니다.

8

└■ 모양　　└▲ 모양　　└● 모양

수첩은 ■ 모양이므로 ■ 모양끼리 모아진 곳에 놓아야 합니다.

9 생각열기 색깔이나 크기에 상관없이 모양만 보고 같은 모양끼리 모아 봅니다.

모양	교통 표지판	기호
■ 모양	비보호	ⓛ
▲ 모양	천천히, 사슴	ⓒ, ⓔ
● 모양	화살표, 회전, 50	ⓐ, ⓓ, ⓑ

10 ① 동전, ④ 탬버린 ⇨ ● 모양
② 주사위, ⑤ 스케치북 ⇨ ■ 모양
③ 지우개 ⇨ ▲ 모양

11 접시를 종이 위에 대고 본뜬 모양은 ● 모양입니다.

12 해·법·순·서
① 왼쪽이 ■, ▲, ● 중 어떤 모양의 일부분인지 구합니다.
② 본떠서 ①에서 구한 모양이 나오는 물건을 찾습니다.

 ⇨ ● 모양의 일부분입니다.

컵의 위쪽 또는 아래쪽을 본뜨면 ● 모양이므로 왼쪽과 같은 부분이 나오게 됩니다.

13 생각열기 물감을 묻혀 찍는 쪽의 모양을 살펴봅니다.

 ⇨ 물감을 묻혀 찍으면 ■ 모양이 나옵니다.

14 물감을 묻혀 찍으면 종이컵은 ● 모양, 딱지는 ■ 모양, 도장은 ▲ 모양이 나옵니다.

15 동전에 물감을 묻혀 찍으면 ● 모양이 나옵니다.
⇨ 바르게 이야기한 사람은 **민지**입니다.

16 문제분석 ▶ 본문 71쪽

왼쪽 물건에 ①물감을 묻혀 찍기를 할 때 나올 수 있는 모양을 모두 찾아 기호를 쓰시오.

①물감을 묻혀 찍기를 할 때 나올 수 있는 모양을 모두 찾아 기호를 쓰시오.	물감을 묻혀 찍을 수 있는 부분을 모두 생각해 봅니다.
② 가 나	가와 나는 물감을 묻혀 찍기를 할 때 나오는 모양이 서로 다릅니다.

 가 부분에 물감을 묻혀 찍으면 ▲ 모양이 나옵니다.
나 부분에 물감을 묻혀 찍으면 ■ 모양이 나옵니다.
⇨ 물감을 묻혀 찍기를 할 때 나올 수 있는 모양을 모두 찾으면 ⓛ과 ⓒ입니다.

17 왼쪽 상자로 점토를 찍어 내면 ▲ 모양이 나옵니다.

18 시계로 점토를 찍어 내면 ■ 모양이 나오고, 콜라 캔으로 점토를 찍어 내면 ● 모양이 나옵니다.

19 현우가 몸으로 나타낸 모양은 ● 모양입니다.

20 모여라 놀이를 할 때에는 친구들과 손을 잡고 ● 모양을 만듭니다.

21 ⓛ　　　　ⓒ　　　　ⓔ

└▲ 모양　　└▲ 모양　　└● 모양

⇨ 나타내는 모양이 다른 하나는 ⓔ입니다.

22 ■ 모양은 뾰족한 곳이 4군데입니다.

23 ▲ 모양은 뾰족한 곳이 3군데입니다.

⇨ 바르게 이야기한 사람은 **초아**입니다.

24 ▲ 모양은 뾰족한 곳이 3군데이고, ● 모양은 뾰족한 곳이 없습니다.

25 뾰족한 곳이 4군데인 모양: ■ 모양

가는 ■ 모양, 나는 ▲ 모양의 물건들이 담긴 상자이므로 영수가 물건을 담은 상자는 **가**입니다.

26 ● 모양 옷걸이에 옷을 걸면 옷이 흘러내려 옷을 걸기 불편합니다.

27
서술형 가이드 ● 모양은 뾰족한 부분이 없고, ▲ 모양은 뾰족한 부분이 있다는 것을 알고 이유를 바르게 썼는지 확인합니다.

평가 기준	답을 찾고 ● 모양과 ▲ 모양의 특징을 이용하여 이유를 바르게 씀.	상
	답을 찾았으나 이유가 미흡함.	중
	답과 이유가 틀림.	하

'● 모양은 뾰족한 곳이 없어서 돌리기 편합니다.'도 답이 될 수 있습니다.

---

1 핵심 개념 ② STEP **75쪽**

3-1 ■에 ○표 **3-2** ▲에 ○표

3-3 ■에 ○표 **3-4** ●에 ○표

3-5 4, 3 **3-6** 1, 4

3-1 ■ 모양으로 꾸몄습니다.

3-2 ▲ 모양으로 꾸몄습니다.

3-3 ■ 모양으로 양말을 꾸몄습니다.

3-4 ● 모양으로 모자를 꾸몄습니다.

3-5 생각열기 겹치거나 빠뜨리지 않게 표시하면서 세어 봅니다.

	● 모양: ∨ 표시한 것을 세어 보면 4개입니다.
	▲ 모양: × 표시한 것을 세어 보면 3개입니다.

3-6

	■ 모양: ∨ 표시한 것을 세어 보면 1개입니다.
	▲ 모양: × 표시한 것을 세어 보면 4개입니다.

---

2 유형 탐구 ② STEP **76∼81쪽**

1 ■, ▲에 ○표 **2** ㉡

3 나 **4** ■에 ○표, ▲에 ○표

5 ( )(○)( ) **6** 나

7 예

; ▲ 모양과 ■ 모양을 이용하여 꾸몄습니다.

8 3개 **9** 6, 3, 2

10 5 **11** 4개

12 ( )(○) **13** ㉠

14 은지 **15** ㉢

16 ▲에 ○표

17 예 가는 ▲, ● 모양, 나는 ■, ● 모양을 이용하였으므로 가와 나에 모두 이용한 모양은 ● 모양입니다. ; ● 모양

18 ■에 ○표 **19** ㉢

20 0개

21 예 뾰족한 곳이 3군데입니다.

22 ■에 ○표 **23** ■ 모양, 5개

24 ㉡ **25** 3개

26

27 5장
28 4장

1 ■ 모양과 ▲ 모양을 이용하여 게를 꾸몄습니다.

2 ■ 모양과 ● 모양을 이용하여 꽃을 꾸몄습니다.
➡ 꾸미는 데 이용하지 않은 모양은 ⓛ ▲ 입니다.

3 가는 ■, ▲, ● 모양으로 꾸몄고, 나는 ■, ▲, ●
모양이 아닌 ★ 모양으로도 꾸몄습니다.
➡ 주리가 만든 부채는 **나**입니다.

4 생각열기 그림을 보고 ■, ▲, ● 모양 중 어느 모
양을 사용했는지 살펴봅니다.

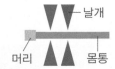
날개
머리   몸통

➡ 머리와 몸통은 ■ 모양으로, 날개는 ▲ 모양으로
꾸몄습니다.

5
➡ 눈은 ■ 모양, 코는 ▲ 모양, 입은
● 모양으로 꾸몄습니다.

6 생각열기 가 집과 나 집의 문과 지붕이 어떤 모양으
로 꾸며져 있는지 살펴봅니다.
가: 문은 ● 모양, 지붕은 ■ 모양으로 꾸며져 있습니
다.
나: 문은 ■ 모양, 지붕은 ● 모양으로 꾸며져 있습니
다.
➡ 빨간 모자의 할머니 댁은 **나** 집입니다.

7 서술형가이드 ■, ▲, ● 모양을 이용하여 손수건을 꾸미고, 어떻
게 꾸몄는지 바르게 설명했는지 확인합니다.

평가기준	■, ▲, ● 모양을 이용하여 손수건을 꾸미고, 어떻게 꾸몄는지 바르게 설명함.	상
	손수건을 꾸몄으나 설명이 미흡함.	중
	손수건을 꾸미지 못하고 설명도 하지 못함.	하

8 ● 모양에 ∨ 표시하여 세어 보면 **3개**입니다.

9 생각열기 겹치거나 빠뜨리지 않도록 ∨, ○, × 와 같
이 표시하면서 세어 봅니다.

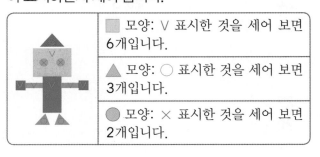

	■ 모양: ∨ 표시한 것을 세어 보면 6개입니다.
	▲ 모양: ○ 표시한 것을 세어 보면 3개입니다.
	● 모양: × 표시한 것을 세어 보면 2개입니다.

10 문제분석 ▶ 본문 78쪽

다음 모양을 꾸미는 데 이용한 ① ■ 모양의 수와
② ▲ 모양의 수의 ③합을 구하시오.

① ■ 모양의 수	■ 모양을 ∨ 표시하여 세어 봅니다. ➡ 2개
② ▲ 모양의 수	▲ 모양을 × 표시하여 세어 봅니다. ➡ 3개
③합을 구하시오	①과 ②에서 센 ■ 모양과 ▲ 모양의 수를 더합니다.

■ 모양은 2개, ▲ 모양은 3개 이용하여 꾸몄습니다.
➡ 2＋3＝5

11 생각열기 뾰족한 곳이 3군데 있는 모양은 ▲ 모양
이므로 ▲ 모양을 몇 개 이용하였는지 세어 봅니다.
게를 꾸미는 데 ▲ 모양은 4개를 이용했습니다.

12 생각열기 주어진 모양 조각의 수가 꾸밀 모양의 수
와 같거나 더 많아야 꾸밀 수 있습니다.
왼쪽: ■ 모양 1개, ▲ 모양 2개, ● 모양 3개
오른쪽: ■ 모양 1개, ▲ 모양 3개, ● 모양 2개
➡ 오른쪽 그림을 꾸밀 수 있습니다.

13 ㉠ ■ 모양 4개, ▲ 모양 1개 ➡ 주어진 모양의 수와
같으므로 꾸밀 수 있습니다.
㉡ ■ 모양 4개, ▲ 모양 2개 ➡ ▲ 모양 1개가 부
족하여 꾸밀 수 없습니다.
따라서 꾸밀 수 있는 모양은 ㉠입니다.

14 생각열기 주어진 모양 조각의 수를 먼저 세어 보고
포도와 로켓을 꾸밀 수 있는지 각각 살펴봅니다.
주어진 모양 조각의 수는 ■ 모양 1개, ▲ 모양 3개,
● 모양 5개입니다.
포도: ▲ 모양 1개, ● 모양 6개
➡ ● 모양 1개가 부족합니다.
로켓: ■ 모양 1개, ▲ 모양 3개, ● 모양 2개
➡ 부족한 모양 없이 꾸밀 수 있습니다.
따라서 바르게 이야기한 사람은 **은지**입니다.

15 해·법·순·서

① 보기 의 모양 조각 수를 셉니다.

② ㉠, ㉡, ㉢, ㉣ 액자를 꾸미는 데 이용한 모양 조각의
수가 ①과 같은 것을 찾습니다.

보기: ■ 모양 5개, ▲ 모양 2개, ● 모양 4개

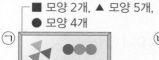

■ 모양 2개, ▲ 모양 5개,
● 모양 4개

■ 모양 4개, ▲ 모양 3개,
● 모양 3개

■ 모양 3개, ▲ 모양 4개,
● 모양 2개

■ 모양 5개, ▲ 모양 2개,
● 모양 4개

보기 와 같은 수의 모양 조각을 이용하여 꾸민 액자
는 ㉣입니다.

16 양말은 ▲, ● 모양, 목도리는 ■, ▲ 모양을 이용하
였으므로 양말과 목도리에 모두 이용한 모양은 ▲ 모
양입니다.

17 서술형 가이드

가와 나를 꾸미는 데 이용한 모양을 각각 알아본
뒤에 가와 나에 모두 이용한 모양을 구하는 과정이
들어 있어야 합니다.

평가기준	가와 나에 이용한 모양을 각각 알아보고 가와 나에 모두 이용한 모양을 찾아 답을 구함.	상
	답은 맞았으나 풀이 과정이 미흡함.	중
	풀이 과정과 답이 틀림.	하

18 이용한 모양의 수를 세어 보면 ■ 모양 0개, ▲ 모양
3개, ● 모양 2개입니다.

⇨ 이용하지 않은 모양은 ■ 모양입니다.

19 ■ 모양 4개, ▲ 모양 2개로 꾸몄습니다.

⇨ 이용하지 않은 모양은 ㉢ ● 모양입니다.

20 ● 모양은 없으므로 0개입니다.

21 서술형 가이드

소원 램프를 꾸미는 데 이용하지 않은 모양이 무엇
인지 알고 그 모양의 특징을 바르게 썼는지 확인합
니다.

평가기준	이용하지 않은 모양을 알고 모양의 특징을 바르게 씀.	상
	이용하지 않은 모양을 알았으나 모양의 특징을 쓰지 못함.	중
	이용하지 않은 모양을 몰라 특징을 쓰지 못함.	하

참고

모양	특징
■ 모양	뾰족한 곳이 4군데입니다.
▲ 모양	뾰족한 곳이 3군데입니다.
● 모양	뾰족한 곳이 없습니다.

 ⇨ ■ 모양: 2개
▲ 모양: 0개
● 모양: 2개

이용하지 않은 모양은 ▲ 모양이므로 ▲ 모양의 특징을
써야 합니다.

22 ■ 모양: 7개, ▲ 모양: 3개, ● 모양: 2개

⇨ 가장 많이 이용한 모양은 ■ 모양입니다.

23 ■ 모양: 5개, ▲ 모양: 3개, ● 모양: 2개

⇨ 2<3<5이므로 가장 많이 이용한 모양은 ■ 모
양이고 5개를 이용했습니다.

24 생각열기 ㉠과 ㉡을 꾸미는 데 이용한 ● 모양의 수
를 각각 세어 본 뒤 그 수를 비교합니다.

㉠은 ● 모양 3개, ㉡은 ● 모양 4개를 이용하였으
므로 ● 모양을 더 많이 이용한 램프는 ㉡입니다.

25 해·법·순·서

① 이용한 ■, ▲, ● 모양의 수를 각각 세어 봅니다.

② 가장 많이 이용한 모양과 가장 적게 이용한 모양을 찾
아 두 모양의 수의 차를 구합니다.

■ 모양: 5개, ▲ 모양: 6개, ● 모양: 8개
└ 가장 적게 이용한 모양   └ 가장 많이 이용한 모양

⇨ ● 모양이 ■ 모양보다 8-5=3(개) 더 많습니
다.

26 생각열기 똑같은 ▲ 모양 5개를 그려 봅니다.

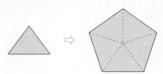

27

오른쪽 모양에 왼쪽 색종이를 5장 놓을 수 있습니다.

28

 ⇨

오른쪽 모양에 왼쪽 색종이를 4장 놓을 수 있습니다.

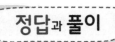
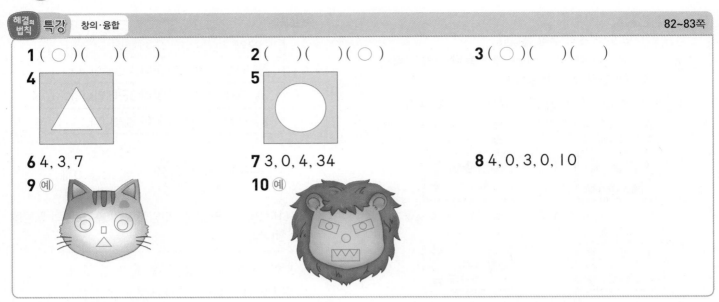

해결의 법칙 **특강** 창의·융합

82~83쪽

1 (○)( )( ) **2** ( )( )(○) **3** (○)( )( )

4 [사각형 안에 삼각형]

5 [사각형 안에 원]

6 4, 3, 7 **7** 3, 0, 4, 34 **8** 4, 0, 3, 0, 10

9 예 [고양이 얼굴]

10 예 [사자 얼굴]

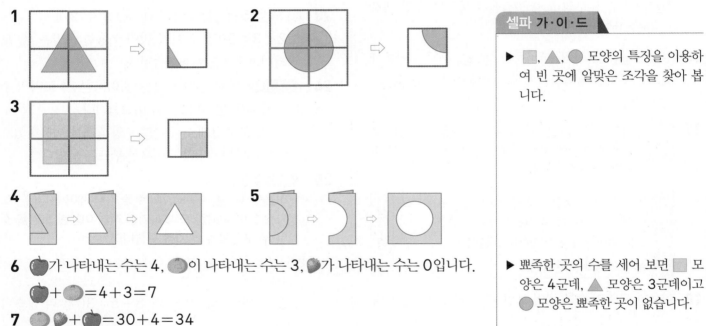

셀파 가·이·드

▶ ■, ▲, ● 모양의 특징을 이용하여 빈 곳에 알맞은 조각을 찾아 봅니다.

6 🍎가 나타내는 수는 4, 🍊이 나타내는 수는 3, 🍓가 나타내는 수는 0입니다.

🍎+🍊=4+3=7

7 🍊🍓+🍎=30+4=34

8 🍎🍓-🍊🍓=40-30=10

9~10 ■, ▲, ● 모양을 이용하여 동물의 얼굴을 자유롭게 꾸며 봅니다.

▶ 뾰족한 곳의 수를 세어 보면 ■ 모양은 4군데, ▲ 모양은 3군데이고 ● 모양은 뾰족한 곳이 없습니다.

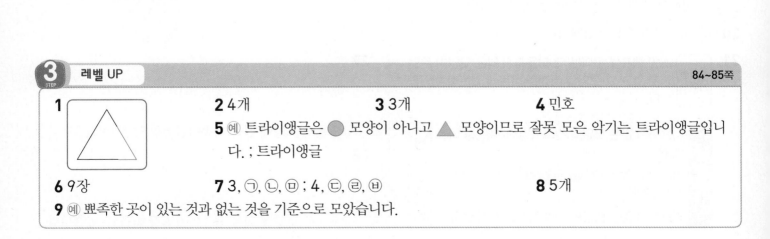

3 STEP **레벨 UP**

84~85쪽

1 [삼각형] **2** 4개 **3** 3개 **4** 민호

5 예 트라이앵글은 ● 모양이 아니고 ▲ 모양이므로 잘못 모은 악기는 트라이앵글입니다. ; 트라이앵글

6 9장 **7** 3, ㉠, ㉡, ㉤ ; 4, ㉢, ㉣, ㉥ **8** 5개

9 예 뾰족한 곳이 있는 것과 없는 것을 기준으로 모았습니다.

1 ▲ 모양을 본뜬 그림의 일부분입니다.

2 색종이를 2번 접으면 종이 4장이 겹쳐지므로 ● 모양 4개가 만들어집니다.

3 [문제분석] ▶ 본문 84쪽

①[보기]의 모양 조각을 이용하여 오른쪽 그림을 꾸몄습니다. ②꾸미고 남은 ▲ 모양 조각은 몇 개입니까?	
①[보기]의 모양 조각을 이용하여 오른쪽 그림을 꾸몄습니다.	[보기]와 꾸민 그림의 모양 조각 수를 각각 셉니다.
②꾸미고 남은 ▲ 모양 조각은 몇 개입니까?	①의 ▲ 모양 조각 수의 차를 구합니다.

[보기]의 ▲ 모양 조각은 4개이고, 꾸민 그림의 ▲ 모양 조각은 1개이므로 꾸미고 남은 ▲ 모양 조각은 4−1=3(개)입니다.

4 [문제분석] ▶ 본문 84쪽

①민호와 희진이 중 ▢ 모양을 ②더 많이 이용하여 모양을 꾸민 사람은 누구입니까?	
①민호와 희진이 중 ▢ 모양을	민호와 희진이가 이용한 ▢ 모양의 수를 셉니다.
②더 많이 이용하여 모양을 꾸민 사람은 누구입니까?	①의 모양의 수를 비교하여 ▢ 모양을 더 많이 이용한 사람을 찾습니다.

이용한 ▢ 모양을 각각 세어 보면 민호는 5개, 희진이는 4개입니다.
⇨ 5>4이므로 **민호**가 ▢ 모양을 더 많이 이용하였습니다.

5 [서술형가이드] 악기의 모양을 보고 ● 모양이 아닌 악기를 찾아내는 풀이 과정을 쓰고 답을 구했는지 확인합니다.

평가기준	트라이앵글은 ▲ 모양이라는 내용을 포함하여 풀이 과정을 쓰고 답을 구함.	상
	답을 구했으나 풀이 과정이 미흡함.	중
	풀이 과정과 답이 틀림.	하

6 (정미가 처음에 가지고 있던 ▲ 모양 붙임딱지 수)
=(게시판을 꾸미는 데 이용한 ▲ 모양 붙임딱지 수)+2=7+2=9(장)

7 ㉠, ㉡, ㉢은 ▲ 모양으로 뾰족한 곳이 3군데이고, ㉢, ㉣, ㉥은 ▢ 모양으로 뾰족한 곳이 4군데입니다.

8 [문제분석] ▶ 본문 85쪽

빵 가게에 단팥 빵, 피자 빵, 크림 빵이 진열되어 있습니다. 진열된 빵 중 ①● 모양의 빵은 ②▲ 모양의 빵보다 ③몇 개 더 많습니까?	
①● 모양의 빵은	● 모양의 빵은 단팥 빵입니다.
②▲ 모양의 빵보다	▲ 모양의 빵은 크림 빵입니다.
③몇 개 더 많습니까?	단팥 빵의 수에서 크림 빵의 수를 뺍니다.

단팥 빵은 8개, 크림 빵은 3개이므로 단팥 빵은 크림 빵보다 8−3=5(개) 더 많습니다.

셀파 가·이·드

▶ 겹쳐진 장수만큼 모양이 만들어지므로 종이가 몇 장이 겹쳐졌는지 살펴봅니다.

▶  ▲ 모양 4개

 — ▲ 모양 1개

▶ 게시판을 꾸미고 남은 붙임딱지가 2장이므로 처음에 가지고 있던 붙임딱지는 꾸미는 데 이용한 붙임딱지보다 2장 더 많습니다.

9 [서술형 가이드] ■, ▲, ● 모양의 특징을 이용하여 교통 표지판을 2종류로 나눈 기준을 설명했는지 확인합니다.

평가기준	■, ▲, ● 모양의 특징을 이용하여 교통 표지판을 2종류로 나눈 기준을 바르게 설명함.	상
	기준을 설명하였으나 미흡함.	중
	■, ▲, ● 모양의 특징을 알지 못해 기준을 설명하지 못함.	하

▲ 모양과 ■ 모양은 뾰족한 곳이 있고 ● 모양은 뾰족한 곳이 없으므로 뾰족한 곳이 있는 것과 없는 것을 기준으로 모았습니다.

⇨ ▲ 모양과 ■ 모양

⇨ ● 모양

1회 단원 평가   86~88쪽

1 ( )(○)   **2** (○)( )
3 (○)( )   **4** ■에 ○표
5 ①
6

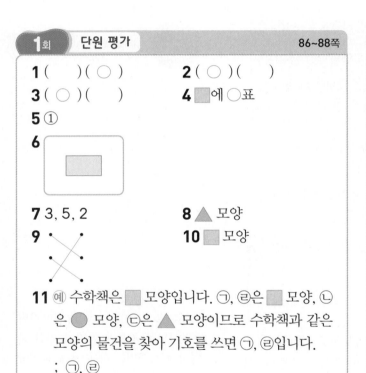

7 3, 5, 2   **8** ▲ 모양
9 (선 잇기)   **10** ■ 모양

11 예 수학책은 ■ 모양입니다. ㉠, ㉢은 ■ 모양, ㉡은 ● 모양, ㉢은 ▲ 모양이므로 수학책과 같은 모양의 물건을 찾아 기호를 쓰면 ㉠, ㉢입니다.
; ㉠, ㉢

12 나   **13** ● 모양
14 예 ● 모양은 뾰족한 곳이 없지만 주어진 물건은 뾰족한 곳이 있으므로 ● 모양이 아닙니다.
15 3개
16 예 뾰족한 부분이 없는 모양은 ● 모양입니다. 컵을 꾸미는 데 ● 모양은 4개 이용했습니다.
; 4개
17 ▲ 모양, ● 모양   **18** ■ 모양
19 2개
20 나

1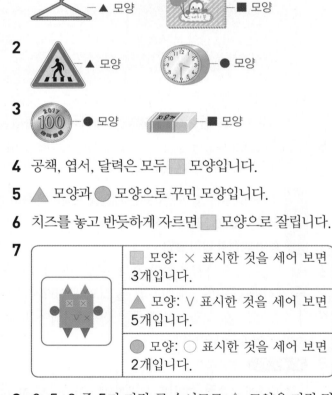

옷걸이 — ▲ 모양, 카드 — ■ 모양

2 교통표지판 — ▲ 모양, 시계 — ● 모양

3 동전 — ● 모양, 지우개 — ■ 모양

4 공책, 엽서, 달력은 모두 ■ 모양입니다.

5 ▲ 모양과 ● 모양으로 꾸민 모양입니다.

6 치즈를 놓고 반듯하게 자르면 ■ 모양으로 잘립니다.

7

	■ 모양: × 표시한 것을 세어 보면 3개입니다.
	▲ 모양: ∨ 표시한 것을 세어 보면 5개입니다.
	● 모양: ○ 표시한 것을 세어 보면 2개입니다.

8 3, 5, 2 중 5가 가장 큰 수이므로 ▲ 모양을 가장 많이 이용하였습니다.

9 음료수 캔을 본뜨면 ● 모양, 삼각자를 본뜨면 ▲ 모양, 수학책을 본뜨면 ■ 모양이 나옵니다.

10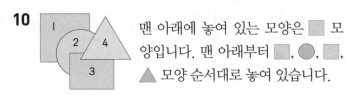

맨 아래에 놓여 있는 모양은 ■ 모양입니다. 맨 아래부터 ■, ●, ■, ▲ 모양 순서대로 놓여 있습니다.

11 서술형 가이드 수학책의 모양이 ■ 모양인 것을 알고 ■ 모양의 물건을 찾는 풀이 과정이 들어 있어야 합니다.

평가 기준	수학책의 모양이 ■ 모양인 것을 알고 ■ 모양의 물건을 모두 찾아 기호를 씀.	상
	수학책의 모양이 ■ 모양인 것을 알았으나 ■ 모양의 물건을 하나만 찾아 기호를 씀.	중
	수학책의 모양이 ■ 모양인 것을 몰라 답을 쓰지 못함.	하

12 가 램프는 ■, ● 모양만 이용하여 꾸몄고, 나 램프는 ■, ▲, ● 모양을 모두 이용하여 꾸몄습니다.

13 뾰족한 곳이 없으므로 ● **모양**입니다.

14 서술형 가이드 뾰족한 곳이 없다는 ● 모양의 특징을 이용하여 주어진 물건이 ● 모양이 아닌 이유를 바르게 썼는지 확인합니다.

평가 기준	● 모양은 뾰족한 곳이 없지만 주어진 물건은 뾰족한 곳이 있다는 내용을 포함하여 이유를 씀.	상
	● 모양이 아닌 이유를 설명하였으나 미흡함.	중
	● 모양이 아닌 이유를 쓰지 못함.	하

15 ● 모양의 단추: 6개, ■ 모양의 단추: 3개
⇨ ● 모양의 단추는 ■ 모양의 단추보다
6-3=3(개) 더 많습니다.

16 서술형 가이드 뾰족한 곳이 없는 모양이 ● 모양인 것을 알고 ● 모양의 수를 바르게 세었는지 확인합니다.

평가 기준	뾰족한 곳이 없는 모양이 ● 모양인 것을 알고 ● 모양의 수를 바르게 세어 답을 구함.	상
	뾰족한 곳이 없는 모양이 ● 모양인 것을 알았으나 그 수를 바르게 세지 못함.	중
	뾰족한 곳이 없는 모양이 ● 모양인 것을 몰라 답을 쓰지 못함.	하

17 ■ 모양: 2개, ▲ 모양: 4개, ● 모양: 4개
⇨ ▲ **모양**과 ● **모양**이 이용한 모양의 수가 4개로 같습니다.

18

물감을 묻혀 찍는 물건			
나오는 모양	■, ▲	■	■, ▲

19 ■ 모양: 5개, ▲ 모양: 4개, ● 모양: 3개
└ 가장 많이 이용한 모양   └ 가장 적게 이용한 모양
⇨ ■ 모양은 ● 모양보다 5-3=2(개) 더 많습니다.

20 생각열기 보기 의 모양 조각 수가 꾸밀 모양 조각의 수와 같거나 더 많아야 꾸밀 수 있습니다.

보기 : ■ 모양 2개, ▲ 모양 2개, ● 모양 3개

가 : ■ 모양 2개(○), ▲ 모양 2개(○),
● 모양 4개(×)

나 : ■ 모양 2개(○), ▲ 모양 2개(○),
● 모양 3개(○)

다 : ■ 모양 2개(○), ▲ 모양 4개(×),
● 모양 2개(○)

⇨ 꾸밀 수 있는 모양은 **나**입니다.

2회 단원 평가   89~91쪽

1 (   ) (   ) (○)   **2** ▲에 ○표
3 5개   **4** ④
5 4개   **6**

7 (예)

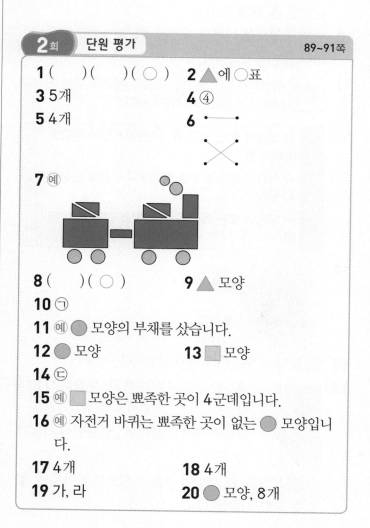

8 (   ) (○)   **9** ▲ 모양
10 ㉠
11 (예) ● 모양의 부채를 샀습니다.
12 ● 모양   **13** ■ 모양
14 ㉢
15 (예) ■ 모양은 뾰족한 곳이 4군데입니다.
16 (예) 자전거 바퀴는 뾰족한 곳이 없는 ● 모양입니다.
17 4개   **18** 4개
19 가, 라   **20** ● 모양, 8개

1 ■ 모양의 물건은 달력입니다.

2 ▲ 모양을 이용하여 꾸몄습니다.

3 생각열기 겹치거나 빠뜨리지 않도록 ∨ 등으로 표시하면서 세어 봅니다.
▲ 모양 5개를 이용하여 꾸몄습니다.

4 ①, ②, ③, ⑤는 ■ 모양, ④는 ● 모양입니다.

5 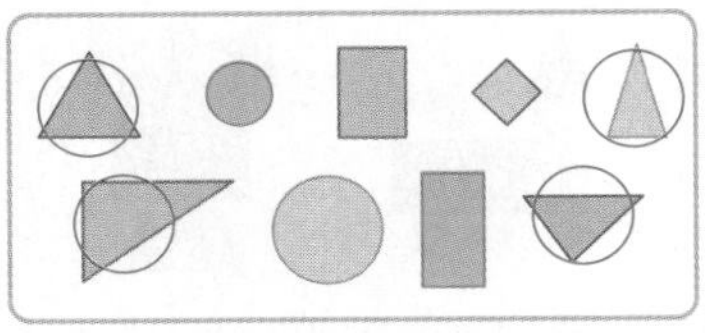 ⇨ ▲ 모양은 4개입니다.

6 뾰족한 곳이 ■는 4군데, ▲는 3군데 있습니다.
●는 뾰족한 곳이 없습니다.

7 ■ 모양, ▲ 모양, ● 모양끼리 각각 같은 색으로 칠합니다.

8 왼쪽 모양은 ■ 모양과 ▲ 모양만 이용하여 꾸몄습니다.

9 수호와 친구들이 함께 나타낸 모양은 뾰족한 곳이 3군데인 ▲ **모양**입니다.

10 민재가 몸으로 나타낸 모양은 ● 모양이므로 ● 모양의 물건을 찾습니다.

11 서술형 가이드 주변에서 ■, ▲, ● 모양의 물건을 찾아 문장을 바르게 완성했는지 확인합니다.

평가기준		
	각 모양에 맞는 물건을 주변에서 찾아 문장을 바르게 씀.	상
	각 모양에 맞는 물건을 찾았으나 문장을 완성하지 못함.	중
	각 모양에 맞는 물건을 찾지 못해 답을 쓰지 못함.	하

12 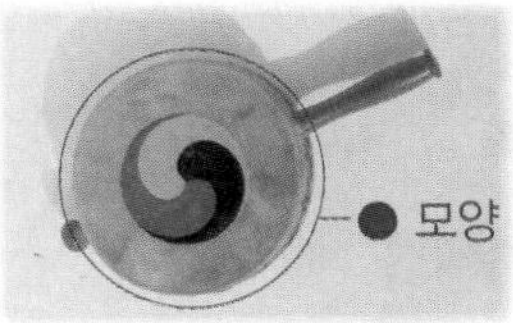

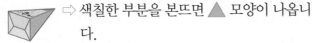

13 ■ 모양 과자를 먹다 남긴 것입니다.

14 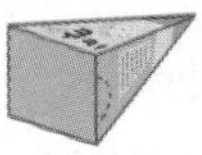 ⇨ 색칠한 부분을 본뜨면 ■ 모양이 나옵니다.
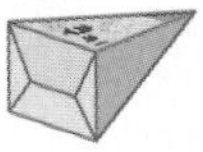 ⇨ 색칠한 부분을 본뜨면 ▲ 모양이 나옵니다.
⇨ ■ 모양과 ▲ 모양이 나올 수 있으므로 나올 수 없는 모양은 ㉢입니다.

15 서술형 가이드 ■ 모양의 특징을 알고 지혜의 이야기 중 틀린 부분을 찾아 바르게 고쳤는지 확인합니다.

평가기준		
	■ 모양의 특징을 알고 틀린 부분을 찾아 바르게 고침.	상
	틀린 부분을 찾았으나 바르게 고치지 못함.	중
	틀린 부분을 찾지 못함.	하

'▲ 모양은 뾰족한 곳이 3군데입니다.' 도 답이 될 수 있습니다.

16 서술형 가이드 자전거 바퀴가 잘 굴러가려면 뾰족한 곳이 없는 ● 모양이어야 한다는 것을 알고 근우의 이야기 중 틀린 부분을 찾아 바르게 고쳤는지 확인합니다.

평가기준		
	자전거 바퀴는 뾰족한 곳이 없는 ● 모양이라는 내용을 포함하여 바르게 고침.	상
	틀린 부분을 찾았으나 바르게 고치지 못함.	중
	틀린 부분을 찾지 못함.	하

17 나비 1개: ▲ 모양 2개
나비 2개: ▲ 모양 $2+2=4$(개)

18 생각열기 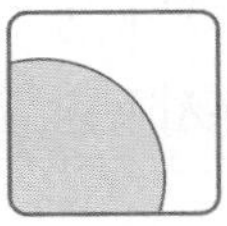 은 ● 모양의 일부분입니다.
모양을 꾸미는 데 ■ 모양 2개, ▲ 모양 3개, ● 모양 4개를 이용했으므로 오른쪽 모양은 4개를 이용했습니다.

19 생각열기 퍼즐 조각이 들어갈 부분의 위쪽, 아래쪽, 왼쪽, 오른쪽을 살펴보고 어느 모양의 일부분인지 찾습니다.

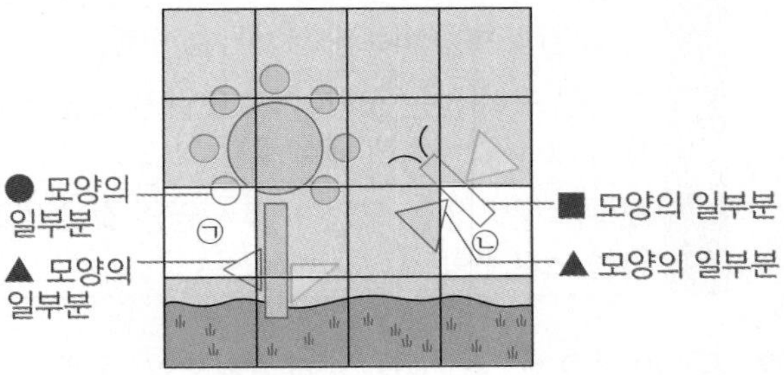

20 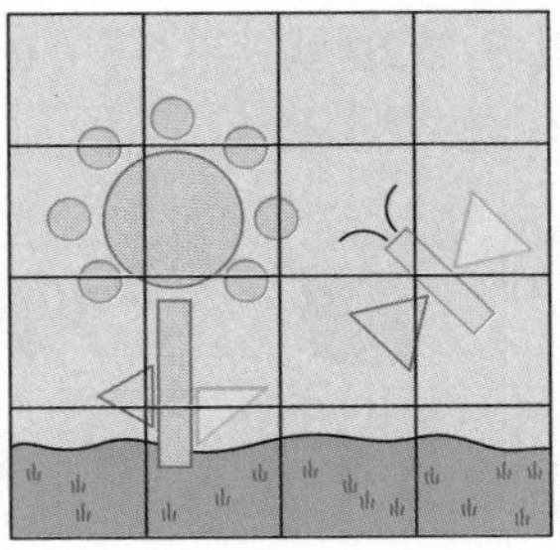
완성한 퍼즐을 보면 ■ 모양은 2개, ▲ 모양은 4개, ● 모양은 8개입니다.
⇨ 8이 가장 큰 수이므로 ● **모양**이 가장 많습니다.

4. 덧셈과 뺄셈 (2)

1 STEP 핵심 개념 (1)
95쪽

1-1 (계산 순서대로) 3, 5, 5
1-2 9
2-1 (계산 순서대로) 8, 5, 5
2-2 4
3-1 (위부터) 10, 11, 12 ; 12
3-2 12

1-1 두 수를 더해 나온 수에 나머지 한 수를 더합니다.

2-1 두 수의 뺄셈을 하여 나온 수에서 나머지 한 수를 뺍니다.

3-1 사탕이 9개하고 3개 더 있으므로 9하고 10, 11, 12입니다. ⇨ 9+3=12

3-2 4에서 8개의 수를 이어 세면 4하고 5, 6, 7, 8, 9, 10, 11, 12이므로 4+8=12입니다.

2 STEP 유형 탐구 (1)
96~99쪽

1 4, 2, 9 (또는 2, 4, 9) **2** (1) 8 (2) 7
3 9   **4** 2, 7 ; 7
5 5골   **6** 9권
7 9층   **8** 2, 3
9 (1) 2 (2) 4
10 예 앞의 두 수를 먼저 계산해야 하는데 뒤의 두 수를 먼저 계산했습니다.
11 3, 2, 2 (또는 2, 3, 2) ; 2
12 5명
13 8, 3, 4, 1 (또는 8, 4, 3, 1)
14 윤지   **15** 12
16 11
17 7, 4, 11 (또는 4, 7, 11) ; 11
18 8+8=16 ; 16개 **19** 13, 13
20 ·⟋·   **21** 미라
      ·⟍·   **22** 4쪽

---

1 3+4+2=9

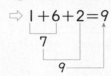

> **참고**
> 세 수의 덧셈식을 만드는 문제에서 더하는 세 수의 순서가 바뀌어도 정답으로 인정합니다.

2 (1) 1+5+2=8   (2) 3+2+2=7

3 ● 모양에 쓰인 수를 찾아 보면 1, 6, 2입니다.
⇨ 1+6+2=9

4 (3일 동안 만든 ▲ 모양)=1+4+2=7(개)

5 (1반이 넣은 골)=2+1+2=5(골)

> **주의**
> 1반이 넣은 골 수만 구해야 하므로 다른 반이 넣은 골 수는 더하지 않아야 하는 것에 주의합니다.

6 (책장에 꽂혀 있는 책)=3+5+1=9(권)

7 생각열기 5층에서 2층 더 올라갔고, 다시 2층을 더 올라갔으므로 덧셈식 5+2+2를 만들어 계산합니다.
(지아의 집)=5+2+2=9(층)

8 6마리의 새 중 1마리와 2마리가 각각 날아갔습니다.
⇨ 6-1-2=3

9 (1) 9-3-4=2   (2) 8-2-2=4

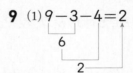 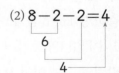

10 서술형 가이드 세 수의 뺄셈을 할 때는 앞의 두 수를 먼저 계산해야 한다는 것을 알고 계산이 틀린 이유를 바르게 썼는지 확인합니다.

평가 기준	앞의 두 수를 먼저 계산하지 않았다는 내용을 포함하여 틀린 이유를 씀.	상
	틀린 이유를 썼으나 미흡함.	중
	틀린 이유를 몰라 답을 쓰지 못함.	하

11 7개에서 각각 3개와 2개를 가져갔으므로
7-3-2=2(개)가 남습니다.
7-2-3=2도 답이 될 수 있습니다.

12 (버스에 남은 사람)=9−2−2=5(명)

13 (남은 문제)=8−3−4=1(문제)

8−4−3=1도 답이 될 수 있습니다.

14 문제분석 ▶ 본문 98쪽

> 윤지와 훈구는 연필을 각각 ①7자루씩 가지고 있습니다. 다음과 같이 친구들에게 연필을 나누어 주었을 때 ④남는 연필이 더 많은 사람은 누구입니까?
>
> 윤지: ②동생에게 1자루, 친구에게 2자루 나누어 줘야지.
> 훈구: ③형에게 3자루, 친구에게 1자루 나누어 줘야겠다.

① 7자루씩 가지고 있습니다.	7에서 빼는 뺄셈식입니다.
② 동생에게 1자루, 친구에게 2자루	7에서 1과 2를 차례로 뺍니다.
③ 형에게 3자루, 친구에게 1자루	7에서 3과 1을 차례로 뺍니다.
④ 남는 연필이 더 많은 사람은 누구입니까?	②와 ③의 결과를 비교하여 더 큰 수를 찾습니다.

윤지: 7−1−2=4(자루) 남았습니다.
훈구: 7−3−1=3(자루) 남았습니다.
4>3이므로 윤지가 연필이 더 많이 남습니다.

15 모형이 7개하고 5개 더 있으므로 7하고 8, 9, 10, 11, 12입니다. ⇨ 7+5=12

16 구슬이 5개하고 6개 더 있으므로 5하고 6, 7, 8, 9, 10, 11입니다. ⇨ 5+6=11

17 다람쥐의 수를 이어 세어 보면 7하고 8, 9, 10, 11 입니다. ⇨ 7+4=11

18 서술형 가이드 상황에 맞는 덧셈식을 만들고 바르게 계산하여 답을 구했는지 확인합니다.

평가기준	덧셈식 8+8을 만들고 바르게 계산함.	상
	식을 만들었으나 계산이 틀림.	중
	식과 답을 쓰지 못함.	하

19 8+5와 5+8은 합이 13으로 같습니다.

20 두 수를 바꾸어 더해도 합이 같으므로 7+8은 8+7 과 합이 같고, 8+4는 4+8과 합이 같습니다.

21 🐿가 먹은 도토리는 6+7=13(개)입니다.

🦝가 먹은 도토리는 7+6=13(개)입니다.

6+7=7+6이므로 다람쥐와 너구리가 먹은 도토리의 수는 같습니다.

⇨ 바르게 말한 사람은 미라입니다.

22 생각열기 두 수를 바꾸어 더해도 합이 같다는 것을 이용하여 상미가 몇 쪽을 더 읽어야 하는지 생각해 봅니다.

범수가 읽은 쪽수는 (4+7)쪽입니다. 두 수를 바꾸어 더해도 합이 같으므로 4+7=7+4입니다.

⇨ 상미가 4쪽을 더 읽으면 두 사람이 읽은 쪽수가 같아지게 됩니다.

다른 풀이

4+7=11이므로 7과 더하여 11이 되는 수를 찾으면 됩니다. 7에서부터 4개의 수를 이어 세면 11이 되므로 상미가 4쪽을 더 읽으면 두 사람이 읽은 쪽수가 11쪽으로 같아집니다.

---

1 STEP 핵심 개념 (2) · 101쪽

4-1 10	**4-2** 4, 10
4-3 10	**4-4** 5, 10
5-1 8	**5-2** 6
5-3 5	**5-4** 4

4-3 ⬤9개에 ⬤1개가 더해지면 10개가 됩니다.
⇨ 9+1=10

4-4 구슬 5개와 5개를 모으면 10개가 됩니다.
⇨ 5+5=10

5-1 개구리 10마리에서 2마리를 빼면 8마리가 남습니다. ⇨ 10−2=8

5-2 풍선 10개 중 4개가 날아가면 풍선 6개가 남습니다. ⇨ 10−4=6

5-3 꽃병과 꽃을 하나씩 짝지어 보면 꽃병이 5개 남습니다. ⇨ 10−5=5

5-4 연필과 지우개를 하나씩 짝지어 보면 연필이 4개 남습니다. ⇨ 10−6=4

2 유형 탐구 (2) 102~107쪽

1 10

2 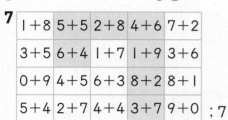 ; 2, 10

3 5+5=10   **4** (1) 10 (2) 10

5 10   **6** ⑤

7
1+8	5+5	2+8	4+6	7+2
3+5	6+4	1+7	1+9	3+6
0+9	4+5	6+3	8+2	8+1
5+4	2+7	4+4	3+7	9+0

; 7

8 7, 3(또는 3, 7)   **9** 선영

10 ☁ 2+ 8 = 10   **11** 10자루
　 🐚 5 + 5 = 10   **12** 수찬

13 6   **14** (1) 5 (2) 2

15 예 어머니께서 사 오신 양말을 □켤레라고 하면 6+□=10입니다. 6+ 4 =10이므로 어머니께서 사 오신 양말은 4켤레입니다. ; 4켤레

16 1   **17** 7

18 ✕   **19** 8개

20 5, 5

21 (1) 9 (2) 3   **22** 2

23 >

24
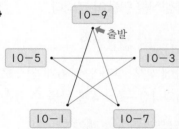

25 (위부터) 4, 운 ; 5, 동 ; 2, 회

26 7   **27** 현아

28 10−5=5 ; 5개   **29** 8개

30 10−4=6 ; 10−6=4

31 (1) 4 (2) 7   **32** 1

33 9

1 4와 6을 더하면 10입니다. ⇨ 4+6=10

2 생각열기 수판을 모두 채우려면 ○를 2개 더 그려야 합니다.

8 8과 2를 더하면 10입니다. ⇨ 8+2=10

3 5와 5를 더하면 10입니다. ⇨ 5+5=10

4 (1) 7과 3을 더하면 10입니다.
(2) 1과 9를 더하면 10입니다.

5 6+4=10

6 ⑤ 8+1=9

7 더해서 10이 되는 칸을 모두 찾아 색칠하면 숫자 7이 보입니다.

8 빵 7개에 빵 3개가 더해지는 상황입니다.
⇨ 7+3=10 (또는 3+7=10)

9 ♥ 모양 9개에 ♥ 모양 1개가 더해졌습니다.
⇨ 9+1=10

10 밤끼리 모으면 2+8=10(개)이고 땅콩끼리 모으면 5+5=10(개)입니다.

11 (현철이가 가진 연필과 볼펜 수)
=(연필의 수)+(볼펜의 수)
=3+7=10(자루)

12 생각열기 세 사람이 말하는 상황에 따라 각각 덧셈식을 만들어 보고 10이 되는 덧셈식인지 확인합니다.
아영: 1+9=10, 수찬: 6+3=9,
민규: 8+2=10
⇨ 10이 되는 덧셈식을 만들 수 없는 상황을 말한 사람은 수찬입니다.

13 노란 옷 4벌과 빨간 옷 6벌을 더하면 모두 10벌입니다. ⇨ 4+ 6 =10

14 (1) 5와 더해서 10이 되는 수는 5입니다.
⇨ 5+ 5 =10
(2) 8과 더해서 10이 되는 수는 2입니다.
⇨ 2 +8=10

15 서술형가이드 10이 되는 더하기를 이용하여 어머니께서 사 오신 양말의 수를 구했는지 확인합니다.

평가기준	6과 더해서 10이 되는 수를 찾아 답을 바르게 구함.	상
	풀이 과정에서 실수하여 답이 틀림.	중
	풀이 과정과 답을 쓰지 못함.	하

6과 더해서 10이 되는 수는 4입니다.

정답과 풀이

16 해·법·순·서
① 8+2를 먼저 계산합니다.
② □+9의 계산 결과가 ①의 결과와 같다고 놓습니다.
③ □ 안에 알맞은 수를 구합니다.
8+2=10이므로 □+9의 계산 결과가 10이 되어
야 합니다. 9와 더해서 10이 되는 수는 1이므로
$\boxed{1}$+9=10입니다.
⇨ □ 안에 알맞은 수는 1입니다.

17 10에서 3을 빼면 7입니다. ⇨ 10−3=7

18 ♥10개 중 9개를 /으로 지웠습니다. ⇨ 10−9=1
★10개 중 4개를 /으로 지웠습니다. ⇨ 10−4=6

19 10개 중 2개를 보여 주었으므로 다른 손에 감춘 바
둑돌은 10−2=8(개)입니다.

20 10을 5와 5로 가르기 하였으므로 10−5=5로 나
타낼 수 있습니다.

21 (1) 10에서 1을 빼면 9입니다. ⇨ 10−1=9
(2) 10에서 7을 빼면 3입니다. ⇨ 10−7=3

22 10−8=2

23 10−4=6, 10−6=4
⇨ 6>4이므로 10−4가 더 큽니다.

24

10−9, 10−7, 10−5, 10−3, 10−1의 순서
대로 선을 잇습니다.

25

1	2	3	4	5	6	7	8	9
호	회	랑	운	동	미	화	장	이

10−6=4 ⇨ 운, 10−5=5 ⇨ 동,
10−8=2 ⇨ 회

26 나뭇잎 10개 중 3개가 날아갔습니다.
⇨ 10−3=7

27
⇨ 파란색 모형이 빨간색 모형보다 10−6=4(개)
더 많습니다.
따라서 바르게 구한 사람은 **현아**입니다.

28 (영호가 먹고 남은 초콜릿)
=(전체 초콜릿)−(영호가 먹은 초콜릿)
=10−5=5(개)

29 문제분석 ▶ 본문 107쪽
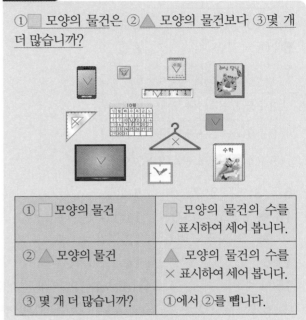
모양별로 표시하여 세어 보면 ■ 모양의 물건은 10
개이고, ▲ 모양의 물건은 2개입니다.
⇨ ■ 모양의 물건은 ▲ 모양의 물건보다
10−2=8(개) 더 많습니다.

30 생각열기 상자 안에 나머지 장난감이 들어 있다는
것을 이용하여 뺄셈식을 만들어 봅니다.
장난감이 상자 밖에 4개, 상자 안에 6개 있으므로 뺄
셈식 10−4=6과 10−6=4를 만들 수 있습니다.

31 (1) 10에서 6이 남으려면 4를 빼야 합니다.
⇨ 10−$\boxed{4}$=6
(2) 10에서 3이 남으려면 7을 빼야 합니다.
⇨ 10−$\boxed{7}$=3

32 10에서 9가 남으려면 1을 빼야 합니다.

33 생각열기 어떤 수를 □로 놓고 10에서 빼는 뺄셈식
을 만들어 봅니다.
10에서 어떤 수를 빼어 1이 되었으므로 뺄셈식
10−□=1을 만들 수 있습니다.
10−$\boxed{9}$=1이므로 어떤 수는 9입니다.

1 STEP 핵심 개념 (3)　　　　109쪽

6-1 (예) 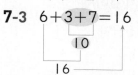 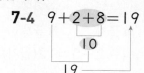 ; 13

6-2 (계산 순서대로) 10, 13 13

7-1 15　　　　　**7-2** 10, 11

7-3 (계산 순서대로) 16, 16

7-4 (계산 순서대로) 10, 19, 19

6-1 ○ 4개, 6개, 3개를 차례로 그려 넣은 후 ○의 수를 세어 보면 모두 13개입니다.

7-3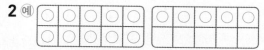

7-4 (위 이미지 포함)

---

2 STEP 유형 탐구 (3)　　　　110~113쪽

1 10, 13

2 (예) 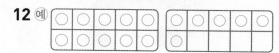 ; (예) 8, 2, 5, 15

3 (1) 14 (2) 18　　　　**4** 17

5

6 16

7 1, 14

8 7, 2, 12 (또는 2, 7, 12) ; 12

9 4, 6, 3, 13 ; 13　　　　**10** 17장

11 (계산 순서대로) 10, 13, 13

12 (예) (이미지)

; (예) 6, 7, 3, 16

13 (1) 3+⑨+① =13 (2) 8+③+⑦ =18

14 15

15 1+5+5에 색칠

16 근우

17 (1) 6, 4, 15 (또는 4, 6, 15) ; 15

　　 (2) 6, 4, 13 (또는 4, 6, 13) ; 13

18 (예) 2를 내면 8과 더해서 10이니까
　　 3+8+2=13.

19 (예) 깊은 산 속 옹달샘 누가 와서 먹나요

---

1 1과 9를 더해서 만든 10에 남은 3을 더하면 13입니다. ⇨ 1+9+3=10+3=10

2 전체 과자의 수는 15이므로 8+2+5=15입니다.

> **참고**
>
> 세 수의 덧셈식을 만드는 문제에서 더하는 세 수의 순서가 바뀌어도 정답으로 인정합니다.

3 (1) 7+3+4=14 (2) 5+5+8=18

4 6+4+7=17

5 2+8+9=19, 9+1+7=17

6 8+2+6=⑩+6=16

7 9를 더하여 10이 되는 수는 1입니다.
　　 ⇨ 1+9+4=14

8 (교실에 있는 사람)=3+7+2=12(명)
　　 3+2+7=12(명)도 답이 될 수 있습니다.

9 문제분석 ▶ 본문 111쪽

민지가 책을 읽고 책의 제목을 썼습니다. ②모두 몇 권을 읽었는지 알아보시오.

①동화책	신데렐라, 해님 달님, 심청전, 백설 공주
①만화책	피노키오, 홍길동전, 인어 공주, 피리 부는 사나이, 빨강 머리 앤, 헨젤과 그레텔
①위인전	세종대왕, 에디슨, 이순신

① 동화책, 만화책, 위인전	동화책, 만화책, 위인전의 수를 각각 세어 봅니다.
② 모두 몇 권을 읽었는지 알아보시오.	①을 이용하여 덧셈식을 만들고 계산합니다.

민지는 동화책을 4권, 만화책을 6권, 위인전을 3권 읽었으므로 덧셈식 4+6+3을 만들어 계산합니다.
　　 ⇨ 4+6+3=13(권)

10 은진: 2장, 미애: 8장, 유정: 7장
$\Rightarrow 2+8+7=17$(장)

11 $3+5+5=13$

12 사탕은 각각 6개, 7개, 3개 있습니다.
$\Rightarrow 6+7+3=6+10=16$

13 (1) 9와 1을 더하면 10입니다.
(2) 3과 7을 더하면 10입니다.

14 $5+6+4=5+10=15$

15 $2+2+8=12$, $1+5+5=11 \Rightarrow 12>11$

16 ・현수: $5+2+8=5+10=15$
・민지: $3+9+1=3+10=13$
・근우: $5+4+6=5+10=15$
$\Rightarrow$ 현수의 짝꿍은 근우입니다.

17 (1) 모양별로 초록색 단추의 수를 세어 보면 ▦ 모양
은 5개, ⬤ 모양은 6개, ▲ 모양은 4개입니다.
$\Rightarrow 5+6+4=15$(개)

(2) 색깔별로 ⬤ 모양 단추의 수를 세어 보면 빨간색
은 3개, 초록색은 6개, 파란색은 4개입니다.
$\Rightarrow 3+6+4=13$(개)

18

서술형 가이드	10이 되는 수를 찾아 세 수를 더하는 과정을 알고 잘못된 부분을 바르게 고칠 수 있어야 합니다.	

평가 기준	8과 더해서 10이 되는 수는 3이 아니라 2라는 것을 알고 잘못된 부분을 바르게 고침.	상
	잘못된 부분을 찾았으나 바르게 고치지 못함.	중
	잘못된 부분을 알지 못함.	하

19

학교 종이	땡땡땡	어서 모이자
4글자	3글자	5글자

$\Rightarrow 4+3+5=12$(글자) ($\times$)

깊은 산 속	옹달샘	누가 와서 먹나요
4글자	3글자	7글자

$\Rightarrow 4+3+7=14$(글자) ($\bigcirc$)

해결의 법칙 특강 창의·융합 114~115쪽

1 Quiz

1	8	5	5	9
7	5	3	6	1
3	9	8	3	6
2	8	4	5	2

2 Quiz

6	4	1	8	2
7	1	3	6	9
5	2	7	9	5
3	9	4	2	5

3 (왼쪽부터) 2, 7   **4** (왼쪽부터) 1, 1
5 8   **6** 7
7 15 ; 5, 9, 15 (또는 9, 5, 15) ;
5, 4, 15 (또는 4, 5, 15)
8 8, 2

1 $5+5=10$, $9+1=10$, $7+3=10$, $2+8=10$
2 $6+4=10$, $8+2=10$, $3+7=10$, $5+5=10$
3 ⑩ $\xrightarrow{-3}$ ⑦

⑦ $\xrightarrow{-2}$ 5 $\xrightarrow{-3}$ ②

4 ⑥ $\xrightarrow{-4}$ 2 $\xrightarrow{-1}$ ①

⑧ $\xrightarrow{-3}$ 5 $\xrightarrow{-4}$ ①

5 $2+5+1=8$

6 $1+3+3=7$

셀파 가·이·드

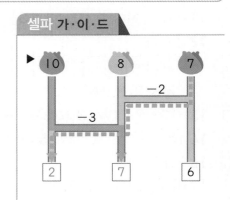

7

방향: 7+5+3=15

방향: 1+5+9=15

방향: 6+5+4=15

셀파 가·이·드

▶ 세 수의 덧셈식에서 더하는 세 수의 순서가 바뀌어도 계산 결과가 같으므로 식을 여러가지 방법으로 만들 수 있습니다.

8 모든 방향에서 세 수의 합이 15로 같아야 합니다.

· : 6+1+=15 ➡ 7+=15, =8

· : +9+4=15 ➡ +13=15, =2

---

③ **레벨 UP**

116~117쪽

1 5, 4	**2** 6개	**3** 11	**4**

4 ; 2+4+3=9 (삼각형: 위 2, 아래 4, 9, 3)

5 ㉮ 진영이의 나이에 2와 5를 차례로 더하면 언니의 나이가 됩니다. 따라서 언니의 나이는 8+2+5=15(살)입니다. ; 15살

6 14번　　　　**7** 경주　　　　**8** 4　　　　**9** 2마리

10 ㉮ 어떤 수를 □라고 하면 □+3=10에서 □=7입니다. 따라서 바르게 계산하면 7-3=4입니다. ; 4

11 ㉡, ㉢, ㉠

---

1 5+5=10 ➡ 🦋=5, 6+4=10 ➡ 🧄=4

2 (오른손에 쥔 공깃돌)=10-4=6(개)

3 동전은 ⬭ 모양이므로 ⬭ 모양에 쓰인 수들을 찾아 더합니다.
➡ 1+4+6=1+10=11

4

(삼각형: ①, ② ④ ③)　①+②+③=④ ➡ 2+4+3=9

5 ⎡서술형⎤ 상황에 맞게 덧셈을 이용하여 풀이 과정을 쓰고 바르게 계산하여 답을 구했는
　　⎣가이드⎦ 지 확인합니다.

평가기준		
	덧셈을 이용하여 8+2+5를 계산하고 답을 바르게 구함.	상
	풀이 과정을 썼으나 답이 틀림.	중
	풀이 과정과 답을 쓰지 못함.	하

6 6+8=14(번)

7 발명: 9+7=16(번), 봄옷: 9+5=14(번)

셀파 가·이·드

▶ 바깥쪽에 있는 세 수를 더한 결과를 가운데에 쓴 것입니다.

바람

└6번　└8번

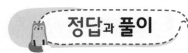

8 문제분석 ▶ 본문 117쪽

②0부터 9까지의 수 중에서 □ 안에 알맞은 수를 구하시오.

①9−3−□=2

①9−3−□=2	6−□=2입니다.
②0부터 9까지의 수 중에서 □ 안에 알맞은 수를 구하시오.	①을 이용하여 □ 안에 알맞은 수를 구합니다.

6−4=2이므로 □ 안에 알맞은 수는 4입니다.

▶ 0부터 9까지의 수를 □ 안에 차례로 넣어 보고 답을 구할 수도 있습니다.
$9-3-\boxed{0}=6\,(\times)$
$9-3-\boxed{1}=5\,(\times)$
$9-3-\boxed{2}=4\,(\times)$
$9-3-\boxed{3}=3\,(\times)$
$9-3-\boxed{4}=2\,(\bigcirc)$
$9-3-\boxed{5}=1\,(\times)$
$9-3-\boxed{6}=0\,(\times)$
□ 안에 7, 8, 9를 넣으면 뺄 수 없습니다.

9 문제분석 ▶ 본문 117쪽

마당에 ①병아리 1마리와 강아지 몇 마리가 놀고 있습니다. ②병아리와 강아지의 다리 수를 세어 보니 모두 10개였습니다. ③마당에 있는 강아지는 몇 마리입니까?

①병아리 1마리와 강아지 몇 마리	병아리의 다리는 2개입니다.
②병아리와 강아지의 다리 수를 세어 보니 모두 10개	강아지의 다리 수의 합을 구합니다.
③마당에 있는 강아지는 몇 마리	②를 이용하여 강아지의 수를 구합니다.

강아지의 다리 수의 합을 □개라고 하면 2+□=10에서
10−2=□, □=8입니다.
⇨ 4+4=8이므로 강아지는 **2마리**입니다.

10 서술형 가이드 10이 되는 더하기를 이용하여 어떤 수를 구한 후 바르게 계산한 값을 구하는 과정이 들어 있어야 합니다.

평가기준	10이 되는 더하기를 이용하여 어떤 수를 구하고, 바르게 계산한 값을 구함.	상
	풀이 과정에서 실수하여 답이 틀림.	중
	풀이 과정과 답이 틀림.	하

▶ 어떤 수를 □로 놓고 덧셈식을 만들면 어떤 수를 쉽게 구할 수 있습니다.

11 문제분석 ▶ 본문 117쪽

묶여진 두 장의 ①수 카드의 수를 더하면 10이 됩니다. 뒤집어진 수 카드의 수가 ②큰 것부터 차례로 기호를 쓰시오.

①수 카드의 수를 더하면 10이 됩니다. 뒤집어진 수 카드의 수	10이 되는 더하기를 이용하여 뒤집어진 수 카드의 수를 구합니다.
②큰 것부터 차례로 기호를 쓰시오.	①에서 구한 수를 큰 것부터 차례로 씁니다.

8+2=10, 6+4=10, 7+3=10이므로 ㉠=2, ㉡=4, ㉢=3입니다.
따라서 수가 큰 것부터 차례로 쓰면 **㉡, ㉢, ㉠**입니다.

▶ 10이 되는 더하기
1+9=10, 2+8=10,
3+7=10, 4+6=10
5+5=10, 6+4=10,
7+3=10, 8+2=10
9+1=10

1회 단원 평가
118~120쪽

1 10, 11 ; 11

2 (1) 9 (2) 8

3 (1) 3 (2) 2

4 13

5

6

1 8
  9

; 18

7 6+7+3=16
    10
  16

8 ②, ④

9 10−3=7

10 >

11 8자루

12 2, 3, 4(또는 3, 2, 4) ; 4

13 예 4+3+2=9 ; 9개 **14** 2장

15 예 수진이는 풍선을 오른손에 7개, 왼손에 5개를 들고 있습니다. 수진이가 들고 있는 풍선은 모두 몇 개입니까?

16 예

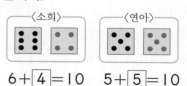

17 8

18 1, 2

19 1

20 연아

---

1 8에서부터 3개의 수를 이어 세면 11입니다.

2 (1) 1+3+5=9
      4
    9

(2) 4+2+2=8
      6
    8

3 (1) 9−4−2=3
      5
    3

(2) 7−1−4=2
      6
    2

4 8+5=13

5 5+5=10, 3+7=10, 9+1=10, 4+6=10

6 1+9+8=10+8=18

7 뒤의 두 수로 10을 만들어 계산합니다.

8 놀이터에서 6명이 놀고 있는데 5명이 더 오고 있습니다. ⇨ 6+5=11
두 수를 바꾸어 더해도 합이 같습니다.
6+5=5+6=11

9 어린이와 의자를 짝지어 보면 어린이가 7명 남습니다.

10 5+2+8=15, 7+3+4=14 ⇨ 15>14

11 10자루에서 2자루를 빼야 하므로 지혜에게 남은 연필은 10−2=8(자루)입니다.

12 9−2−3=4 ⇨ 승규가 해주와 형우에게 잃고 남은
    7   구슬은 4개입니다.
  4

9−3−2=4(개)도 답이 될 수 있습니다.

13 (형우의 구슬 수)
=(형우가 처음 가지고 있던 구슬 수)+(승규에게서 딴 구슬 수)+(해주에게서 딴 구슬 수)
=4+3+2=7+2=9(개)
더하는 세 수를 바꾸어 써도 정답으로 인정합니다.

14 (남은 우표)=9−2−5=2(장)

15 서술형 가이드 그림을 보고 풍선의 수를 세어 덧셈을 이용한 문제를 바르게 만들었는지 확인합니다.

평가 기준		
	그림의 상황에 맞는 덧셈 문제를 바르게 만듦.	상
	덧셈 문제를 만들었으나 그림과 맞지 않음.	중
	덧셈 문제를 만들지 못함.	하

16 6−1−3=2 ⇨ 2칸만큼 색칠합니다.

17 ㉠+10=13이므로 ㉠=3입니다.
6−㉡=1이므로 ㉡=5입니다.
⇨ ㉠+㉡=3+5=8

18 9−2=7이므로 7−□>4입니다.
7−1=6, 7−2=5, 7−3=4……
⇨ □ 안에 들어갈 수 있는 수는 1, 2입니다.

19 ・▲+●=10, 2+●=10 ⇨ ●=8
・★+★+●=10, ★+★+8=10, ★+★=2
⇨ ★=1

20 생각열기 10이 되는 더하기를 이용하여 모르는 눈의 수를 구합니다.

〈소희〉 〈연아〉

6+4=10   5+5=10

모르는 눈의 수는 소희는 4, 연아는 5입니다.
⇨ 모르는 눈의 수가 더 큰 사람은 **연아**입니다.

2회 **단원 평가** 121~123쪽

1 7

2 2, 6

3 (1) $2+8+3=13$ (2) $7+5+5=17$

4 16

5

6 8, 2에 ○표

7 9

8 서경

9 5, 5, 10 ; 10, 5, 5

10 도연

11 ④

12 (위부터) 2, 11

13 달 모둠

14 $8-2-1=5$(또는 $8-1-2=5$) ; 5장

15 15자루

16 6, 8(또는 8, 6)

17 예 2, 3, 3

18 예 민서는 $2+3+4=9$(권), 주희는 $1+4+2=7$(권) 읽었습니다. 따라서 민서가 주희보다 $9-7=2$(권) 더 많이 읽었습니다.
; 민서, 2권

19 16

20 16

---

1 10에서 3을 빼면 7입니다. ⇨ $10-3=7$

2 과자 9개에서 1개와 2개를 각각 가져갑니다.
⇨ $9-1-2=6$

3 (1) 2와 8을 더하면 10입니다.
(2) 5와 5를 더하면 10입니다.

4 $7+3+6=16$

5 $9+3=12$, $7+6=13$

6 $8+2=10$

7 ▲ 모양에 쓰인 수는 2, 3, 4이므로 세 수의 합은 $2+3+4=5+4=9$입니다.

8 • 현주: $7-3-2=4-2=2$
• 서경: $8-4-1=4-1=3$

9 바둑돌 5개를 꺼내고 남은 바둑돌 수는 $10-5=5$(개)이므로 [덧셈식] $5+5=10$과 [뺄셈식] $10-5=5$를 각각 만들 수 있습니다.

10 • 도연: $8+5+5=8+10=18$
• 윤후: $9+1+6=10+6=16$
• 우리: $4+6+7=10+7=17$
⇨ 18이 가장 큰 수이므로 **도연**이가 사탕을 받습니다.

11 싹이 트지 않은 씨앗은 9개이므로 덧셈식 $1+9=10$, $9+1=10$과 뺄셈식 $10-1=9$, $10-9=1$을 만들 수 있습니다.

12

	해 모둠	달 모둠
어제까지 받은 칭찬 붙임딱지	8개	9개
오늘 받은 칭찬 붙임딱지	㉠ 2개	2개
전체 붙임딱지	10개	㉡ 11개

㉠: $8+\boxed{2}=10$(개) ⇨ 해 모둠이 오늘 받은 칭찬 붙임딱지는 2개입니다.
㉡: $9+2=\boxed{11}$(개) ⇨ 달 모둠이 받은 전체 붙임딱지는 11개입니다.

13 전체 붙임딱지 수를 비교하면 $10<11$이므로 **달 모둠**이 칭찬 붙임딱지를 더 많이 모았습니다.

14 생각열기 세 수의 뺄셈식을 만들어서 계산합니다.
가지고 있던 색종이 8장 중 2장과 1장을 각각 주었으므로 주고 남은 색종이는 $8-2-1=5$(장)입니다.

15 $5+9+1=15$(자루)

16 □ 안에 두 수의 합이 14가 되어야 합니다. 주어진 수 카드 중 합이 14인 두 수는 6과 8입니다.
⇨ $6+4+8=18$ (또는 $8+4+6=18$)

17 여러 가지 이야기를 만들 수 있습니다.

18 서술형 가이드 민서와 주희가 3달 동안 읽은 책의 수를 각각 구한 뒤 두 수의 차를 구하는 풀이 과정이 들어 있어야 합니다.

평가 기준		
	민서와 주희가 3달 동안 읽은 책의 수를 각각 구하고 두 수의 차를 이용하여 답을 바르게 구함.	상
	민서와 주희가 3달 동안 읽은 책의 수를 구하였으나 풀이 과정에서 실수하여 답이 틀림.	중
	풀이 과정과 답이 틀림.	하

19 합이 10인 두 수는 (1, 9), (2, 8), (3, 7), (4, 6), (5, 5)입니다. 이중 조건을 만족하는 두 수는 4와 6이므로 🍓는 4, 🍎은 6입니다.
⇨ 🍓+🍎+🍅$=4+6+6=16$

20 어떤 수를 □라고 하면
$□-6=4$ ⇨ $4+6=□$, $□=10$
(바른 계산) ⇨ $10+6=16$

5. 시계 보기와 규칙 찾기

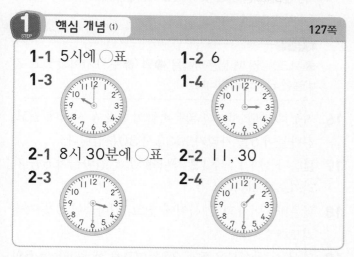

1 STEP 핵심 개념 ⑴ — 127쪽

1-1 5시에 ○표 **1-2** 6

1-3 (시계) **1-4** (시계)

2-1 8시 30분에 ○표 **2-2** 11, 30

2-3 (시계) **2-4** (시계)

1-2 짧은바늘이 6, 긴바늘이 12를 가리키므로 시계는 6시를 나타냅니다.

1-3 '몇 시'는 긴바늘이 12를 가리킵니다.

2-2 짧은바늘이 11과 12 사이에 있고, 긴바늘이 6을 가리키므로 시계는 11시 30분을 나타냅니다.

2-3 '몇 시 30분'은 긴바늘이 6을 가리킵니다.

2 STEP 유형 탐구 ⑴ — 128~133쪽

1 7시, 일곱 시 **2** (선 잇기)

3 ⑩ 시계의 긴바늘이 모두 12를 가리킵니다.

4 12시 **5** 4, 12

6 ( )(○)( ) **7** (시계)

8 (시계) **9** (시계) ; 3시

10 ⑩ 1시일 때 짧은바늘이 1, 긴바늘이 12를 가리켜야 하는데 긴바늘과 짧은바늘이 가리키는 위치가 바뀌어 있습니다. ; (시계)

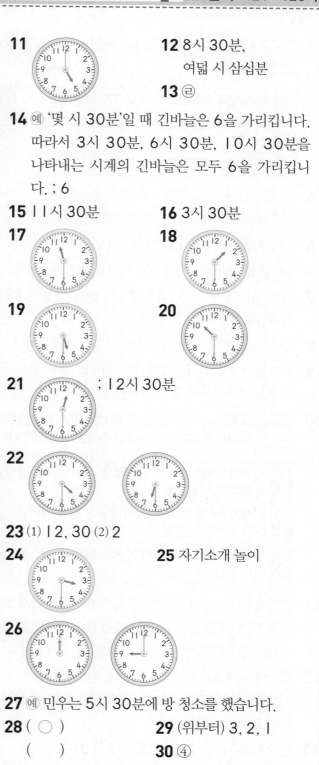

11 (시계) **12** 8시 30분, 여덟 시 삼십분

13 ㉣

14 ⑩ '몇 시 30분'일 때 긴바늘은 6을 가리킵니다. 따라서 3시 30분, 6시 30분, 10시 30분을 나타내는 시계의 긴바늘은 모두 6을 가리킵니다. ; 6

15 11시 30분 **16** 3시 30분

17 (시계) **18** (시계)

19 (시계) **20** (시계)

21 (시계) ; 12시 30분

22 (시계)(시계)

23 ⑴ 12, 30 ⑵ 2

24 (시계) **25** 자기소개 놀이

26 (시계)(시계)

27 ⑩ 민우는 5시 30분에 방 청소를 했습니다.

28 (○) **29** (위부터) 3, 2, 1
( ) **30** ④

31 (시계) **32** 수호, 수진, 수아

1 짧은바늘이 7, 긴바늘이 12를 가리키므로 시계는 7시를 나타내고 **일곱 시**라고 읽습니다.

2 왼쪽 시계는 위부터 5시, 11시를 나타내고 오른쪽 시계는 위부터 11시, 1시, 5시를 나타냅니다.

3 〔서술형 가이드〕 시곗바늘을 보고 공통점을 찾아 설명할 수 있는지 확인합니다.

평 가 기 준	세 시계의 공통점을 찾아 바르게 설명함.	상
	세 시계의 공통점을 찾아 설명하였으나 설명이 미흡함.	중
	세 시계의 공통점을 찾지 못함.	하

4 시계의 긴바늘이 12를 가리키므로 '몇 시'이고 이때 짧은바늘이 12를 가리키므로 12시입니다.

5 4시는 짧은바늘이 4, 긴바늘이 12를 가리킵니다.

6 5시는 짧은바늘이 5, 긴바늘이 12를 가리킵니다.

7 여섯 시는 6시이므로 짧은바늘이 6, 긴바늘이 12를 가리킵니다.

8 2시는 짧은바늘이 2, 긴바늘이 12를 가리킵니다.

9 긴바늘이 12를 가리키면 '몇 시'이고 이때 짧은바늘이 3을 가리키므로 3시입니다.

10 〔서술형 가이드〕 1시일 때 두 시곗바늘의 위치를 알고 잘못된 이유를 바르게 설명하고 나타낼 수 있는지 확인합니다.

평 가 기 준	시계에 1시를 바르게 나타내고 잘못 나타낸 이유를 바르게 설명함.	상
	시계에 1시를 바르게 나타냈으나 잘못 나타낸 이유 설명이 미흡함.	중
	시계에 1시를 나타내지 못하고 잘못 나타낸 이유도 설명하지 못함.	하

11 긴바늘이 한 바퀴 움직이면 짧은바늘이 4에서 5로 숫자 한 칸만큼 움직입니다. 따라서 5시이므로 짧은바늘이 5, 긴바늘이 12를 가리키도록 나타냅니다.

12 짧은바늘이 8과 9 사이에 있고, 긴바늘이 6을 가리키므로 시계는 8시 30분을 나타내고 **여덟 시 삼십분** 이라고 읽습니다.

13 ㉠ 2시 30분 ㉡ 2시 30분 ㉢ 2시 30분 ㉣ 3시

14 〔서술형 가이드〕 주어진 각각의 시각에서 시곗바늘의 위치를 알고 답을 찾을 수 있는지 확인합니다.

평 가 기 준	세 시각의 긴바늘의 위치를 알고 답을 바르게 구함.	상
	세 시각의 긴바늘의 위치는 알고 있으나 실수하여 답이 틀림.	중
	세 시각의 긴바늘의 위치를 몰라 답을 구하지 못함.	하

15 긴바늘이 6을 가리킬 때의 시각은 '몇 시 30분'입니다. 짧은바늘이 11과 12 사이에 있으므로 지금은 11시 30분입니다.

> 〔참고〕
> ●시 30분일 때 짧은바늘은 ●와 (●+1) 사이에 있고, 긴바늘은 6을 가리킵니다.

16 거꾸로 매단 시계의 짧은바늘이 3과 4 사이에 있고, 긴바늘이 6을 가리키므로 3시 30분입니다.

17 짧은바늘이 11과 12 사이에 있고, 긴바늘이 6을 가리키도록 합니다.

18 짧은바늘이 1과 2 사이에 있고, 긴바늘이 6을 가리키도록 합니다.

19 다섯 시 삼십분은 5시 30분이므로 짧은바늘이 5와 6 사이에 있고, 긴바늘이 6을 가리키도록 합니다.

20 〔생각열기〕 대전역에 도착한 시각은 10시 30분입니다. 10시 30분은 짧은바늘이 10과 11 사이에 있고, 긴바늘이 6을 가리킵니다.

21 짧은바늘이 12와 1 사이에 있고, 긴바늘이 6을 가리킬 때의 시각은 12시 30분입니다.

22 • 영화가 시작하는 시각은 4시 30분이므로 짧은바늘이 4와 5 사이에 있고, 긴바늘이 6을 가리킵니다.
• 영화가 끝나는 시각은 6시 30분이므로 짧은바늘이 6과 7 사이에 있고, 긴바늘이 6을 가리킵니다.

23 ⑴ 점심을 먹고 있는 시각은 짧은바늘이 12와 1 사이에 있고, 긴바늘이 6을 가리키므로 12시 30분입니다.
⑵ 공부를 하고 있는 시각은 짧은바늘이 2, 긴바늘이 12를 가리키므로 2시입니다.

24 3시 30분은 짧은바늘이 3과 4 사이에 있고, 긴바늘이 6을 가리킵니다.

25 10시는 짧은바늘이 10, 긴바늘이 12를 가리킵니다.

26 • 12시는 짧은바늘이 12, 긴바늘이 12를 가리킵니다.
• 9시는 짧은바늘이 9, 긴바늘이 12를 가리킵니다.

27 〔서술형 가이드〕 시계가 나타내는 시각과 그림을 이용하여 이야기를 만들 수 있는지 확인합니다.

평 가 기 준	시각과 그림을 이용하여 이야기를 알맞게 만듦.	상
	시각과 그림을 이용하였으나 이야기를 만드는 데 미흡함.	중
	시각과 그림을 이용하여 이야기를 만들지 못함.	하

28 운동을 한 시각은 7시이고, 책을 읽은 시각은 10시입니다. 따라서 먼저 한 일은 운동입니다.

29 책 읽기는 4시, 텔레비전 보기는 3시 30분, 놀이터에서 놀기는 2시에 했습니다. 따라서 빠른 시각부터 차례로 쓰면 2시, 3시 30분, 4시이므로 빠른 시각에 한 일부터 쓰면 놀이터에서 놀기, 텔레비전 보기, 책 읽기 순서입니다.

30 ① 6시 ② 7시 30분 ③ 6시 30분 ④ 9시 30분
따라서 저녁 5시 30분부터 8시까지의 시각이 아닌 것은 ④입니다.

31 문제분석 ▶ 본문 133쪽

진희와 승기가 오늘 낮에 놀이터에 온 시각입니다. 두 사람 중 ①더 늦게 온 사람의 ②시각을 시계에 나타내어 보시오.

| 진희: 2시 30분
승기: 2시 | |

| ①더 늦게 온 사람 | 두 시각 중 더 늦은 시각을 찾습니다. |
| ②시각을 시계에 나타내어 보시오. | ①에서 찾은 시각을 시계에 나타내어 봅니다. |

2시 30분이 2시보다 더 늦은 시각이므로 2시 30분을 시계에 나타냅니다. 2시 30분은 짧은바늘이 2와 3 사이에 있고, 긴바늘이 6을 가리킵니다.

32 일어난 시각은 수진이가 7시 30분, 수아가 8시, 수호가 7시입니다. 따라서 먼저 일어난 사람부터 차례로 쓰면 **수호, 수진, 수아**입니다.

특강 창의·융합 (1)

134~135쪽

1 ×   **2** ○   **3** ○

4 (위부터) 10시 30분, 9시 30분, 7시

5

6 3시   **7** 9시 30분   **8** 12시

9   **10**

1 9시에 집에서 출발해야 하는데 9시 30분에 출발하였으므로 계획표대로 하지 않았습니다.

2 1시 30분에 점심 식사를 하였으므로 계획표대로 하였습니다.

3 7시에 집에 도착하였으므로 계획표대로 하였습니다.

4 짧은바늘과 긴바늘의 위치를 보고 시각을 읽어 봅니다.

5 • 시드니는 4시이므로 짧은바늘이 4, 긴바늘이 12를 가리키도록 합니다.
• 뉴델리는 10시 30분이므로 짧은바늘이 10과 11 사이에 있고, 긴바늘이 6을 가리키도록 합니다.

6 짧은바늘이 3을 가리키므로 긴바늘은 12를 가리킵니다. ⇨ 3시

7 짧은바늘이 9와 10 사이 중간에 있으므로 긴바늘은 6을 가리킵니다. ⇨ 9시 30분

8 짧은바늘이 12를 가리키므로 긴바늘은 12를 가리킵니다. ⇨ 12시

9 8시 30분에서 1시간이 지난 9시 30분을 시계에 나타냅니다.

10 10시에서 2시간이 지난 12시를 시계에 나타냅니다.

셀파 가·이·드

▶ 그림과 계획표의 시각을 비교해 봅니다.

▶ 짧은바늘이 숫자를 가리킬 때 긴바늘은 항상 12를 가리키므로 '몇 시'입니다.

▶ 짧은바늘이 숫자와 숫자 가운데에 있을 때 긴바늘은 항상 6을 가리키므로 '몇 시 30분'입니다.

▶ 긴바늘이 한 바퀴 돌면 짧은바늘이 숫자 한 칸을 움직입니다.

1 (○) (○) (×)   **2** 소리, 민석

3

4 ; 5

5 예 2시는 시계의 짧은바늘이 2, 긴바늘이 12를 가리킵니다. 따라서 두 시곗바늘이 가리키는 숫자의 합은 2+12=14입니다. ; 14

6 7시 30분

7 예 긴바늘이 6을 가리키므로 '몇 시 30분'이고 이때 3시보다 늦고 5시보다 빠른 시각이므로 3시 30분, 4시 30분입니다. 따라서 모두 2번 있습니다. ; 2번

8 ㉢   **9** 12시   **10** 3시 30분 ;

1 계획표의 시각과 시계의 시각을 비교해 봅니다.

2 도착한 시각을 알아보면 정현이가 2시, 소리가 1시 30분, 민석이가 2시 30분입니다. 따라서 일찍 도착한 사람부터 차례로 쓰면 **소리**, 정현, **민석**입니다.

3 • LA는 12시 30분이므로 짧은바늘이 12와 1 사이에 있고, 긴바늘이 6을 가리키도록 합니다.
• 시카고는 2시 30분이므로 짧은바늘이 2와 3 사이에 있고, 긴바늘이 6을 가리키도록 합니다.
• 뉴욕은 3시 30분이므로 짧은바늘이 3과 4 사이에 있고, 긴바늘이 6을 가리키도록 합니다.

4 운동회는 10시에 시작하였으므로 시계에 10시를 나타내고, 끝난 시각은 4시 30분이므로 4시 30분을 시계에 나타냅니다. 집에 돌아온 시각은 5시입니다.

5 [서술형 가이드] 시각을 보고 시각에 알맞게 두 시곗바늘이 가리키는 숫자를 알 수 있는지 확인합니다.

평가기준	2시일 때 두 시곗바늘이 가리키는 숫자를 찾아 답을 바르게 구함.	상
	2시일 때 두 시곗바늘이 가리키는 숫자는 찾았으나 실수하여 답이 틀림.	중
	2시일 때 두 시곗바늘이 가리키는 숫자를 모름.	하

6 [문제분석] ▶ 본문 137쪽

피노키오가 ①거꾸로 매단 시계의 ②시각을 써 보시오.

①거꾸로 매단 시계	두 시곗바늘이 각각 가리키는 숫자를 알아봅니다.
②시각을 써 보시오.	두 시곗바늘이 가리키는 숫자를 이용하여 시각을 알아봅니다.

짧은바늘이 7과 8 사이에 있고, 긴바늘이 6을 가리키므로 7시 30분입니다.

셀파 가·이·드

▶ 시각이 빠를수록 일찍 도착한 것입니다.

▶ 도시별 시각을 찾아 시곗바늘을 알맞게 그려 봅니다.

▶ 시계에 나타낸 시각과 글을 읽고 서로 알맞게 채웁니다.

▶ '몇 시'일 때 긴바늘은 12를 가리킵니다.

▶ 짧은바늘과 긴바늘을 구분하여 짧은바늘을 보고 시각을, 긴바늘을 보고 분을 알아봅니다.

7 서술형 가이드 긴바늘이 가리키는 숫자를 이용하여 시각을 찾을 수 있는지 확인합니다.

평가 기준	긴바늘이 가리키는 숫자를 이용하여 조건에 맞는 시각을 모두 찾음.	상
	긴바늘이 가리키는 숫자를 이용하여 조건에 맞는 시각을 찾을 수는 있으나 실수하여 답이 틀림.	중
	조건에 맞는 시각을 찾지 못함.	하

셀파 **가·이·드**

▶ 3시보다 늦고 5시보다 빠른 시각 중 몇 시와 몇 시 30분은 3시 30분, 4시, 4시 30분이 있습니다.

8 문제분석 ▶ 본문 137쪽

오른쪽과 같이 시계의 일부분이 가려져 ①두 시곗바늘이 보이지 않습니다. ②이 시계의 시각이 될 수 없는 것을 찾아 기호를 쓰시오.

> ㉠ 여덟 시   ㉡ 아홉 시
> ㉢ 열 시 삼십분   ㉣ 열한 시

①두 시곗바늘이 보이지 않습니다.	'몇 시'와 '몇 시 30분'일 때 긴바늘의 위치를 생각해 봅니다.
②이 시계의 시각이 될 수 없는 것을 찾아 기호를 쓰시오.	시곗바늘을 시계에 나타냈을 때 시곗바늘이 보이는 시각을 찾습니다.

'몇 시'일 때 긴바늘은 12를 가리키고 '몇 시 30분'일 때 긴바늘은 6을 가리키므로 '몇 시 30분'은 가려진 시계의 시각이 될 수 없습니다. 따라서 시계의 시각이 될 수 없는 시각은 ㉢입니다.

▶ 가려진 부분에 두 시곗바늘이 있습니다.

9 문제분석 ▶ 본문 137쪽

①'몇 시' 또는 '몇 시 30분'인 시각 중 ②시계의 두 시곗바늘이 완전히 겹쳐지는 시각을 쓰시오.

①'몇 시' 또는 '몇 시 30분'인 시각	'몇 시'와 '몇 시 30분'일 때 긴바늘의 위치를 생각해 봅니다.
②시계의 두 시곗바늘이 완전히 겹쳐지는 시각을 쓰시오.	시곗바늘을 시계에 나타냈을 때 두 시곗바늘이 겹치는 시각을 찾습니다.

'몇 시'일 때 긴바늘은 12를 가리키므로 두 시곗바늘이 겹쳐지려면 짧은바늘이 12를 가리켜야 하고, 이때 시각은 12시입니다. '몇 시 30분'일 때 긴바늘은 6을 가리키므로 '몇 시 30분'일 때 시곗바늘이 겹쳐지려면 짧은바늘이 6을 가리켜야 합니다. 이때 짧은바늘이 6을 가리키는 시각은 없습니다.
따라서 두 시곗바늘이 완전히 겹쳐지는 시각은 12시입니다.

▶ 두 시곗바늘의 위치에 따라 시각이 될 수 있는 것을 찾습니다.

10 생각열기 ▇와 ●는 1 차이가 나는 수입니다.
합이 7인 두 수를 찾으면 (1, 6), (2, 5), (3, 4)가 있고 이 중 차가 1인 수는 (3, 4)입니다. 따라서 지수가 본 시계는 짧은바늘이 3과 4 사이에 있고, 긴바늘이 6을 가리키므로 3시 30분입니다.

▶ '몇 시 30분'일 때 짧은바늘은 숫자와 숫자 사이에 있으므로 두 숫자의 차는 1입니다.

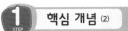

1 STEP 핵심 개념 (2)   139쪽

3-1 🍇🍎🍎에 ○표

3-2 🎈에 ○표

4-1

🐝	🌷	🐝	🌷	🐝	🌷
△	□	△	□	△	□

4-2

✏️	🧽	🧽	✏️	🧽	🧽	✏️	🧽
1	2	2	1	2	2	1	2

5-1
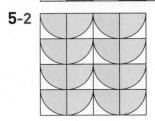

5-2

3-2 빨간색 풍선과 파란색 풍선이 반복되므로 빈칸에는 빨간색 풍선이 들어갑니다.

5-1 첫째 줄과 셋째 줄은 보라색과 노란색이 반복되고, 둘째 줄과 넷째 줄은 노란색과 보라색이 반복됩니다.

2 STEP 유형 탐구 (2)   140~145쪽

1 예

2 토끼, 고양이

3

4 배추, 무, 배추   **5** 현서

6 예 빨간색 불과 초록색 불이 반복되며 켜집니다.

7 △   **8** ♥

9 ②   **10** ㉠

11 예 3시와 9시가 반복됩니다. ;

12 예 접시, 시계

13

14
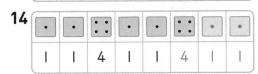

15 ①, ②   **16** 8번

17 9   **18** 가

19 나

20 예 양손을 내린 학생, 양손으로 만세 한 학생이 반복됩니다.

21

22 코끼리

23 (1) 노란색, 파란색 (2) 파란색, 빨간색
(3) 파란색, 빨간색, 노란색

24
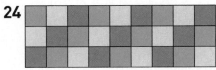

25

26 ㉠, ㉣   **27** 15칸

28   **29** 예

30 ㉢   **31** ▨, ▧에 ○표

32 예
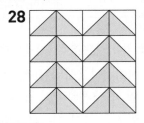
; 첫째 줄은 ⌣ 모양이 반복되고, 둘째 줄은 ⌢ 모양이 반복됩니다.

1 사탕, 아이스크림, 아이스크림이 반복됩니다.

2 반복되는 동물을 찾아 봅니다.

3 야구공과 농구공이 반복됩니다.

4 **배추, 무, 배추**가 반복됩니다.

5 바지, 치마, 모자가 반복됩니다.

6 서술형 가이드 신호등을 보고 규칙을 찾아 설명할 수 있는지 확인합니다.

평가기준	규칙을 찾아 바르게 설명함.	상
	규칙은 찾았으나 설명이 미흡함.	중
	규칙을 찾지 못함.	하

7 △, □가 반복되므로 빈칸에는 △가 들어갑니다.

8 ♥, ♡, ♥가 반복되므로 빈칸에는 ♡가 들어갑니다.

9 구슬 ③, ①, ②가 반복되므로 다음에 꿰어야 할 구슬은 ②입니다.

10

11 서술형 가이드 규칙을 찾아 시곗바늘을 그리고 규칙을 설명할 수 있는지 확인합니다.

평가기준	규칙을 찾아 바르게 설명하고 시곗바늘을 알맞게 그림.	상
	규칙을 찾아 시곗바늘은 그렸으나 규칙 설명이 미흡함.	중
	규칙을 찾지 못하여 답을 구하지 못함.	하

12 △, ○, ○가 반복되므로 빈칸에는 ○가 들어갑니다. 주변에서 ○ 모양 물건을 찾아 봅니다.

13 발구르기, 손뼉치기, 손뼉치기가 반복되는 규칙입니다.

14 ⚀, ⚀, ⚂이 반복됩니다.

15 축구공, 축구공, 야구공, 야구공이 반복됩니다.

16 한 마디(♩♪♪♩)에 큰북을 2번 치고, 작은북을 2번 쳐야 합니다. 따라서 악보를 완성하면 큰북을 모두 **8번** 쳐야 합니다.

17 보, 가위, 가위, 바위가 반복됩니다. 보는 5, 가위는 2, 바위는 0으로 나타내므로 빈칸에 들어갈 수는 차례로 2, 5, 2, 0입니다.
따라서 합은 2+5+2+0=9입니다.

18 👩, 👧 가 반복되므로 빈칸에는 👩가 들어갑니다.

19 👦, 👧, 👧 가 반복되므로 빈칸에는 👦가 들어갑니다.

20 서술형 가이드 규칙을 찾아 바르게 설명할 수 있는지 확인합니다.

평가기준	규칙을 찾아 바르게 설명함.	상
	규칙을 찾았으나 규칙 설명이 미흡함.	중
	규칙을 찾지 못하여 규칙을 설명하지 못함.	하

21 🧍, 🙆, 🧍, 이 반복되는 규칙입니다.

22 문제분석 본문 143쪽

서우네 반 학생들은 ①규칙에 따라 1번부터 차례로 동물 흉내를 내고 있습니다. ②8번인 서우가 흉내 낼 동물은 무엇입니까?

①규칙에 따라 1번부터 차례로 동물 흉내를 내고 있습니다.	그림을 보고 규칙을 찾습니다.
②8번인 서우가 흉내 낼 동물은 무엇입니까?	찾은 규칙에 따라 8번째 흉내 낼 동물을 찾습니다.

1번부터 토끼, 코끼리, 악어를 반복하여 흉내 내는 규칙이므로 8번인 서우는 **코끼리** 흉내를 내야 합니다.

23~24 첫째 줄은 빨간색, 노란색, 파란색이 반복되고, 둘째 줄은 노란색, 파란색, 빨간색이 반복되고, 셋째 줄은 파란색, 빨간색, 노란색이 반복됩니다. 이 규칙에 따라 각 줄별로 색칠해 봅니다.

25 검은색을 한 칸씩 건너 뛰어가며 색칠한 규칙입니다.

26 첫째 줄은 빨간색, 파란색, 파란색이 반복되고, 둘째 줄도 빨간색, 파란색, 파란색이 반복되므로 빨간색을 칠해야 하는 곳은 ㉠, ㉣입니다.

27 첫째 줄은 빨간색, 초록색, 파란색이, 둘째 줄은 파란색, 빨간색, 초록색이, 셋째 줄은 초록색, 파란색, 빨간색이 반복됩니다. 이 반복되는 규칙에 따라 색칠하면 빨간색을 15칸 더 색칠합니다.

주의
남은 칸 중에서 빨간색으로 색칠해야 하는 칸의 수를 세어야 하는 것에 주의합니다.

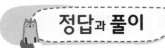

28~29 규칙에 따라 무늬를 꾸밉니다.

30 생각열기 각 무늬에서 반복되는 모양을 각각 찾습니다.
주어진 무늬를 이용하여 꾸민 무늬는 ㉢입니다.

31 ◰ 모양, ◳ 모양이 반복됩니다.

32 서술형 가이드 보기의 모양을 이용하여 무늬를 만들고 만든 무늬의 규칙을 설명할 수 있는지 확인합니다.

평가기준		
	보기의 모양으로 무늬를 만들고 만든 무늬의 규칙을 바르게 설명함.	상
	보기의 모양으로 무늬는 만들었으나 만든 무늬의 규칙 설명이 미흡함.	중
	보기의 모양으로 무늬를 만들지 못함.	하

① STEP 핵심 개념 (3) 147쪽

6-1 2에 ○표   **6-2** 2, 5
6-3 77   **6-4** 6
7-1 1   **7-2** (1) 70 (2) 10 (3) 9

6-2 수가 반복되는 규칙입니다.
6-3 수가 1씩 커지는 규칙입니다.
6-4 수가 1씩 작아지는 규칙입니다.
7-2 (3) 색칠한 수 66−75−84−93은 66부터 시작하여 9씩 뛰어 세는 규칙입니다.

② STEP 유형 탐구 (3) 148~153쪽

1 (1) 4, 9 (2) 25, 28
2 예 3과 1이 반복됩니다.
3 9, 9, 54   **4** ㉡
5 16, 21, 26, 31, 36
6 7, 7, 2, 7, 7   **7** 90
8 예 28−31−34−37−40−43−46
; 예 28부터 시작하여 3씩 커집니다.
9 예 14부터 시작하여 2씩 작아집니다.
;
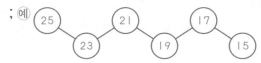

10 ×, ○   **11** 32, 30

12
4	3	2	1
14	13	12	11
24	23	22	21
34	33	32	31

13
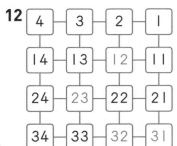
3	6	3
4	8	4
5	10	5
6	12	6

14 예 오른쪽 옆으로는 1씩 커집니다.
예 아래쪽으로는 3씩 커집니다.
15 1씩, 10씩   **16** 11씩
17 예 10부터 시작하여 아래쪽으로 1칸 갈 때마다 10씩 커집니다.

18
41	42	43	44	45	46	47	48	49	50
51	52	53	54	55	56	57	58	59	60
61	62	63	64	65	66	67	68	69	70
71	72	73	74	75	76	77	78	79	80

19 6개

20
1	2	3	4	5	6	7	8	9	10
11	12	13	14	15	16	17	18	19	20
21	22	23	24	25	26	27	28	29	30
31	32	33	34	35	36	37	38	39	40

21
61	62	63	64	65	66	67	68	69	70
71	72	73	74	75	76	77	78	79	80
81	82	83	84	85	86	87	88	89	90
91	92	93	94	95	96	97	98	99	100

22 수진
23 • 예 21부터 시작하여 12씩 커집니다.
• 예 30부터 시작하여 8씩 커집니다.
; 54에 파란색, 57에 빨간색
24 (왼쪽부터) 45, 50   **25** (위부터) 70, 77
26 예 22부터 시작하여 8씩 커집니다.

27

		74			78		
	82			86			90

28 74에 ×표 ; 73

1 (1) 4와 9가 반복됩니다.

(2) 13부터 시작하여 3씩 커집니다.

2 서술형 가이드 주어진 수 배열에서 수의 규칙을 찾을 수 있는지 확인합니다.

평가기준	수의 규칙을 찾아 바르게 설명함.	상
	수의 규칙은 찾았으나 설명이 미흡함.	중
	수의 규칙을 몰라 설명하지 못함.	하

3 생각열기 수가 커지거나 작아지는 규칙인지, 반복되는 규칙인지 생각해 봅니다.

90−81−72−63−□−45는 90부터 시작하여 9씩 작아지므로 빈칸에는 63에서 9 작아진 54가 들어갑니다.

4 1−5−9−13은 1부터 시작하여 4씩 커지는 규칙입니다. 수 배열 ㉠ 20, 16, 12, 8은 4씩 작아지는 규칙이고, ㉡ 25, 29, 33, 37은 4씩 커지는 규칙이고, ㉢ 7, 10, 7, 10은 7과 10이 반복됩니다. 따라서 4씩 커지는 수 배열을 찾으면 ㉡입니다.

5 11부터 시작하여 5씩 커지도록 수를 쓰면
11−16−21−26−31−36입니다.

6 2, 7, 7이 반복되도록 수를 쓰면
2−7−7−2−7−7입니다.

7 10부터 시작하여 20씩 커지도록 수를 쓰면
10−30−50−70−90(㉠)입니다.

주의
20씩 커지면 10개씩 묶음의 수만 2씩 커집니다.

8 서술형 가이드 규칙을 만들고 규칙에 따라 수를 쓸 수 있는지 확인합니다.

평가기준	규칙을 만들고 수 배열을 바르게 씀.	상
	규칙은 만들었으나 수 배열에서 실수함.	중
	규칙을 만들지 못함.	하

9 서술형 가이드 주어진 수 배열의 규칙을 알고 수를 쓸 수 있는지 확인합니다.

평가기준	규칙을 알맞게 쓰고 수 배열을 바르게 씀.	상
	규칙은 알맞게 설명했으나 수 배열에서 실수함.	중
	규칙을 알지 못함.	하

10 수 배열에서 오른쪽 옆으로는 2씩 커지고, 아래쪽으로는 10씩 커집니다.

11 아래쪽으로는 10씩 커지므로 ■는 32이고, 오른쪽 옆으로는 2씩 커지므로 ■는 30입니다.

12 수 배열에서 오른쪽 옆으로는 1씩 작아지고, 아래쪽으로는 10씩 커집니다.

13 양쪽의 수를 더한 수가 가운데 오는 수입니다.

14 서술형 가이드 수 배열의 규칙을 찾아 여러 가지를 설명할 수 있는지 확인합니다.

평가기준	수 배열에서 규칙을 찾아 여러 가지 바르게 설명함.	상
	수 배열에서 규칙을 찾아 1가지만 바르게 설명함.	중
	수 배열에서 규칙을 찾지 못함.	하

15 수 배열표에서 파란색 줄은 31부터 시작하여 1씩 커지고 빨간색 줄은 8부터 시작하여 10씩 커집니다.

16 생각열기 색칠한 수를 먼저 알아봅니다.
색칠한 수는 1부터 시작하여 11씩 뛰어 세는 규칙입니다.

17 서술형 가이드 가장 오른쪽에 있는 수를 알고 수의 규칙을 찾을 수 있는지 확인합니다.

평가기준	수의 규칙을 찾아 바르게 설명함.	상
	수의 규칙은 찾았으나 설명이 미흡함.	중
	수의 규칙을 몰라 설명하지 못함.	하

18 수 배열표에서 오른쪽으로는 1씩 커지고, 아래쪽으로는 10씩 커집니다.

19 2부터 3씩 커지는 수가 적힌 풍선을 터뜨리는 규칙이므로 17, 20, 23, 26, 29, 32가 적힌 풍선 6개를 더 터뜨려야 합니다.

20 4부터 시작하여 5씩 커지는 규칙입니다.

21 생각열기 62부터 시작하여 7씩 커지는 수를 먼저 알아봅니다.

62−69−76−83−90−97이므로 이 수들을 색칠합니다.

22 생각열기 색칠한 수의 규칙을 알아봅니다.
53부터 시작하여 6씩 커지는 규칙이므로 더 색칠해야 하는 수는 83, 89, 95입니다. 따라서 바르게 말한 사람은 수진이입니다.

23 서술형 가이드 수 배열표에서 색칠한 수들의 규칙을 각각 찾아 설명하고 답을 구할 수 있는지 확인합니다.

평가기준	수 배열표에서 색깔별로 칠해진 수들의 규칙을 찾아 바르게 설명하고 답을 찾음.	상
	수 배열표에서 색깔별로 칠해진 수들의 규칙을 1가지만 바르게 설명함.	중
	수 배열표에서 색칠한 수들의 규칙을 찾지 못함.	하

24 15부터 시작하여 5씩 커지는 규칙입니다.

25 42부터 시작하여 7씩 커지는 규칙입니다.

26 서술형 가이드 수 배열표에 쓴 수들의 규칙을 찾을 수 있는지 확인합니다.

평가기준	수 배열표에 쓴 수들의 규칙을 찾아 바르게 설명함.	상
	수 배열표에 쓴 수들의 규칙은 찾았으나 설명이 미흡함.	중
	수 배열표에 쓴 수들의 규칙을 찾지 못함.	하

27 74부터 시작하여 4씩 커지는 규칙입니다.

28 문제분석 ▶ 본문 153쪽

규칙에 따라 수 배열표에 수를 쓴 것입니다. ①잘못 쓴 수 하나를 찾아 ×표 하고 ②바르게 고치시오.

| ①잘못 쓴 수 하나를 찾아 ×표 하고 | 배열표에 쓴 수들의 규칙을 알아봅니다. |
| ②바르게 고치시오. | ①에서 찾은 규칙에 따라 잘못 쓴 수를 바르게 고칩니다. |

55부터 6씩 커지는 규칙입니다. 따라서 규칙에 따라 수를 쓸 때 55−61−67−<u>73</u>−79−85이므로 잘못 쓴 수는 74이고 73으로 고쳐야 합니다.

해결의 법칙 **특강** 창의·융합 (2)   154~155쪽

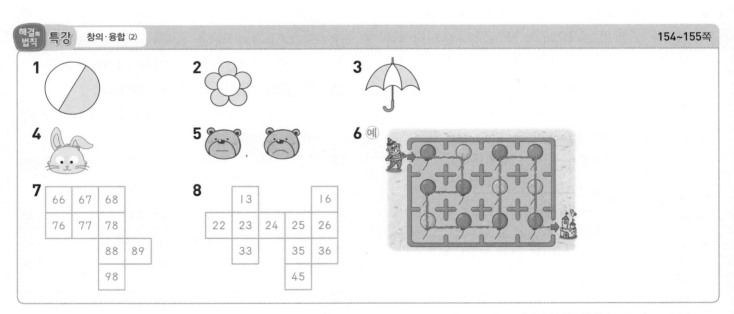

1~3 그림에서 흰색 부분은 검은색으로, 검은색 부분은 흰색으로 색칠합니다.
4 첫째 번, 둘째 번 귀 모양이 반복됩니다. ────────────
5 첫째 번, 둘째 번, 셋째 번 표정이 반복됩니다. ────────
6 빨간색 풍선, 노란색 풍선, 파란색 풍선이 반복되도록 길을 찾아 나타냅니다.
7 넷째 줄의 빈칸에 가장 큰 수인 98이 들어갑니다.
8 가장 작은 수인 13이 첫째 줄의 왼쪽에 들어가고 이때 수 배열표는 오른쪽 옆으로는 1씩 커지고, 아래쪽으로는 10씩 커집니다.

셀파 가·이·드
▶ 토끼의 귀 모양이 변합니다.
▶ 곰의 입 모양이 변합니다.

3 STEP 레벨 UP (2)

1 ㉢

2 별 도장

3 예 3, 9가 반복됩니다. ; 예
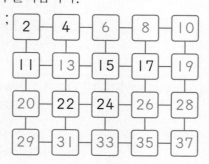

4 빨간색

5 예 작은 사탕과 큰 사탕이 반복되고 이때 작은 사탕이 1개씩 늘어납니다.

6 예 오른쪽으로는 2씩 커지고, 아래쪽으로는 9씩 커집니다. ;

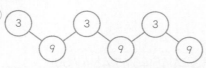

2	4	6	8	10
11	13	15	17	19
20	22	24	26	28
29	31	33	35	37

7 15칸, 21칸

8 6개

9 71

10 95

---

1 ㉡, ㉢, ㉠의 행동이 반복됩니다. 따라서 빈칸에는 ㉡ 다음의 행동인 ㉢입니다.

2 생각열기 셋째 줄의 규칙을 알아봅니다.
셋째 줄은 나비 도장, 나비 도장, 벌 도장이 반복됩니다.

3 서술형가이드 규칙을 만들고 규칙에 따라 수를 쓸 수 있는지 확인합니다.

평가기준	조건에 맞게 규칙을 만들고 수 배열을 바르게 씀.	상
	조건에 맞게 규칙은 만들었으나 수 배열에서 실수함.	중
	조건에 맞는 규칙을 만들지 못함.	하

4 빨간색, 파란색, 초록색 구슬이 반복되므로 10째 번에는 **빨간색** 구슬을 놓아야 합니다.

5 서술형가이드 규칙을 찾아 설명할 수 있는지 확인합니다.

평가기준	규칙을 찾아 바르게 설명함.	상
	규칙은 찾았으나 설명이 미흡함.	중
	규칙을 찾지 못함.	하

6 서술형가이드 규칙을 찾고 규칙에 따라 수를 쓸 수 있는지 확인합니다.

평가기준	규칙을 찾아 쓰고 규칙에 따라 수를 바르게 씀.	상
	규칙은 찾았으나 규칙에 따라 수를 바르게 쓰지 못함.	중
	규칙을 찾지 못함.	하

7 생각열기 먼저 색을 칠한 규칙을 알아봅니다.
규칙에 따라 위에서 5째 줄은 초록색을 칠하고 6째 줄은 파란색을 칠해야 합니다. 색깔별로 작은 △ 모양을 몇 칸 색칠하는지 알아보면 초록색은 15칸, 파란색은 21칸에 색칠합니다.

셀파 가·이·드

▶ 수가 반복되도록 규칙을 만들어 봅니다.

▶ 작은 사탕과 큰 사탕을 구분하여 규칙을 알아봅니다.

▶ 오른쪽 옆으로 1칸 갈 때와 아래쪽으로 1칸 내려갈 때의 규칙을 각각 알아봅니다.

8 ○표 한 수들은 3부터 시작하여 8씩 커집니다. 따라서 규칙에 따라 나머지 뽑기 35, 43에 ○표 하면 ○표 한 뽑기는 3, 11, 19, 27, 35, 43으로 모두 6개입니다.

9 문제분석 ▶ 본문 157쪽

▶ ○표 한 수들을 이용하여 규칙을 찾습니다.

①규칙에 따라 색칠했을 때, 분홍색과 초록색이 ②모두 칠해지는 수를 찾아 쓰시오.	41 42 43 44 45 46 47 48 49 50 51 52 53 54 55 56 57 58 59 60 61 62 63 64 65 66 67 68 69 70 71 72 73 74 75 76 77 78 79 80

①규칙에 따라 색칠했을 때, 분홍색과 초록색	분홍색과 초록색을 칠한 수들의 규칙을 알고 각각 칠해야 하는 수를 알아봅니다.
②모두 칠해지는 수를 찾아 쓰시오.	①에서 분홍색과 초록색을 모두 칠해야 하는 수를 알아봅니다.

▶ 분홍색과 초록색으로 색칠한 수들을 각각 찾아 규칙을 알아봅니다.

분홍색 : 41부터 시작하여 6씩 커집니다.

⇨ 41-47-53-59-65-⑦71-77

초록색 : 43부터 시작하여 7씩 커집니다.

⇨ 43-50-57-64-71-78

따라서 분홍색과 초록색이 모두 칠해지는 수는 71입니다.

10 문제분석 ▶ 본문 157쪽

①규칙에 따라 빈칸에 수를 써넣었을 때 ②㉠과 ㉡에 알맞은 수의 합을 구하시오.

①규칙에 따라 빈칸에 수를 써넣었을 때	수의 규칙을 알아봅니다.
②㉠과 ㉡에 알맞은 수의 합	찾은 규칙으로 빈칸을 채워 ㉠과 ㉡을 구하여 합을 구합니다.

홀수째 번에는 10부터 시작하여 10씩 커지므로

10-20-30-40-50(㉡)이고, 짝수째 번에는 85부터 시작하여 10씩 작아지므로 85-75-65-55-45(㉠)입니다.

⇨ ㉠+㉡=45+50=95

▶ (몇십몇)+(몇십몇)은 낱개는 낱개끼리, 10개씩 묶음은 10개씩 묶음끼리 더합니다.

1회 단원 평가   158~160쪽

1 5시   **2** 20, 24, 28

3

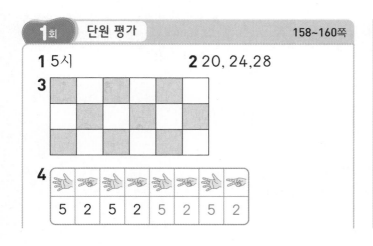

5

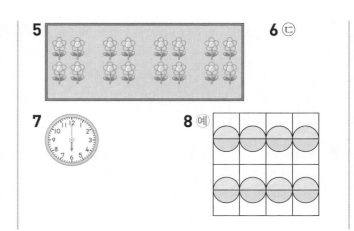

6 ㉢

7

8 예

9

10 은영

11 8번

12 ⓔ 2 l 부터 시작하여 오른쪽으로 l 칸 갈 때마다 l 씩 커집니다.

13 ⓔ l 0부터 시작하여 아래쪽으로 l 칸 갈 때마다 l 0씩 커집니다.

14

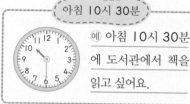

아침 l 0시 30분

ⓔ 아침 l 0시 30분에 도서관에서 책을 읽고 싶어요.

15 34

16 ⓛ; ⓔ 4시 30분일 때 짧은바늘은 4와 5 사이에 있어야 하므로 ⓛ이 잘못되었습니다.

17 48, 59   **18** 2시

19 9   **20** 6시

1 짧은바늘이 5, 긴바늘이 l 2를 가리키므로 시계는 5시를 나타냅니다.

2 4부터 시작하여 4씩 커집니다.

3 첫째 줄은 노란색과 빈칸이,
둘째 줄은 빈칸과 노란색이고,
셋째 줄은 노란색과 빈칸이 반복됩니다.

4 보, 가위가 반복되고 보는 5, 가위는 2로 나타냅니다.

5 첫째 줄은 분홍색 꽃이, 둘째 줄은 노란색과 분홍색 꽃이 반복됩니다.

6 ⓒ 시계는 l 시 30분, 디지털시계는 2시 30분을 나타냅니다.

7 6시와 l 2시가 반복됩니다.

8 보기의 모양이 반복되도록 무늬를 꾸밉니다.

9 2시는 짧은바늘이 2, 긴바늘이 l 2를 가리키도록, 3시 30분은 짧은바늘이 3과 4 사이에 있고, 긴바늘이 6을 가리키도록 그립니다.

10  이 반복되므로 빈칸에는 은영이의 행동이 알맞습니다.

11

규칙에 따라 악보를 완성하면 ♩는 8번 나옵니다. 따라서 은재는 리듬 막대를 8번 쳐야 합니다.

12~13

서술형 가이드 수의 규칙을 찾을 수 있는지 확인합니다.

평가기준	수의 규칙을 찾아 바르게 설명함.	상
	수의 규칙은 찾았으나 설명이 미흡함.	중
	수의 규칙을 몰라 설명하지 못함.	하

14 서술형 가이드 시각을 시계에 나타내고 하고 싶은 일을 시각에 맞게 쓸 수 있는지 확인합니다.

평가기준	시각에 맞게 나타내고 하고 싶은 일을 씀.	상
	시각에 맞게 나타내고 하고 싶은 일을 썼으나 설명이 미흡함.	중
	시각을 나타내지 못하고 하고 싶은 일도 쓰지 못함.	하

15 7씩 작아지는 규칙이므로 62부터 시작하여 7씩 작아집니다. 따라서 62-55-48-41-34-27이므로 ⓐ은 34입니다.

16 서술형 가이드 잘못 나타낸 시계를 알고 잘못된 이유를 설명할 수 있는지 확인합니다.

평가기준	잘못 나타낸 시계를 찾아 이유를 바르게 씀.	상
	잘못 나타낸 시계는 찾았으나 이유 설명이 미흡함.	중
	잘못 나타낸 시계를 찾지 못함.	하

17 수가 오른쪽으로는 l 씩 커지고 아래쪽으로는 6씩 커지는 규칙입니다. 42-48이므로 ⭐=48이고, 56-57-58-59이므로 💜=59입니다.

18 긴바늘이 l 2를 가리키므로 '몇 시'이고 이때 l 시와 3시 사이이므로 2시입니다.

19 □, △, ○, △가 반복되고 4, 3, 0, 3으로 나타내므로 빈칸에 알맞은 수는 차례로 0, 3, 3, 3입니다.
⇨ 0+3+3+3=9

20 몇 시에는 긴바늘이 l 2를 가리키고, 몇 시 30분에는 긴바늘이 6을 가리킵니다. 긴바늘이 l 2를 가리킬 때 짧은바늘이 6을 가리키는 시각은 6시입니다. 긴바늘이 6을 가리킬 때 짧은바늘이 l 2를 가리키는 시각은 없습니다. 따라서 시계의 긴바늘과 짧은바늘이 서로 반대 방향을 가리키는 시각은 6시입니다.

2회 단원 평가　161~163쪽

1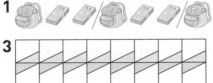

2 (○)(　)

3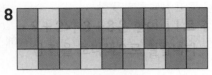

4 （시계 그림）

5 70, 75에 색칠

6 ○　**7** ×

8 （색칠 무늬）

9 54 ;
오십사,
쉰넷

10 ⑩ 튤립과 장미가 반복됩니다.

11 12번　**12** 지희, 은서, 현서

13 규리　**14** 12번

15 ⑩ 시계의 짧은바늘이 11, 긴바늘이 12를 가리키므로 11시입니다. ; 11시

16 94　**17** 토끼

18 3시 30분

19 ⑩ 2, 3, 4, 5, 6씩 커지므로 빈칸에 들어갈 수는 27보다 7 큰 수인 34입니다. ; 34

20 13장

1 책가방, 필통, 필통이 반복됩니다.

2 （그림）이 반복됩니다.

3 규칙적인 무늬를 완성합니다.

4 6시는 짧은바늘이 6, 긴바늘이 12를 가리킵니다.

5 50부터 시작하여 5씩 커집니다.

6 7시에 일어났으므로 계획표대로 하였습니다.

7 10시 30분에 텔레비전을 보므로 계획표대로 하지 않았습니다.

8 첫째 줄은 빨간색, 노란색, 초록색,
둘째 줄은 초록색, 빨간색, 노란색,
셋째 줄은 노란색, 초록색, 빨간색이 반복됩니다.

9 45부터 시작하여 3씩 커집니다.

10 서술형 가이드 규칙을 찾을 수 있는지 확인합니다.

평가기준	규칙을 찾아 바르게 설명함.	상
	규칙은 찾았으나 설명이 미흡함.	중
	규칙을 몰라 설명하지 못함.	하

11 오른쪽으로 1칸 갈 때마다 1씩 커집니다.
따라서 9－10－11－12이므로 ♥＝12입니다.

12 도서관에 도착한 시각은 은서가 9시, 지희가 8시 30분, 현서가 9시 30분입니다. 따라서 일찍 도착한 사람부터 차례로 쓰면 **지희, 은서, 현서**입니다.

13 빈칸에 알맞은 물건은 동전입니다.

14 ♪이 12번 나오므로 채욱이는 큰북을 모두 12번 칩니다.

15 서술형 가이드 두 시곗바늘의 위치를 찾아 시각을 읽을 수 있는지 확인합니다.

평가기준	두 시곗바늘의 위치를 알고 시각을 바르게 읽음.	상
	두 시곗바늘의 위치를 알고는 있으나 실수하여 답이 틀림.	중
	두 시곗바늘의 위치를 몰라 시각을 읽지 못함.	하

16 수 배열표에서 오른쪽으로 1칸 갈 때마다 1씩 커지고, 아래쪽으로 1칸 갈 때마다 9씩 커집니다. 따라서 86 아래의 수는 95이고 ♥＝94입니다.

17 토끼, 고양이, 고양이가 반복되므로 13째 번에는 **토끼**입니다.

18 3시 30분, 2시 30분, 1시 중 낮 12시와 3시 사이의 시각이 아닌 것은 3시 30분입니다.

19 서술형 가이드 수의 규칙을 찾아 답을 구할 수 있는지 확인합니다.

평가기준	수의 규칙을 찾아 답을 바르게 구함.	상
	수의 규칙은 찾았으나 실수하여 답이 틀림.	중
	수의 규칙을 몰라 답을 구하지 못함.	하

20 생각열기 색종이를 붙이는 규칙을 찾은 다음 초록색 색종이를 붙일 칸을 찾아 세어 봅니다.
첫째 줄은 노란색, 초록색, 주황색이,
둘째 줄은 초록색, 빨간색, 파란색이 반복되고,
이 두 줄이 아래로 반복됩니다.

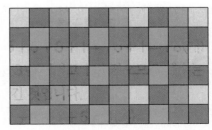

따라서 규칙에 따라 붙여 보면 초록색 색종이를 13장 더 붙여야 합니다.

6. 덧셈과 뺄셈 (3)

① STEP 핵심 개념 (1)
167쪽

1-1 13 **1-2** 3

1-3 (왼쪽부터) 16 / 6

1-4 (왼쪽부터) 15 / 15, 5

1-2 13은 10과 3으로 가르기 할 수 있습니다.
➡ 10명이 타고 남은 학생은 3명입니다.

1-3 오른쪽 수판에서 왼쪽 수판으로 2를 옮겨서 10을 만들면 10과 6이 되어 16이 되고, 16은 10과 6으로 가르기 할 수 있습니다.

1-4 오른쪽 수판에서 왼쪽 수판으로 4를 옮겨서 10을 만들면 10과 5가 되어 15가 되고, 15는 10과 5로 가르기 할 수 있습니다.

② STEP 유형 탐구 (1)
168~171쪽

1 14 **2** (1) 11 (2) 13

3 예

; 16개

4 상우 **5** 1

6 (1) 4 (2) 10 **7** ㉢

8 7개

9 예 18은 10과 8로 가르기 할 수 있으므로 ㉠=8입니다. 12는 10과 2로 가르기 할 수 있으므로 ㉡=2입니다. 따라서 8>2이므로 ㉠이 더 큰 수입니다. ; ㉠

10 예

11 (왼쪽부터) 14 / 14, 4

12 예

; (왼쪽부터) 13 / 13, 3 ; 3

13 정수

14 (1) (왼쪽부터) 18 / 18, 8

(2) (왼쪽부터) 13 / 13, 3

15 ·   ·

16 13, 3

17 예 의자에 앉지 못하는 학생이 가 모둠은 2명, 나 모둠은 4명, 다 모둠은 3명입니다. 따라서 앉지 못하는 학생은 나 모둠이 가장 많습니다. ; 나 모둠

1 생각열기 오른쪽 수판에서 왼쪽 수판으로 2를 옮겨서 10을 만들고 남은 수를 더합니다.
오른쪽 수판에서 왼쪽 수판으로 2를 옮겨서 10을 만들면 10과 4가 되어 14가 됩니다.

2 (1) 7과 4를 모으기 하면 11입니다.
(2) 4와 9를 모으기 하면 13입니다.

3 생각열기 사탕의 수만큼 왼쪽 수판부터 ○표 하여 그려 넣고 전체 수를 세어 봅니다.

오른쪽 수판에서 왼쪽 수판으로 2를 옮겨 10을 만들면 10과 6이 되어 16이 됩니다.
➡ 사탕은 모두 16개입니다.

4 생각열기 10을 이용하여 9와 5를 모으기 하는 방법을 생각합니다.

[방법 1] 오른쪽 수판에서 왼쪽 수판으로 1을 옮겨서 10을 만들면 10과 4가 되어 14가 됩니다.

[방법 2] 왼쪽 수판에서 오른쪽 수판으로 5를 옮겨서 10을 만들면 4와 10이 되어 14가 됩니다.

➡ 모으기 하는 방법을 잘못 이야기한 사람은 **상우**입니다.

5 생각열기 십몇은 10과 몇으로 가르기 할 수 있습니다.
11은 10과 1로 가르기 할 수 있습니다.

6 (1) 14는 10과 4로 가르기 할 수 있습니다.
(2) 19는 10과 9로 가르기 할 수 있습니다.

7 해·법·순·서
① 구슬의 수를 세어 봅니다.
② ①에서 센 구슬의 수를 10을 이용하여 가르기 합니다.
구슬의 수를 세어 보면 15개입니다. 15는 10과 5로 가르기 할 수 있습니다.
➡ 구슬의 수를 바르게 가르기 한 것은 ㉡입니다.

8 생각열기 상자는 모두 10칸이므로 10을 이용한 가르기를 하여 남은 과자의 수를 구합니다.

17은 10과 7로 가르기 할 수 있으므로 과자 17개 중 10개를 상자에 담으면 남은 과자는 7개입니다.

9 서술형 가이드 10을 이용하여 가르기를 하고 ㉠과 ㉡에 알맞은 수를 구한 후 두 수의 크기를 비교하였는지 확인합니다.

평가 기준	10을 이용하여 가르기를 하여 ㉠과 ㉡에 알맞은 수를 구하는 과정을 쓰고 답을 바르게 구함.	상
	10을 이용하여 가르기를 하였으나 풀이 과정에서 실수하여 답이 틀림.	중
	풀이 과정과 답이 틀림.	하

10 꽃의 수에 맞게 왼쪽 수판부터 ○를 그려 넣습니다.

11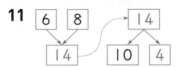

6과 8을 모으기 하면 14이고, 14는 10과 4로 가르기 할 수 있습니다.

12 왼쪽 그릇에 담긴 구슬이 7개이므로 오른쪽 그릇에서 3개를 묶어서 옮겨 오면 10개가 됩니다. 이때 오른쪽 그릇에는 구슬이 3개 남습니다.

13 생각열기 상자에 과일을 10개씩 담았으므로 10을 이용하여 모으기와 가르기를 해 봅니다.

수지: 15는 10과 5로 가르기 할 수 있으므로 상자에 담고 남은 과일은 5개입니다.

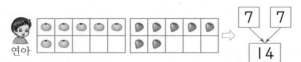

연아: 14는 10과 4로 가르기 할 수 있으므로 상자에 담고 남은 과일은 4개입니다.

정수: 13은 10과 3으로 가르기 할 수 있으므로 상자에 담고 남은 과일은 3개입니다.

3개, 4개, 3개가 남았으므로 상자에 담고 남은 과일의 수가 가장 적은 사람은 **정수**입니다.

14 (1) 9와 9를 모으기 하면 18이고 18은 10과 8로 가르기 할 수 있습니다.

(2) 4와 9를 모으기 하면 13이고 13은 10과 3으로 가르기 할 수 있습니다.

15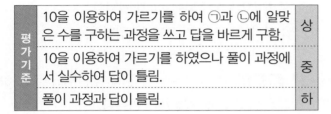

16 문제분석 ▶ 본문 171쪽

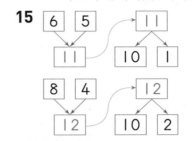

대화를 읽고 빈칸에 알맞은 수를 써넣으시오.

① 국어 8문제, 수학 5문제, 모두 ☐ 문제	모두 몇 문제인지 구해야 하므로 8과 5를 모으기 합니다.
② 난 그중 10문제는 먼저 풀었지~ ☐ 문제만 남았어.	①에서 구한 전체 문제의 수를 10을 이용하여 가르기 합니다.

8과 5를 모으기 하면 13이므로 풀어야 하는 문제는 모두 13문제입니다.

13은 10과 3으로 가르기 할 수 있으므로 10문제를 풀고 남은 문제는 3문제입니다.

17 서술형 가이드 모둠별로 10을 이용한 모으기와 가르기를 하여 의자에 앉지 못하는 학생 수를 구했는지 확인합니다.

평가 기준	10을 이용하여 모으기와 가르기를 하고 의자에 앉지 못하는 학생 수를 바르게 구함.	상
	10을 이용하여 모으기와 가르기를 하였으나 풀이 과정에서 실수하여 답이 틀림.	중
	풀이 과정과 답이 틀림.	하

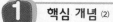

1 핵심 개념 (2)　　　　　　　　　173쪽

2-1 I2　　　　　　　**2-2** II
3-1 I2　　　　　　　**3-2** I2
4-1 (위부터) II, I2, I3
4-2 커집니다에 ○표, I5에 ○표

3-1 8에 2를 더하여 먼저 I0을 만들고 남은 2를 더하면 I2입니다. ▷ 4+8=I2
3-2 9에 I을 더하여 먼저 I0을 만들고 남은 2를 더하면 I2입니다. ▷ 3+9=I2
4-2 7+7은 I4이므로 7+8은 I4보다 I 큰 수인 I5가 됩니다.

2 유형 탐구 (2)　　　　　　　174~179쪽

1 예 [격자 그림]

2 5, II ; II
3 예 [격자 그림] ; I2마리
4 7, I3
5 (1) (계산 순서대로) 2, I7
　　(2) (계산 순서대로) 3, I3
6 II자루
7 예 6+7=I3이므로 선미의 5+□가 I3보다 커야 합니다. 5+8=I3, 5+9=I4이므로 선미는 9를 꺼내야 합니다. ; 9
8 예 [격자 그림]
9 7, I5 ; I5
10 (1) (계산 순서대로) 4, I3
　　(2) (계산 순서대로) I, II
11 (계산 순서대로) I, 6, I6 ; 6, 3, I6
12 6+9=I5 (또는 9+6=I5) ; I5개
13

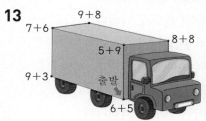

14 I4장　　　　　**15** 작아집니다에 ○표
16 I, II
17 지민
18 (위부터) I2, I4, I6, I8 ; 예 2씩 커지는 수에 더하면 합도 2씩 커집니다.
19

	4+8	
5+7	5+8	5+9
6+7	6+8	6+9
	7+8	

20 [선 연결]　　　　**21** ㉡
　　　　　　　　　　　22 6, 4
23

+	4	5	6	7	8	9
7	II	I2	I3	I4	I5	I6
8	I2	I3	I4	I5	I6	I7
9	I3	I4	I5	I6	I7	I8

24 ㉡　　　　　**25** 5+8, 7+6
26 예

+	6	7	8	9
5	II	I2	I3	I4
6	I2	I3	I4	I5
7	I3	I4	I5	I6

; 예 선을 그은 부분은 합이 모두 같습니다.
27 8, 5 ; 8, 5, I3 (또는 5, 8, I3) ; I3
28 예 물고기 7마리가 있는 어항에 물고기 4마리를 더 넣었습니다. 어항 속 물고기는 모두 몇 마리입니까? ; II마리

1 오른쪽 수판에서 왼쪽 수판으로 4를 옮기면 I0과 I이 되어 II이 됩니다.

2 민희가 가지고 있는 동화책은 모두 6+5=II(권)입니다.

3 생각열기 원래 있던 8마리만큼 ○를 그려 넣고, 날아온 4마리만큼 ○를 이어서 그려 넣습니다.
새는 모두 8+4=I2(마리)입니다.

4 생각열기 구슬 6개에 7개가 더 늘어나는 상황이므로 덧셈식을 만들 수 있습니다.

▷ 구슬은 모두 6+7=I3(개)입니다.

5 (1) $8+9=17$ (2) $5+8=13$
       2 7   5 3

6 (영미가 가진 연필)
   =(가지고 있던 연필)+(더 받은 연필)
   $=4+7=11$(자루)

> **참고**
>
> ■개에서 ▲개만큼 더 늘어나는 경우는 덧셈식 ■+▲를 만들어 계산합니다.

7 【서술형 가이드】 6과 7의 합보다 크게 되도록 선미가 꺼내야 하는 수를 바르게 찾았는지 확인합니다.

평가기준		
	$6+7$을 계산하고 계산 결과를 비교하여 선미가 꺼내야 하는 수를 바르게 구함.	상
	$6+7$을 계산하였으나 풀이 과정에서 실수하여 답이 틀림.	중
	풀이 과정과 답이 틀림.	하

8 별은 8개, 달은 7개이므로 8개와 7개만큼 수판에 ◯를 그려 넣습니다.

9 【생각열기】 별의 수와 달의 수를 모아야 하므로 덧셈식을 만들어 계산합니다.
      $8+7=15$
     5 3
   ⇨ 별과 달은 모두 $8+7=15$(개)입니다.

10 (1) $7+6=13$ (2) $8+3=11$
      3 4   1 7

11 [방법 1] 9에 1을 먼저 더하여 10을 만들고 남은 6을 더하면 16입니다.
          ⇨ $9+7=16$
   [방법 2] 7에 3을 먼저 더하여 10을 만들고 남은 6을 더하면 16입니다.
          ⇨ $9+7=16$

12 (◯ 모양 쿠키와 ▧ 모양 쿠키)
   =(◯ 모양 쿠키)+(▧ 모양 쿠키)
   $=6+9=15$(개)

13 $9+8=17$, $7+6=13$, $8+8=16$, $5+9=14$, $9+3=12$, $6+5=11$
   ⇨ 합이 작은 것부터 차례로 쓰면 $6+5$, $9+3$, $7+6$, $5+9$, $8+8$, $9+8$입니다.

14 【문제분석】 ▶ 본문 176쪽

①정훈이와 수지가 2일 동안 받은 붙임딱지의 수입니다. ②정훈이와 수지가 2일 동안 받은 붙임딱지는 모두 몇 장입니까?

	어제	오늘
정훈	4	5
수지	3	2

① 정훈이와 수지가 2일 동안 받은 붙임딱지의 수입니다.	정훈이와 수지가 2일 동안 받은 붙임딱지의 수를 각각 구합니다.
② 정훈이와 수지가 2일 동안 받은 붙임딱지는 모두 몇 장입니까?	①에서 구한 두 수의 합을 구합니다.

(정훈이가 2일 동안 받은 붙임딱지)
$=4+5=9$(장)
(수지가 2일 동안 받은 붙임딱지)
$=3+2=5$(장)
⇨ 정훈이와 수지가 2일 동안 받은 붙임딱지는 모두
    $9+5=14$(장)입니다.

15
     $8+7=15$
     $8+6=14$
     $8+5=13$ ⇨ 같은 수에 1씩 작아지는 수를 더하면 합도 1씩 작아집니다.
     $8+4=12$
     $8+3=$

16 【생각열기】 같은 수에 1씩 작아지는 수를 더하면 합도 1씩 작아지는 것을 이용합니다.

             1 작은 수
   $8+4=12$ ⇨ $8+3=\boxed{11}$
             1 작은 수

$8+3$은 12보다 1 작은 수인 11이 됩니다.

17 • $5+6=11$ ⇨ $7+6=13$
   2 큰 수에 더하면 합도 2 커집니다.
   • $5+6=11$, $6+5=11$
   두 수를 바꾸어 더해도 합은 같습니다.
   • $6+5=11$, $6+7=13$
   2 큰 수를 더하면 합도 2 커집니다.

18 서술형 가이드 덧셈을 하여 그 결과를 보고 규칙을 찾아 알게 된 점을 바르게 썼는지 확인합니다.

평가기준	덧셈을 하고 규칙을 찾아 바르게 씀.	상
	덧셈을 하였으나 규칙을 찾지 못함.	중
	덧셈을 하지 못해 규칙을 찾지 못함.	하

19 생각열기 덧셈을 하여 계산 결과가 12이면 빨간색, 13이면 노란색, 14이면 초록색, 15이면 보라색을 칠합니다.

$4+8=5+7=12$, $5+8=6+7=13$,
$5+9=6+8=14$, $6+9=7+8=15$

20 $7+7=14$, $3+9=12$, $8+4=12$, $8+6=14$
⇨ $7+7=8+6$, $3+9=8+4$

21 ㉠ $9+4=13$ ㉡ $6+6=12$ ㉢ $5+8=13$

22 $5+8=13$이므로 합이 13이 되도록 합니다.
⇨ $\boxed{6}+7=13$, $9+\boxed{4}=13$

23 생각열기 맨 위의 수와 왼쪽 수를 더하여 빈칸에 써넣습니다.

(첫 번째 줄 왼쪽부터) $6+7=13$, $7+7=14$,
$9+7=16$

(두 번째 줄 왼쪽부터) $4+8=12$, $6+8=14$,
$7+8=15$,

(세 번째 줄 왼쪽부터) $7+9=16$, $9+9=18$

24 생각열기 표를 보고 하나씩 확인한 후 잘못 설명한 것을 찾습니다.

㉠: → 방향으로 가면 1씩 커지는 수를 더하므로 합도 1씩 커집니다.

㉡: 완성된 표에서 가장 큰 합은 $8+8=16$입니다.

⇨ 잘못 설명한 것은 ㉡입니다.

25 해·법·순·서

① ♥가 있는 칸에 들어갈 수를 찾습니다.
② ①과 합이 같은 덧셈식을 표에서 모두 찾습니다.

5+6 11	5+7 12	5+8 13
6+6 12	♥	6+8 14
7+6 13	7+7 14	7+8 15

♥가 있는 칸에 들어갈 수는 13입니다. 합이 13인 덧셈식을 위 표에서 모두 찾으면 $5+8$, $7+6$입니다.

26 서술형 가이드 표를 보고 규칙이 있는 부분을 찾아 색연필로 표시하고 규칙을 바르게 썼는지 확인합니다.

평가기준	표를 보고 규칙이 있는 부분을 찾아 색연필로 표시하고 규칙을 바르게 씀.	상
	규칙이 있는 부분에 색연필로 표시하였으나 규칙을 쓰지 못함.	중
	규칙을 찾지 못함.	하

27 (현기와 경아가 가지고 있는 구슬)
=(현기가 가진 구슬)+(경아가 가진 구슬)
=$8+5=13$(개)

28 서술형 가이드 그림을 보고 덧셈이 이루어지는 상황을 이해하고 덧셈 문제를 만든 뒤 답을 바르게 구했는지 확인합니다.

평가기준	그림의 상황에 맞게 덧셈 문제를 만들고 답을 바르게 구함.	상
	그림의 상황에 맞는 덧셈 문제를 만들었으나 계산 과정에서 실수하여 답이 틀림.	중
	덧셈 문제를 만들지 못함.	하

1 STEP **핵심 개념** (3) 181쪽

5-1 7	**5-2** (계산 순서대로) 1, 9
6-1 6	**6-2** (계산 순서대로) 2, 6
7-1 (위부터) 9, 8, 7	
7-2 작아집니다에 ○표, 5에 ○표	

5-1 14에서 먼저 4를 빼고 남은 10에서 3을 빼면 7이 됩니다. ⇨ $14-7=7$

5-2 17에서 먼저 7을 빼고 남은 10에서 1을 빼면 9가 됩니다. ⇨ $17-8=9$

6-1 10에서 먼저 5를 빼고 남은 1을 더하면 6이 됩니다. ⇨ $11-5=6$

6-2 10에서 먼저 6을 빼고 남은 2를 더하면 6이 됩니다. ⇨ $12-6=6$

7-2 생각열기 빼는 수와 차가 각각 어떻게 변하는지 살펴봅니다.

$13-7=6$이므로 $13-8$은 6보다 1 작은 수인 5가 됩니다.

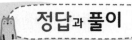

2 STEP 유형 탐구 (3) · 182~189쪽

1 (예)

2 5, 9 ; 9

3 (예) ⬚⬚⬚⬚⬚ ⬚⬚⬚⬚⬚ ; 8장

4 (1) (계산 순서대로) 5, 8 (2) (계산 순서대로) 6, 4

5

6 16−8=8 ; 8개

7 다빈

8 (예) ⬚⬚⬚⬚⬚ ⬚⬚

9 7, 5 ; 5   **10** ㉡

11 (1) (계산 순서대로) 5, 8
     (2) (계산 순서대로) 10, 8

12 6   **13** <

14 12−6=6 ; 6권   **15** 지호

16 (위부터) 8, 7, 6

17 (위부터) 4, 5, 6, 7 ; (예) 같은 수에서 1씩 작아지는 수를 빼면 차는 1씩 커집니다.

18 15−6 ; 13−4

19

		13−8		
14−7	14−8	14−9		
15−7	15−8	15−9		
		16−8		

20 ( ) (○) (○)   **21** 규호

22 지아

23~24

−	11	12	13	14	15
4	7	8	9	10	11
5	6	7	8	9	10
6	5	6	7	8	9

25 (예) 차가 같습니다.

26 (예)

13−4	13−5	13−6	13−7	13−8
9	8	7	6	5
	14−5	14−6	14−7	14−8
	9	8	7	6
		15−6	15−7	15−8
		9	8	7
			16−7	16−8
			9	8
				17−8
				9

; (예) ⬇ : 1씩 커지는 수에서 빼면 차도 1씩 커집니다.

27 13, 4 ; 13, 4, 9 ; 9

28 (예) 모자는 12개, 목도리는 4개 있습니다. 모자는 목도리보다 몇 개 더 많습니까? ; (예) 8개

29 6+□=11   **30** 5

31 14   **32** 12, 12, 16

33 8, 9에 ○표   **34** ㉠

35 0, 1, 2, 3   **36** 4개

37 9, 7, 16 (또는 7, 9, 16)

38 13−5=8

1 꺼진 촛불은 5개이므로 5개만큼 /으로 지워 봅니다.

2 생각열기 위 **1**에서 /으로 지우고 남은 ○의 수가 남은 촛불의 수입니다.
/으로 지우고 남은 ○가 9개이므로 남은 촛불은 14−5=9(개)입니다.

3

○	○	○	○	○	∅		
○	○	○	∅	∅			

11에서 먼저 1을 빼고 남은 10에서 2를 빼면 8이 됩니다.
⇨ 남은 색종이는 11−3=8(장)입니다.

4 (1) 15−7=8
          ⌄
        5 2
15에서 먼저 5를 빼고 남은 10에서 2를 빼면 8이 됩니다.
(2) 13−9=4
          ⌄
        3 6
13에서 먼저 3을 빼고 남은 10에서 6을 빼면 4가 됩니다.

5 13−5=8, 17−8=9, 15−8=7

6 (남은 사탕 수)=(전체 사탕 수)−(먹은 사탕 수)
        =16−8=8(개)

참고
■개에서 ▲개만큼 수가 줄어들거나 없어지는 경우는 뺄셈식 ■−▲를 만들어 계산합니다.

7 민기: 12−5=7, 다빈: 18−9=9,
     윤수: 14−8=6
7, 9, 6 중 가장 큰 수는 9이므로 카드에 적힌 두 수의 차가 가장 큰 사람은 **다빈**입니다.

8

노란색 구슬은 7개이므로 7개만큼 /으로 지워 봅니다.

9 　생각열기　 /으로 지우고 남은 구슬의 수를 구합니다.
/으로 지우고 남은 구슬이 5개이므로 빨간색 구슬은
노란색 구슬보다 12−7=5(개) 더 많습니다.

　참고　
■가 ▲보다 얼마나 더 많은지 구해야 하는 경우는 뺄셈
식 ■−▲을 만들어서 계산합니다.

10

구슬 14개 중 왼쪽 수판에 있는 10개에서 8개를 먼
저 빼면 2입니다. 남은 2와 4를 더하면 6입니다.
⇨ 그림을 뺄셈식으로 나타내면 14−8=6입니다.

11 (1) 　15−7=8
　　　　／＼
　　　　10 5
　　　10에서 먼저 7을 빼면 3입니다. 남은 3과 5를
　　　더하면 8이 됩니다.
　　(2) 　12−4=8
　　　　／＼
　　　　10 2
　　　10에서 먼저 4를 빼면 6입니다. 남은 6과 2를
　　　더하면 8이 됩니다.

12 　15−9=6
　　　／＼
　　　10 5
10에서 먼저 9를 빼면 1입니다. 남은 1과 5를 더하
면 6이 됩니다.

13 　해·법·순·서　
① 16−9와 13−4를 각각 계산합니다.
② ①에서 구한 두 수의 크기를 비교하여 ◯ 안에 >,
=, <를 알맞게 써넣습니다.
16−9=7, 13−4=9 ⇨ 7<9

14 　생각열기　 공책이 몇 권 더 필요한지 구하려면 친구
가 공책보다 몇 명 더 많은지 생각해 봅니다.
친구는 공책보다 12−6=6(명) 더 많습니다.
　⇨ 더 필요한 공책은 6권입니다.

15 　해·법·순·서　
① 빨간색 부분에 맞힌 점수에서 파란색 부분에 맞힌 점
수를 빼서 민서와 지호의 점수를 각각 구합니다.
② ①에서 구한 두 사람의 점수를 비교하여 점수가 더 높
은 사람을 찾습니다.
민서: 17은 빨간색 부분이고 9는 파란색 부분이므로
민서의 점수는 17−9=8(점)입니다.
지호: 7은 파란색 부분이고 16은 빨간색 부분이므로
지호의 점수는 16−7=9(점)입니다.
⇨ 8<9이므로 지호의 점수가 더 높습니다.

16

15−6= 9
15−7= 8
15−8= 7
15−9= 6

⇨ 같은 수에서 1씩 커
지는 수를 빼면 차는
1씩 작아집니다.

17 　서술형 가이드　 뺄셈을 하여 그 결과를 보고 규칙을 찾아 알게 된
점을 바르게 쓸 수 있는지 확인합니다.

평가기준	뺄셈을 하고 규칙을 찾아 바르게 씀.	상
	뺄셈을 하였으나 규칙을 찾지 못함.	중
	뺄셈을 하지 못해 규칙을 찾지 못함.	하

　참고　
12−8=4
12−7=5
12−6=6
12−5=7

⇨ 같은 수에서 1씩 작아지는 수를 빼면
차는 1씩 커집니다.

18 　생각열기　 차가 2씩 커지려면 빼는 수는 같고 빼지는
수가 2씩 커지거나, 빼지는 수는 같고 빼는 수가 2씩
작아져야 합니다.

┌ 빼지는 수
11−6
　 └ 빼는 수
⇩
13−6
⇩
㉠

빼는 수는 같고 빼지는 수가 2씩 커
지면 되므로 ㉠에 알맞은 뺄셈식은
15−6입니다.

13−8
⇩
13−6
⇩
㉡

빼지는 수는 같고 빼는 수가 2씩 작
아지면 되므로 ㉡에 알맞은 뺄셈식
은 13−4입니다.

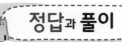

19 생각열기 뺄셈을 하여 계산 결과가 5이면 빨간색, 6이면 노란색, 7이면 초록색, 8이면 보라색을 칠합니다.

$13-8=14-9=5$, $14-8=15-9=6$,
$14-7=15-8=7$, $15-7=16-8=8$

20 $16-8=8$, $13-9=4$, $11-7=4$

21 해·법·순·서

① 영주, 수미, 진아, 규호가 들고 있는 뺄셈식을 계산합니다.

② 계산 결과가 영주와 같은 사람을 찾습니다.

영주가 들고 있는 뺄셈식을 계산하면 차가
$18-9=9$입니다.

수미: $11-3=8$, 진아: $13-8=5$,

규호: $15-6=9$

⇨ 영주의 짝은 규호입니다.

22 문제분석 ▶ 본문 186쪽

> ①사용하고 남은 색종이의 수가 준수와 ④같은 사람은 누구입니까?
>
> 준수: 색종이 17장 중 9장을 사용했어.
> ② 민경: 난 15장 중 8장을 썼지.
> ③ 지아: 색종이 12장이 있었는데 4장을 사용했어.

① 사용하고 남은 색종이의 수가 준수와	준수가 사용하고 남은 색종이의 수를 구합니다.
② 민경: 난 15장 중 8장을 썼지.	민경이가 사용하고 남은 색종이의 수를 구합니다.
③ 지아: 색종이 12장이 있었는데 4장을 사용했어.	지아가 사용하고 남은 색종이의 수를 구합니다.
④ 같은 사람은 누구입니까?	②와 ③ 중 ①과 계산 결과가 같은 것을 찾습니다.

(준수가 사용하고 남은 색종이 수)
$=17-9=8$(장)

(민경이가 사용하고 남은 색종이 수)
$=15-8=7$(장) ⇨ 준수보다 적게 남았습니다.

(지아가 사용하고 남은 색종이 수)
$=12-4=8$(장) ⇨ 준수와 같게 남았습니다.

⇨ 사용하고 남은 색종이의 수가 준수와 같은 사람은 지아입니다.

23 생각열기 맨 위의 수에서 왼쪽 수를 빼서 빈칸에 써넣습니다.

(첫 번째 줄) $12-4=8$

(두 번째 줄 왼쪽부터) $12-5=7$, $14-5=9$

(세 번째 줄 왼쪽부터) $11-6=5$, $13-6=7$,
$14-6=8$

24 차가 8인 수를 색칠해야 하므로 왼쪽의 표에서 차가 8인 부분을 찾아 모두 색칠합니다.

참고

• 뺄셈 표를 보고 십몇에서 ■를 뺀 수 알아보기

─	11	12	13	14	15	
4	7	8	9	10	11	→ 십몇에서 4를 뺀 수
5	6	7	8	8	10	→ 십몇에서 5를 뺀 수
6	5	6	7	8	9	→ 십몇에서 6을 뺀 수

25 생각열기 빼지는 수와 빼는 수에 따라 차가 어떻게 변하는지 살펴봅니다.

$13-4=9$ ⇨ $14-5=9$ ⇨ $15-6=9$ ⇨ $17-8=9$ ……

빼지는 수와 빼는 수가 모두 1씩 커지면 차는 같습니다.

26 서술형가이드 표를 보고 규칙을 찾아 색연필로 표시하고 규칙을 바르게 썼는지 확인합니다.

평가기준	표를 보고 규칙을 찾아 색연필로 표시하고 규칙을 바르게 씀.	상
	규칙이 있는 곳에 색연필로 표시하였으나 규칙을 쓰지 못함.	중
	규칙을 찾지 못함.	하

표에서 여러 가지 규칙을 찾을 수 있습니다.

27 생각열기 전체 색종이의 수와 만든 종이배의 수를 이용하여 뺄셈식을 만들어 봅니다.

(남은 색종이의 수)
$=$(전체 색종이의 수)$-$(만든 종이배의 수)
$=13-4=9$(장)

28 서술형가이드 그림을 보고 뺄셈이 이루어지는 상황을 이해하고 뺄셈 문제를 만든 뒤 답을 바르게 구했는지 확인합니다.

평가기준	그림의 상황에 맞게 뺄셈 문제를 만들고 답을 바르게 구함.	상
	그림의 상황에 맞는 뺄셈 문제를 만들었으나 계산 과정에서 실수하여 답이 틀림.	중
	뺄셈 문제를 만들지 못함.	하

29 생각열기 합이 주어졌으므로 덧셈식을 만들 수 있습니다.

6과 어떤 수의 합은 11입니다. ⇨ $6+\square=11$

참고

■와 ▲의 합이 ●이면 덧셈식 ■+▲=●으로 나타냅니다.

30 위 **29**에서 만든 덧셈식을 이용하여 어떤 수를 구합니다.

$6+\square=11$ ⇨ $11-6=\square$, $\square=5$

참고

· 덧셈과 뺄셈의 관계

$$■+▲=● \begin{cases} ●-▲=■ \\ ●-■=▲ \end{cases}$$

31 문제분석 ▶ 본문 188쪽

③ ▲에 알맞은 수를 구하시오.

> ① 13-■=7
> ② 8+■=▲

① 13-■=7	■에 알맞은 수를 구합니다.
② 8+■=▲	①에서 구한 ■를 덧셈식에 넣어 봅니다.
③ ▲에 알맞은 수를 구하시오.	②의 덧셈식을 이용하여 ▲에 알맞은 수를 구합니다.

$13-■=7$에서 $13-7=■$, $■=6$입니다.
$8+■=▲$ ⇨ $8+6=▲$, $▲=14$입니다.

32 해·법·순·서

① 어떤 수를 □로 하여 잘못 계산한 식을 만듭니다.
② ①을 이용하여 어떤 수를 구합니다.
③ 바르게 계산한 값을 구합니다.

어떤 수를 □라 하면 $\square-4=8$이므로
$8+4=\square$, $\square=12$입니다.

⇨ 바르게 계산하면 $12+4=16$입니다.

33 생각열기 >를 =로 놓고 □에 알맞은 수를 찾은 뒤에 크기를 비교하여 □ 안에 들어갈 수 있는 수를 구합니다.

$8+\square=15$라고 하면 $15-8=\square$이므로 $\square=7$입니다.

⇨ $\square>7$이므로 □ 안에는 7보다 큰 8, 9가 들어갈 수 있습니다.

주의

7보다 큰 수는 많지만 문제에서 주어진 수가 5부터 9까지이므로 8과 9만 □ 안에 들어갈 수 있습니다.

34 $16-\square=9$에서 $16-9=\square$, $\square=7$입니다.

⇨ $\square>7$이므로 □ 안에는 7이 들어갈 수 없습니다.

35 $11-\square>7$에서 $11-\square=7$이라고 하면
$11-7=\square$, $\square=4$입니다.

⇨ $4>\square$이므로 □ 안에는 4보다 작은 0, 1, 2, 3이 들어갈 수 있습니다.

36 $5+4+\square=14$에서 $9+\square=14$이므로
$14-9=\square$, $\square=5$입니다.

⇨ $\square>5$이므로 □ 안에 들어갈 수 있는 수는 6, 7, 8, 9로 4개입니다.

37

3	5	6	7	9

두 번째로 큰 수 ┘ └ 가장 큰 수

합이 가장 큰 덧셈식을 만들려면 가장 큰 수와 두 번째로 큰 수의 합을 구해야 합니다.

⇨ $9+7=16$ 또는 $7+9=16$

참고

· 합이 가장 큰 덧셈식
  ⇨ (가장 큰 수)+(두 번째로 큰 수)
· 합이 가장 작은 덧셈식
  ⇨ (가장 작은 수)+(두 번째로 작은 수)
· 차가 가장 큰 뺄셈식
  ⇨ (가장 큰 수)-(가장 작은 수)
· 차가 가장 작은 뺄셈식
  ⇨ 여러 가지 경우를 모두 계산해 보고 계산 결과를 비교해 보아야 합니다.

38 생각열기 가장 큰 수에서 가장 작은 수를 빼는 뺄셈식을 만들어 계산합니다.

수 카드 중 가장 큰 수는 13이고 가장 작은 수는 5이므로 차가 가장 큰 뺄셈식은 $13-5=8$입니다.

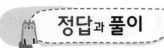

정답과 풀이

1

10	⟨5 + 9 =14⟩	7
⟨8 + 3 = 11⟩	4	16
19	2	⟨6 + 7 =13⟩
1	12	⟨7 + 8 =15⟩

2

⟨9 + 7 =16⟩	2	3
5	1	⟨8 + 8 =16⟩
13	⟨4 + 7 =11⟩	6
⟨6 + 8 =14⟩	3	15

3

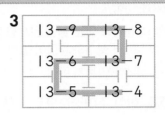

13-9	13-8
13-6	13-7
13-5	13-4

4

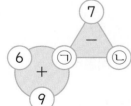

9+7	4+7
8+7	5+7
7+7	6+7

5 (왼쪽부터) 15, 8
7 명수

6 (위부터) 12, 3, 11
8 민아

---

1 5+9=14, 8+3=11, 6+7=13, 7+8=15

2 9+7=16, 8+8=16, 4+7=11, 6+8=14

3 [생각열기] 빼지는 수가 13으로 같으므로 빼는 수가 어떻게 변하는지 살펴보고 차가 어떻게 될지 생각해 봅니다.

같은 수에서 1씩 작아지는 수를 빼면 차는 1씩 커집니다.

따라서 1씩 작아지는 수를 빼는 뺄셈식을 차례로 찾으면 다음과 같습니다.

13−9=4 ⇨ 13−8=5 ⇨ 13−7=6 ⇨ 13−6=7 ⇨ 13−5=8
⇨ 13−4=9

4 [생각열기] 더하는 수가 7로 같으므로 더해지는 수가 어떻게 변하는지 살펴보고 합이 어떻게 될지 생각해 봅니다.

1씩 커지는 수에 같은 수를 더하면 합도 1씩 커집니다.

따라서 1씩 커지는 수에 더하는 덧셈식을 차례로 찾으면 다음과 같습니다.

4+7=11 ⇨ 5+7=12 ⇨ 6+7=13 ⇨ 7+7=14 ⇨ 8+7=15
⇨ 9+7=16

5

- ㉠: 6+9=15
- ㉡: 15−7=8

6

- ㉠: 7+5=12
- ㉡: 12−9=3
- ㉢: 3+8=11

셀파 가·이·드

▶ 옆으로 나란히 있는 두 수의 합을 구해 보고 그 합이 바로 옆에 쓰여 있는지 확인합니다.

▶ ㉠, ㉡의 순서로 계산합니다.

▶ ㉠, ㉡, ㉢의 순서로 계산합니다.

7 18−9=9, 15−8=7, 11−3=8이므로 각자의 놀이판에서 9, 7, 8을 찾아 ○표 합니다.

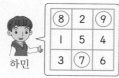

⇨ 한 줄이 먼저 완성되는 사람은 **명수**입니다.

셀파 **가·이·드**

▶ 해·법·순·서

① 친구가 말한 뺄셈식 3개를 각각 계산하고 차를 구합니다.

② ①에서 구한 계산 결과를 명수와 하민이의 놀이판에서 찾아 ○표 합니다.

③ ○표로 놀이판에서 한 줄이 먼저 완성되는 사람을 찾습니다.

8 12−7=5, 17−8=9, 15−9=6이므로 각자의 놀이판에서 5, 9, 6을 찾아 ○표 합니다.

⇨ 한 줄이 먼저 완성되는 사람은 **민아**입니다.

3 **레벨 UP**
STEP

1 ( )(○)(△)

2 8+9=17(또는 9+8=17) ; 17개

3 선아

4

+	4	5	6	7	8	9
6	10	11	⑫	13	14	15
7	11	⑫	13	14	15	16
8	⑫	13	14	15	16	17

5 5 7 9 11 13 15 17

6 12−4=8, 12−8=4

7 예 6과 모으기 하여 15가 되는 수는 9이므로 ㉠=9입니다. 15는 10과 5로 가르기 할 수 있으므로 ㉡=5입니다. ⇨ ㉠+㉡=9+5=14 ; 14

8 5명

9 5점

10 17

11 6

1 14−6=8, 11−2=9, 13−9=4 ⇨ 9가 가장 크고 4가 가장 작습니다.

2 (두 사람이 딴 배의 수)=(동생이 딴 배의 수)+(재호가 딴 배의 수)
=8+9=17(개)

3 영규: 4+6=10, 선아: 6+5=11
⇨ 10<11이므로 나온 눈의 수의 합이 더 큰 사람은 **선아**입니다.

4 9+3=12이므로 합이 12인 것을 모두 찾아 ○표 합니다.

셀파 **가·이·드**

▶ 맨 위의 수와 왼쪽 수의 합을 구하여 빈칸에 써넣습니다.

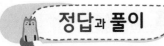

5 문제분석 ▶ 본문 192쪽

①계산을 한 뒤 ②계산 결과와 같은 색을 칠해 보시오.

①계산을 한 뒤	$11-2$, $5+8$, $9+6$, $10-5$, $16-9$, $8+9$, $7+4$를 각각 계산합니다.
②계산 결과와 같은 색을 칠해 보시오.	①에서 구한 계산 결과와 같은 색으로 칠합니다.

$11-2=9$ ⇨ 빨간색, $5+8=13$ ⇨ 주황색, $9+6=15$ ⇨ 노란색, $10-5=5$ ⇨ 초록색, $16-9=7$ ⇨ 파란색, $8+9=17$ ⇨ 남색, $7+4=11$ ⇨ 보라색으로 각각 칠합니다.
위와 같이 칠하면 무지개가 됩니다.

6 생각열기 뺄셈식을 만들 때에는 큰 수에서 작은 수를 빼야 합니다.
보기의 수와 기호를 모두 사용하여 만들 수 있는 뺄셈식은 $12-4=8$과 $12-8=4$입니다.

7 서술형 가이드 10을 이용한 모으기와 가르기를 알고 ㉠과 ㉡에 알맞은 수를 각각 구한 후 두 수의 합을 구했는지 확인합니다.

평가기준	㉠과 ㉡에 알맞은 수를 구한 후 두 수의 합을 바르게 구함.	상
	㉠과 ㉡에 알맞은 수를 구했으나 풀이 과정에서 실수하여 답이 틀림.	중
	풀이 과정과 답이 틀림.	하

8 전체 학생 수는 15명이고 15는 10과 5로 가르기 할 수 있으므로 그림자 놀이를 하는 학생은 **5명**입니다.

9 문제분석 ▶ 본문 193쪽

동훈이와 종현이는 과녁 맞히기 놀이를 하고 있습니다. ①화살을 두 번씩 던져서 ④종현이가 이기려면 두 번째에 적어도 몇 점을 얻어야 합니까? (단, 점수의 합이 큰 사람이 이깁니다.)

	첫 번째	두 번째
② 동훈	7점	5점
③ 종현	8점	

①화살을 두 번씩 던져서	첫 번째로 얻은 점수와 두 번째로 얻은 점수의 합을 구합니다.
②동훈, 7점, 5점	동훈이의 점수의 합은 $7+5=12$입니다.
③종현, 8점	종현이가 두 번째로 얻은 점수를 □점이라고 놓으면 종현이의 점수의 합은 $8+$□입니다.
④ 종현이가 이기려면 두 번째에 적어도 몇 점을 얻어야 합니까?	종현이의 점수의 합이 더 커야하므로 $8+$□가 12보다 더 커야합니다.

계산 결과	색깔
5	초록색
7	파란색
9	빨간색
11	보라색
13	주황색
15	노란색
17	남색

▶ 생각열기 10을 이용한 모으기와 가르기를 해 봅니다.

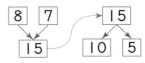

▶ 생각열기 종현이의 점수가 동훈이의 점수보다 적어도 1점 더 높아야 종현이가 이깁니다.

동훈이의 점수는 $7+5=12$(점)이고, 종현이의 점수는 $(8+\square)$점입니다.
두 사람의 점수를 같다고 놓으면 $12=8+\square$, $12-8=\square$, $\square=4$이므로 종현이가 4점을 얻으면 두 사람의 점수가 같아집니다.
⇨ 종현이가 이기려면 두 번째에 적어도 **5점**을 얻어야 합니다.

10 어떤 수를 $\square$라 하면 $\square-4=9$에서 $\square=9+4=13$입니다.
⇨ 바르게 계산하면 $\square+4=13+4=17$입니다.

11 문제분석 ▶ 본문 193쪽

②0부터 9까지의 수 중에서 $\square$ 안에 들어갈 수 있는 ③가장 작은 수를 구하시오.

①$4>16-7-\square$

①$4>16-7-\square$	$>$를 $=$으로 놓고 $\square$ 안에 알맞은 수를 구합니다.
②0부터 9까지의 수 중에서	$\square$는 ①에서 구한 수보다 더 커야 한다는 것을 이용하여 $\square$ 안에 들어갈 수 있는 수를 모두 구합니다.
③가장 작은 수를 구하시오.	②에서 구한 $\square$ 안에 들어갈 수 있는 수 중 가장 작은 수를 구합니다.

$4=16-7-\square$로 놓으면 $4=9-\square$, $9-4=\square$, $\square=5$입니다.
따라서 $\square>5$이므로 0부터 9까지의 수 중에서 $\square$ 안에 들어갈 수 있는 수는 6, 7, 8, 9입니다.
⇨ $\square$ 안에 들어갈 수 있는 가장 작은 수는 **6**입니다.

셀파 가·이·드

▶ 해·법·순·서
① 어떤 수를 $\square$로 놓고 잘못 계산한 뺄셈식을 만듭니다.
② ①의 뺄셈식을 이용하여 어떤 수를 구합니다.
③ 바르게 계산한 값을 구합니다.

1회 단원 평가 194~196쪽

1 (왼쪽부터) 13 / 13, 3

2 예

○	○	○	○	○	⊘	⊘	⊘	⊘	⊘
○	○	○	⊘	⊘					

; 8

3 (1) (계산 순서대로) 2, 17
(2) (계산 순서대로) 3, 14

4 (1) 8 (2) 7　　　　　**5** 13

6 ③　　　　　　　　**7** $<$

8 [덧셈식] $8+3=11$ (또는 $3+8=11$)
[뺄셈식] $11-8=3$ (또는 $11-3=8$)

9 11

10 예 10에서 6을 빼면 4이고, 남은 4와 3을 더하면 7입니다.

11 14장　　　　　　**12** 7

13 8, 8 ; 예 차가 같습니다.

14 예 11, 3, 8　　　**15** 2개

16 4개　　　　　　　**17** 8, 7, 15 ; 9, 9, 18

18 예 (노란 풍선 수)$=5+2=7$(개)
(지율이가 가지고 있는 풍선 수)
$=$(빨간 풍선 수)$+$(노란 풍선 수)
$=5+7=12$(개) ; 12개

19 15장　　　　　　**20** 4

1 오른쪽 수판에서 왼쪽 수판으로 3을 옮겨서 10을 만들면 10과 3이 되어 13이 됩니다.

2

○	○	○	○	○	⊘	⊘	⊘	⊘	⊘
○	○	○	⊘	⊘					

15에서 먼저 5를 빼고 남은 10에서 2를 빼면 8이 됩니다.

3 (1) 뒤의 수 9를 2와 7로 가르기 합니다.

　⇨ 8과 2를 더해 10을 먼저 만들고 남은 7을 더하면 17이 됩니다.

(2) 앞의 수 7을 4와 3으로 가르기 합니다.

　⇨ 3과 7을 더해 10을 먼저 만들고 남은 4를 더하면 14입니다.

4 (1) 16－8＝8　　　　(2) 12－5＝7

5 5＋8＝13

6 ① 13－7＝6　② 14－8＝6　③ 11－4＝7

　④ 12－6＝6　⑤ 15－9＝6

　⇨ 차가 나머지와 다른 것은 ③ 11－4입니다.

7 해·법·순·서

① 6＋6과 5＋9를 각각 계산합니다.

② ①의 계산 결과의 크기를 비교하여 ○ 안에 ＞, ＝, ＜를 알맞게 써넣습니다.

6＋6＝12, 5＋9＝14 ⇨ 12＜14

8 ・수 카드를 모두 이용하여 만들 수 있는 덧셈식은 8＋3＝11 또는 3＋8＝11입니다.

・수 카드를 모두 이용하여 만들 수 있는 뺄셈식은 11－8＝3 또는 11－3＝8입니다.

9

　● 모양　　● 모양

　◯ 모양 과자에 쓰인 수는 4와 7입니다.

　⇨ 4＋7＝11

10 서술형 가이드 빼지는 수를 가르기 하여 뺄셈을 하는 방법을 알고 틀린 부분을 찾아 바르게 고쳤는지 확인합니다.

평가기준	빼지는 수를 가르기 하여 뺄셈하는 방법을 알고 틀린 부분을 찾아 바르게 고침.	상
	틀린 부분을 찾았으나 바르게 고치지 못함.	중
	틀린 부분을 찾지 못함.	하

바른 계산

13－6＝7

10　3

13을 10과 3으로 가르기 합니다.

⇨ 10에서 6을 먼저 빼면 4이고 남은 4와 3을 더하면 7이 됩니다.

11 (철주가 가지고 있는 색종이)

＝(노란 색종이)＋(파란 색종이)

＝6＋8＝14(장)

12 8＋8＝16이므로 □＋9＝16이 되어야 합니다.

□＋9＝16에서 16－9＝□, □＝7입니다.

13 서술형 가이드 뺄셈을 하여 그 결과를 보고 규칙을 찾아 알게 된 점을 바르게 씀.

평가기준	뺄셈을 하고 규칙을 찾아 바르게 씀.	상
	뺄셈을 하였으나 규칙을 찾지 못함.	중
	뺄셈을 하지 못해 규칙을 찾지 못함.	하

14 생각열기 빼는 수와 빼지는 수가 변할 때 차는 어떻게 변하는지 살펴봅니다.

15－7＝8
14－6＝8
13－5＝8
12－4＝8

⇨ 1씩 작아지는 수에서 똑같이 1씩 작아지는 수를 빼면 차가 모두 같습니다.

차가 8인 새로운 뺄셈식을 쓰려면 빼지는 수와 빼는 수가 똑같이 1씩 커지거나 작아지면 됩니다.

⇨ 11－3＝8, 16－8＝8, 17－9＝8 등이 답이 될 수 있습니다.

15 생각열기 상자는 모두 10칸이므로 10을 이용하여 모으기와 가르기를 해 봅니다.

8과 4를 모으기 하면 12이고 12는 10과 2로 가르기 할 수 있습니다.

⇨ 상자에 10개를 담고 남은 사탕은 2개입니다.

16 7과 7을 모으기 하면 14이고 14는 10과 4로 가르기 할 수 있습니다.

7　7　　　14

14　　10　4

⇨ 상자에 10개를 담고 남은 사탕은 4개입니다.

17 생각열기 더하는 수와 더해지는 수가 변할 때 합은 어떻게 변하는지 살펴봅니다.

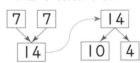

7＋6	7＋7	7＋8	7＋9
13	14	15	16
8＋6		8＋8	8＋9
14		16	17
9＋6	9＋7	9＋8	
15	16	17	

→: 더하는 수가 1씩 커지므로 합은 1씩 커집니다.

↓: 더해지는 수가 1씩 커지므로 합은 1씩 커집니다.

⇨ 8＋7＝15, 　⇨ 9＋9＝18

18 서술형 가이드 노란 풍선의 수를 먼저 구하고 전체 풍선의 수를 구했는지 확인합니다.

평가 기준	노란 풍선의 수와 전체 풍선의 수를 차례로 구하는 풀이 과정을 쓰고 답을 바르게 구함.	상
	노란 풍선의 수를 구했으나 풀이 과정에서 실수하여 답이 틀림.	중
	풀이 과정과 답이 틀림.	하

19 해·법·순·서

① 14장에서 각자 사용하고 남은 색종이 수를 빼서 사용한 색종이의 수를 구합니다.
② ①에서 구한 사용한 색종이 수의 합을 구합니다.

• (지후가 사용한 색종이)
  =(선생님이 주신 색종이)−(남은 색종이)
  =14−5=9(장)

• (수민이가 사용한 색종이)
  =(선생님이 주신 색종이)−(남은 색종이)
  =14−8=6(장)

⇨ (두 사람이 사용한 색종이)
  =(지후가 사용한 색종이)
  +(수민이가 사용한 색종이)=9+6=15(장)

다른 풀이

전체 색종이 수에서 전체 남은 색종이 수를 빼서 답을 구할 수도 있습니다.

(두 사람이 받은 색종이)
=(지후가 받은 색종이)+(수민이가 받은 색종이)
=14+14=28(장)

(두 사람이 사용하고 남은 색종이)
=(지후가 사용하고 남은 색종이)+(수민이가 사용하고 남은 색종이)
=5+8=13(장)

⇨ 두 사람이 사용한 색종이는 28−13=15(장)입니다.

20 생각열기 ▲=9를 이용하여 ●와 ★이 나타내는 수를 차례로 구합니다.

```
           9
  ① ▲ + ● = 15
  ② ★ + ★ + ● = 14
```

① 9+●=15에서 ●=6입니다.
②의 덧셈식에서 ● 대신 6을 넣으면
★+★+6=14입니다.
⇨ ★+★=14−6=8이고 4+4=8이므로
  ★=4입니다.

2회 단원 평가 197~199쪽

1 (왼쪽부터) 17 / 17, 7

2 4, 7 (또는 7, 4) **3** (1) 13 (2) 12

4

5 14, 9 **6** ㉠

7 예 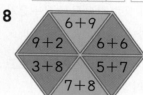 ; 7개

8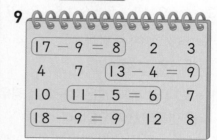

9
```
17 − 9 = 8    2    3
4    7    13 − 4 = 9
10    11 − 5 = 6    7
18 − 9 = 9    12    8
```

10 5+9=14 ; 14마리

11 3장 **12** 12층

13 3층

14 (왼쪽부터) 13, 14, 15 ; 예 더하는 수가 1씩 커지면 합도 1씩 커집니다.

15 미경 **16** 민기

17 9, 8, 17 (또는 8, 9, 17)

18 예 귤 11개 중 3개를 먹었습니다. 남은 귤은 몇 개입니까? ; 8개

19 8권 **20** 8개

1 8과 9를 모으기 하면 17입니다. 17은 10과 7로 가르기 할 수 있습니다.

2 먹고 남은 딸기는 11−4=7(개)입니다.

3 (1) 4+9=13 (2) 7+5=12

4 14−7=7, 16−8=8

5 8+6=14, 14−5=9

6 ㉠ 6+7=13 ㉡ 8+4=12
  ⇨ 13>12이므로 ㉠의 계산 결과가 더 큽니다.

7 (남은 사탕 수)=(전체 사탕 수)−(먹은 사탕 수)
  =15−8=7(개)

8

- 6+9와 7+8은 합이 15로 같으므로 7+8이 쓰인 칸을 주황색으로 칠합니다.
- 6+6과 5+7은 합이 12로 같으므로 6+6이 쓰인 칸을 파란색으로 칠합니다.
- 9+2와 3+8은 합이 11로 같으므로 9+2가 쓰인 칸을 보라색으로 칠합니다.

9 생각열기 옆으로 이웃한 두 수의 차를 구해 보고 그 차가 바로 옆에 쓰여 있는지 확인합니다.

17−9=8, 13−4=9, 11−5=6, 18−9=9

10 (염소와 닭의 수)=(염소의 수)+(닭의 수)
=5+9=14(마리)

11 생각열기 ■가 ▲보다 몇 개 더 많은지 구하는 경우는 뺄셈식 ■−▲을 만들어서 계산합니다.

색종이를 아라는 12장, 소미는 9장 가지고 있으므로 아라는 소미보다 색종이를 12−9=3(장) 더 많이 가지고 있습니다.

12 생각열기 더 높은 층은 덧셈, 더 낮은 층은 뺄셈을 이용합니다.

종석이는 5층에 살고 경수네 집은 종석이네보다 7층 더 높으므로 경수네 집은 5+7=12(층)입니다.

13 경수는 12층에 살고 민주네 집은 경수네보다 9층 더 낮으므로 민주네 집은 12−9=3(층)입니다.

14 서술형가이드 덧셈을 하여 그 결과를 보고 규칙을 찾아 알게 된 점을 바르게 쓸 수 있는지 확인합니다.

평가기준		
덧셈을 하고 규칙을 찾아 바르게 씀.	상
덧셈을 하였으나 규칙을 찾지 못함.	중
덧셈을 하지 못해 규칙을 찾지 못함.	하

참고

- 덧셈 결과를 보고 규칙 찾기

6+6=12
6+7=13
6+8=14
6+9=15
⇨ 더하는 수가 1씩 커지면 합도 1씩 커집니다.

15 해·법·순·서
① 미경이가 일주일 동안 읽은 책의 수를 구합니다.
② 훈구가 일주일 동안 읽은 책의 수를 구합니다.
③ ①과 ②의 계산 결과를 비교하여 더 큰 쪽을 찾습니다.
일주일 동안 책을 미경이는 8+8=16(권) 읽었고, 훈구는 4+9=13(권) 읽었습니다.
⇨ 미경이가 훈구보다 책을 더 많이 읽었습니다.

16 민기: 13−4=9, 수호: 14−7=7
⇨ 9>7이므로 민기가 이겼습니다.

17 생각열기 합이 가장 큰 덧셈식을 만들려면 가장 큰 수와 두 번째로 큰 수의 합을 구해야 합니다.

| 5 | 6 | 7 | 8 | 9 |
두 번째로 큰 수┘   └가장 큰 수

⇨ 합이 가장 큰 덧셈식은 9+8=17 또는 8+9=17입니다.

18 서술형가이드 그림을 보고 뺄셈이 이루어지는 상황을 이해하고 뺄셈 문제를 만든 뒤 답을 바르게 구했는지 확인합니다.

평가기준		
그림의 상황에 맞게 뺄셈 문제를 만들고 답을 바르게 구함.	상
그림의 상황에 맞는 뺄셈 문제를 만들었으나 계산 과정에서 실수하여 답이 틀림.	중
뺄셈 문제를 만들지 못함.	하

19 생각열기 지호가 가지고 있는 공책의 수와 준우가 가지고 있는 공책의 수를 차례로 구합니다.

서연이의 공책 수: 6권
(지호의 공책 수)=(서연이의 공책 수)+5
=6+5=11(권)
⇨ (준우의 공책 수)=(지호의 공책 수)−3
=11−3=8(권)

20 해·법·순·서
① 민호가 가진 딱지의 수를 구합니다.
② 태수가 가진 딱지의 수를 구합니다.
③ ①과 ②의 차를 구합니다.
민호: 5+5+5+1=15+1=16(개)
민호가 3번 이기고 1번 졌으므로 태수는 3번 지고 1번 이긴 것입니다.
태수: 1+1+1+5=8(개)
⇨ 민호는 태수보다 딱지를 16−8=8(개) 더 많이 가지게 됩니다.

이쯤에서
실력
체크

수학 단원평가

각종 학교 시험, 한 권으로 끝내자!
수학 단원평가
초등 1~6학년(학기별)

쪽지시험, 단원평가, 서술형 평가 등 다양한 수행평가에 맞는 최신 경향의 문제 수록
A, B, C 세 단계 난이도의 단원평가로 실력을 점검하고 부족한 부분을 빠르게 보충 가능
기본 개념 문제로 구성된 쪽지시험과 단원평가 5회분으로 확실한 단원 마무리

뭘 좋아할지 몰라 다 준비했어♥
전과목 교재

전과목 시리즈 교재

●무등생 해법시리즈
– 국어/수학	1~6학년, 학기용
– 사회/과학	3~6학년, 학기용
– 봄·여름/가을·겨울	1~2학년, 학기용
– SET(전과목/국수, 국사과)	1~6학년, 학기용

●똑똑한 하루 시리즈
– 똑똑한 하루 독해	예비초~6학년, 총 14권
– 똑똑한 하루 글쓰기	예비초~6학년, 총 14권
– 똑똑한 하루 어휘	예비초~6학년, 총 14권
– 똑똑한 하루 한자	예비초~6학년, 총 14권
– 똑똑한 하루 수학	1~6학년, 학기용
– 똑똑한 하루 계산	예비초~6학년, 총 14권
– 똑똑한 하루 도형	예비초~6학년, 총 8권
– 똑똑한 하루 사고력	1~6학년, 학기용
– 똑똑한 하루 사회/과학	3~6학년, 학기용
– 똑똑한 하루 봄/여름/가을/겨울	1~2학년, 총 8권
– 똑똑한 하루 안전	1~2학년, 총 2권
– 똑똑한 하루 Voca	3~6학년, 학기용
– 똑똑한 하루 Reading	초3~초6, 학기용
– 똑똑한 하루 Grammar	초3~초6, 학기용
– 똑똑한 하루 Phonics	예비초~초등, 총 8권

●독해가 힘이다 시리즈
– 초등 문해력 독해가 힘이다 비문학편	3~6학년
– 초등 수학도 독해가 힘이다	1~6학년, 학기용
– 초등 문해력 독해가 힘이다 문장제수학편	1~6학년, 총 12권

영어 교재

●초등영어 교과서 시리즈
파닉스(1~4단계)	3~6학년, 학년용
영단어(1~4단계)	3~6학년, 학년용

●LOOK BOOK 영단어
	3~6학년, 단행본

●원서 읽는 LOOK BOOK 영단어
	3~6학년, 단행본

국가수준 시험 대비 교재

●해법 기초학력 진단평가 문제집
	2~6학년·중1 신입생, 총 6권

단원별 3회 구성
서술형 단원평가 제공

모든 유형을 다 담은 해결의 법칙

단원평가 및 학력평가 대비

단원평가 문제집

수학

1·2

천재교육

차례 ────────── 1-2

1. 100까지의 수

초등학교 　 학년 　 반 　 번 　 이름:

1 □ 안에 알맞은 수를 써넣으시오.

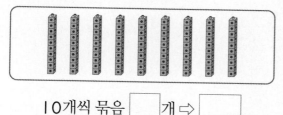

10개씩 묶음 □ 개 ⇨ □

2 묶음과 낱개의 수를 확인하여 수를 세어 쓰시오.

10개씩 묶음	낱개

□

3 수를 세어 □ 안에 쓰고 ○ 안에 >, <를 알 맞게 써넣으시오.

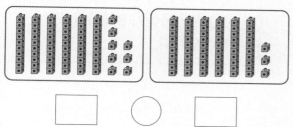

□ 　 ○ 　 □

📖 ○ 안에 >, <를 알맞게 써넣으시오.

[**4 ～ 5**]

4 70 ◯ 80 　 **5** 68 ◯ 64

6 알맞게 이어 보시오.

70 ·	· 일흔
80 ·	· 아흔
90 ·	· 여든

7 수를 쓰고 짝수인지 홀수인지 ○표 하시오.

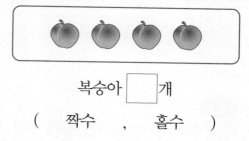

복숭아 □ 개

(　 짝수 　 , 　 홀수 　)

8 빈칸에 알맞은 수를 써넣으시오.

1 작은 수 　　　 1 큰 수

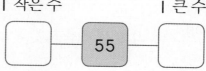

□ — 55 — □

9 홀수를 찾아 모두 ○표 하시오.

17 　 23 　 26 　 31 　 32

📖 빈칸에 알맞은 수를 써넣으시오. [**10 ～ 11**]

10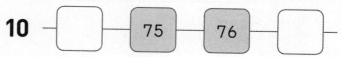

□ — 75 — 76 — □

11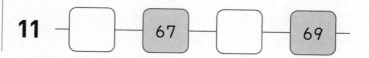

□ — 67 — □ — 69

12 달걀의 수를 바르게 읽은 것에 ○표 하시오.

(쉰여섯 , 예순다섯)

13 다음 수보다 1 큰 수를 쓰시오.

팔십오

( )

서술형

14 다음 중 다른 수 하나를 찾아 쓰려고 합니다. 풀이 과정을 쓰고 답을 구하시오.

| 77 | 일흔둘 | 72 |

[풀이]

[답]

15 가장 큰 수에 ○표 하시오.

85 91 79

16 구슬이 10개씩 묶음 8개가 있습니다. 구슬이 몇 개입니까?

( )

17 31부터 40까지의 수 중에서 홀수를 모두 쓰시오.

( )

서술형

18 바둑판에 흰색 바둑돌이 58개, 검은색 바둑돌이 65개 있습니다. 어느 색 바둑돌이 더 많은지 풀이 과정을 쓰고 답을 구하시오.

[풀이]

[답]

19 1부터 90까지의 수 중에서 조건을 모두 만족하는 수를 써 보시오.

- 86보다 큰 수입니다.
- 10개씩 묶음이 8개입니다.
- 짝수입니다.

( )

창의·융합

20 사과 농장에서 사과를 진주는 67개, 진호는 72개 땄습니다. 초아는 진주보다 1개 더 많이 땄습니다. 사과를 많이 딴 순서대로 이름을 써 보시오.

( )

초등학교   학년   반   번   이름:

1 수를 세어 쓰시오.

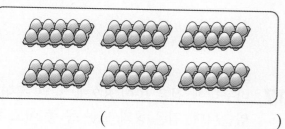

(   )

2 묶음과 낱개의 수를 확인하여 수를 세어 쓰시오.

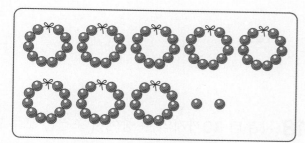

10개씩 묶음	낱개

☐

3 ☐ 안에 알맞은 수나 말을 써넣으시오.

10개씩 묶음 7개를 ☐ 이라 쓰고 칠십 또는 ☐ 이라고 읽습니다.

📖 ◯ 안에 >, <를 알맞게 써넣으시오.

                           [**4 ~ 5**]

4 92 ◯ 83   **5** 71 ◯ 76

6 알맞게 이어 보시오.

78 ●   ● 팔십칠

87 ●   ● 칠십팔

7 빈칸에 알맞은 수를 써넣으시오.

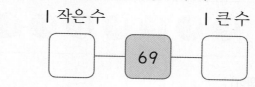

1 작은 수   1 큰 수

☐ — 69 — ☐

8 짝수를 찾아 모두 ◯표 하시오.

15   20   24   29   42

📖 빈칸에 알맞은 수를 써넣으시오. [**9 ~ 10**]

9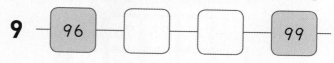

— 96 — ☐ — ☐ — 99 —

10

— 55 — ☐ — 57 — ☐ —

11 같은 수를 찾아 모두 ◯표 하시오.

육십사   예순여섯   64

12 두 수의 크기를 잘못 비교한 것에 ×표 하시오.

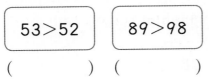

(   ) (   )

서술형

13 야구공의 수가 짝수인지, 홀수인지 구하려고 합니다. 풀이 과정을 쓰고 답을 구하시오.

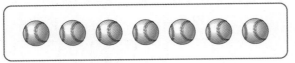

[풀이]

[답]

창의·융합

14 상자를 번호 순서대로 쌓았습니다. 번호가 없는 상자에 알맞은 번호를 써 보시오.

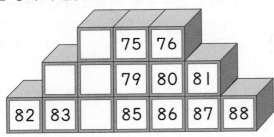

15 가장 큰 수에 ○표, 가장 작은 수에 △표 하시오.

76   83   75

16 구슬이 10개씩 묶음 9개와 낱개 6개가 있습니다. 구슬이 몇 개입니까?

(   )

서술형

17 바구니에 검은 콩이 82개, 노란 콩이 59개 있습니다. 검은 콩과 노란 콩 중 어느 콩이 더 적은지 풀이 과정을 쓰고 답을 구하시오.

[풀이]

[답]

18 1부터 80까지의 수 중에서 조건을 모두 만족하는 수를 써 보시오.

- 77보다 큰 수입니다.
- 10개씩 묶음이 7개입니다.
- 홀수입니다.

(   )

19 초콜릿이 10개씩 묶음 5개와 낱개 15개가 있습니다. 초콜릿이 몇 개입니까?

(   )

20 □ 안에 알맞은 수를 써넣고 ○ 안에 >, <를 알맞게 써넣으시오.

□ ○ □

↑   ↑
62보다 1 작은 수   59보다 1 큰 수

1. 100까지의 수

1 다음 중 다른 수 하나를 찾아 기호를 쓰려고 합니다. 풀이 과정을 쓰고 답을 구하시오.

> ㉠ 아흔셋　　㉡ 83　　㉢ 팔십삼

[풀이]

[답]

2 두 수의 크기를 잘못 비교한 사람은 누구인지 풀이 과정을 쓰고 답을 구하시오.

 48<84　　 53<52

 준서　　 은주

[풀이]

[답]

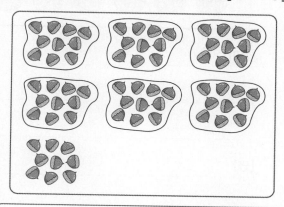

그림을 보고 알맞게 말한 사람은 누구인지 알아보려고 합니다. 물음에 답하시오. [**3 ~ 4**]

> 진주: 밤이 예순아홉 개 있습니다.
> 진호: 밤이 아흔여섯 개 있습니다.

3 밤이 몇 개인지 풀이 과정을 쓰고 답을 구하시오.

[풀이]

[답]

4 그림을 보고 진주와 진호 중 알맞게 말한 사람은 누구인지 풀이 과정을 쓰고 답을 구하시오.

[풀이]

[답]

5 감의 수가 짝수인지 홀수인지 구하려고 합니다. 풀이 과정을 쓰고 답을 구하시오.

[풀이]

[답]

6 다음 수보다 1 큰 수를 쓰려고 합니다. 풀이 과정을 쓰고 답을 구하시오.

여든하나

[풀이]

[답]

7 접시에 초콜릿이 74개, 사탕이 66개 있습니다. 초콜릿과 사탕 중 어느 것이 더 적은지 풀이 과정을 쓰고 답을 구하시오.

[풀이]

[답]

8 다음이 나타내는 수를 두 가지 방법으로 읽으려고 합니다. 풀이 과정을 쓰고 답을 구하시오.

10개씩 묶음 7개와 낱개 3개

[풀이]

[답]   ,

더 큰 수의 기호를 쓰려고 합니다. 물음에 답하시오. [**9** ~ **10**]

㉠ 79보다 1 큰 수
㉡ 82보다 1 작은 수

9 ㉠과 ㉡이 나타내는 수를 각각 구하시오.
㉠ (   )
㉡ (   )

10 ㉠과 ㉡ 중 더 큰 수의 기호를 쓰려고 합니다. 풀이 과정을 쓰고 답을 구하시오.

[풀이]

[답]

1 모형을 보고 □ 안에 알맞은 수를 써넣으시오.

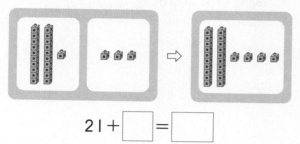

$21 + \boxed{} = \boxed{}$

📖 계산해 보시오. [**2 ~ 3**]

2
```
  4 1
+ 1 7
```

3
```
  7 8
- 1 5
```

4 빈칸에 알맞은 수를 써넣으시오.

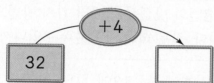

5 빈 곳에 알맞은 수를 써넣으시오.

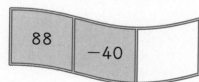

6 두 수의 차를 구하시오.

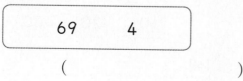

(　　　　　　)

7 합이 같은 것끼리 이어 보시오.

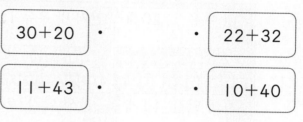

8 차가 다른 하나에 ◯표 하시오.

72-30	49-7	65-13

(　　) (　　) (　　)

📖 같은 모양에 적힌 수의 합을 구하시오.

[**9 ~ 11**]

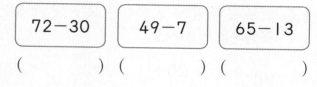

9 　⬛　　　(　　　　　)

10 　⬛　　　(　　　　　)

11 　⚫　　　(　　　　　)

12 계산 결과의 크기를 비교하여 ◯ 안에 >, =, <를 알맞게 써넣으시오.

$66-16 \bigcirc 57-5$

마트에 있는 냉장고 안의 모습을 보고 물음에 답하시오. [**13 ~ 16**]

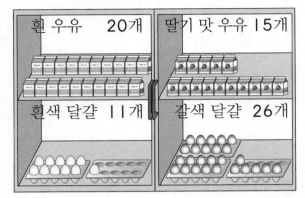

13 흰 우유와 딸기 맛 우유는 모두 몇 개 있는지 덧셈식을 써 보시오.

[식]   20 + ☐ = ☐

서술형

14 흰색 달걀과 갈색 달걀은 모두 몇 개 있는지 식을 쓰고 답을 구하시오.

[식]

[답]

15 학생 3명이 딸기 맛 우유를 하나씩 샀습니다. 딸기 맛 우유는 몇 개 남는지 **뺄셈식**을 써 보시오.

[식]   15 − ☐ = ☐

서술형

16 갈색 달걀이 흰색 달걀보다 몇 개 더 많은지 식을 쓰고 답을 구하시오.

[식]

[답]

17 연수는 구슬을 56개 가지고 있었습니다. 그중에서 동생에게 구슬을 14개 주었습니다. 연수에게 남은 구슬이 몇 개입니까?

(   )

18 농장에 양이 33마리, 젖소가 12마리 있습니다. 농장에 있는 양과 젖소는 모두 몇 마리인지 덧셈식을 써 보시오.

[식]

창의·융합

19 **18**번의 덧셈식을 여러 가지 방법으로 더했습니다. 잘못 더한 사람은 누구입니까?

> 진호 : 나는 33에 10을 더해서 43을 구하고, 3을 더했어.
>
> 민준 : 나는 30과 10을 더해서 40을 구하고, 3과 2를 더했어.

(   )

20 다음 수 카드 중 2장을 골라 합이 70이 되도록 덧셈식을 써 보시오.

| 10 | 20 | 30 | 40 |

[식]

1 모형을 보고 □ 안에 알맞은 수를 써넣으시오.

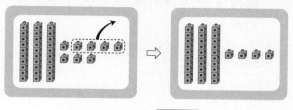

$$38-4=\boxed{}$$

📘 계산해 보시오. [**2 ~ 3**]

2　　　7 2
　　　+ 2 6

3　　　6 5
　　　− 3 0

4 두 수의 합을 찾아 ○표 하시오.

$$\boxed{11+22}$$　(31 , 32 , 33)

5 □ 안에 알맞은 수를 써넣으시오.

46 ➡ −3 ➡ □

6 합이 다른 하나에 ○표 하시오.

$$\boxed{51+5}$$　$$\boxed{33+23}$$　$$\boxed{44+10}$$
(　　) (　　) (　　)

7 차가 같은 것끼리 이어 보시오.

$$\boxed{89-78}$$ ·　　　· $$\boxed{72-50}$$

$$\boxed{55-33}$$ ·　　　· $$\boxed{46-35}$$

8 두 수의 합을 구하시오.

$$\boxed{\text{이십사}　　\text{십삼}}$$

(　　　　　　)

9 차가 더 작은 것에 △표 하시오.

$$\boxed{87-64}$$　　$$\boxed{29-4}$$
(　　)　(　　)

📘 계산 결과의 크기를 비교하여 ○ 안에 >, =, <를 알맞게 써넣으시오. [**10 ~ 11**]

10 $32+4$ ◯ $14+24$

11 $37-14$ ◯ $28-5$

12 가장 큰 수와 가장 작은 수의 차를 구하시오.

$$\boxed{60　　　35　　　78}$$

(　　　　　　)

📖 그림을 보고 물음에 답하시오. [13 ~ 16]

| 장미 | 국화 | 해바라기 | 튤립 |
| 24송이 | 13송이 | 3송이 | 20송이 |

13 장미와 국화는 모두 몇 송이인지 덧셈식을 써 보시오.

[식]   24 + ☐ = ☐

서술형

14 해바라기와 튤립은 모두 몇 송이인지 식을 쓰고 답을 구하시오.

[식]

[답]

15 장미가 국화보다 몇 송이 더 많은지 뺄셈식을 써 보시오.

[식]   24 − ☐ = ☐

서술형

16 국화가 해바라기보다 몇 송이 더 많은지 식을 쓰고 답을 구하시오.

[식]

[답]

17 성태는 딱지를 25장 가지고 있었습니다. 그 중에서 동생에게 딱지를 13장 주었습니다. 성태에게 남은 딱지가 몇 장인지 뺄셈식을 써 보시오.

[식]

창의·융합

18 17번의 뺄셈식을 여러 가지 방법으로 빼 보았습니다. ☐ 안에 알맞은 수를 써넣으시오.

나는 25에서 3을 빼서 ☐ 를 구하고, 10을 뺐어.

나는 20에서 10을 빼서 10을 구하고, 5에서 ☐ 을 뺐어.

19 체육관에 야구공이 24개, 농구공이 12개 있습니다. 어느 공이 몇 개 더 많은지 차례로 쓰시오.

(   ), (   )

20 지혜네 반 남학생은 11명, 여학생은 14명입니다. 은주네 반 학생이 지혜네 반 학생보다 2명 더 많습니다. 은주네 반 학생은 몇 명입니까?

(   )

1 합이 더 큰 것의 기호를 쓰려고 합니다. 풀이 과정을 쓰고 답을 구하시오.

$$㉠ 50+6 \qquad ㉡ 42+17$$

[풀이]

[답]

2 가장 큰 수와 가장 작은 수의 차를 구하는 풀이 과정을 쓰고 답을 구하시오.

$$53 \qquad 40 \qquad 64$$

[풀이]

[답]

3 빨간 색종이가 15장, 파란 색종이가 13장 있습니다. 색종이는 모두 몇 장인지 식을 쓰고 답을 구하시오.

[식]

[답]

4 딱지를 초아는 37장, 승기는 20장 가지고 있습니다. 초아는 승기보다 딱지를 몇 장 더 많이 가지고 있는지 식을 쓰고 답을 구하시오.

[식]

[답]

어느 생선 가게에 고등어가 24마리, 갈치가 13마리 있습니다. 물음에 답하시오. [**5 ~ 6**]

5 고등어와 갈치는 모두 몇 마리인지 식을 쓰고 답을 구하시오.

[식]

[답]

6 고등어는 갈치보다 몇 마리 더 많은지 식을 쓰고 답을 구하시오.

[식]

[답]

📖 운동장에서 학생 26명이 놀고 있습니다. 그 중에서 11명이 교실로 들어갔습니다. 물음에 답하시오. [7 ~ 8]

7 운동장에 남아 있는 학생은 몇 명인지 식을 쓰고 답을 구하시오.

[식]

[답]

8 7번의 뺄셈식을 여러 가지 방법으로 빼 보았습니다. 잘못 뺀 사람의 이름을 쓰고 방법을 바르게 고치시오.

> 근우: 나는 26에서 1을 빼서 25를 구하고, 1을 뺐어.
> 현철: 나는 20에서 10을 빼서 10을 구하고, 6에서 1을 뺐어.

[이름]

[바르게 고치기]

9 줄넘기를 민주는 86번 했고, 세연이는 53번 했습니다. 누가 줄넘기를 몇 번 더 많이 했는지 풀이 과정을 쓰고 답을 구하시오.

[풀이]

[답]   ,

10 합이 큰 순서대로 글자를 써서 단어를 완성하려고 합니다. 풀이 과정을 쓰고 답을 구하시오.

50+10	—	고
20+26	—	력
40+30	—	사

[풀이]

[답]

3. 여러 가지 모양

점수	확인

초등학교   학년   반   번   이름:

📖 왼쪽과 같은 모양의 물건에 ○표 하시오.

[1 ～ 2]

1

(   ) (   ) (   )

2

(   ) (   ) (   )

3 는 어떤 모양인지 알맞은 모양에 ○
표 하시오.

(   ) (   ) (   )

4 🔺 모양을 모두 찾아 ○표 하시오.

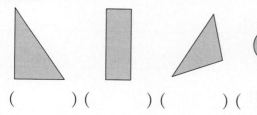

(   ) (   ) (   ) (   )

5 본뜬 모양을 찾아 알맞게 이어 보시오.

  ·   ·

  ·   ·

  ·   ·

📖 물건을 보고 물음에 답하시오. [6 ～ 7]

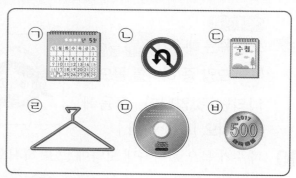

6 ⬛ 모양의 물건을 모두 찾아 기호를 쓰시오.

(   )

7 ⬤ 모양의 물건을 모두 찾아 기호를 쓰시오.

(   )

8 다음에서 이야기하는 모양을 찾아 ○표 하시오.

뽀족한 곳이 모두 세 군데입니다.

(   ) (   ) (   )

9 오른쪽은 어떤 모양의 부분을 나타낸 그림입니다. 알맞은 모양에 ○표 하시오.

(   ) (   ) (   )

창의·융합

✎ 오른쪽은 해주가 ▢, ▲, ● 모양 중 하나를 몸으로 나타낸 것입니다. 물음에 답하시오. [**10 ~ 11**]

10 해주가 몸으로 나타낸 모양에 ○표 하시오.

(   ) (   ) (   )

11 해주가 몸으로 나타낸 모양과 같은 모양의 물건을 찾아 기호를 쓰시오.

(   )

12 그림에서 ▢ 모양을 몇 개 이용했는지 세어 보시오.

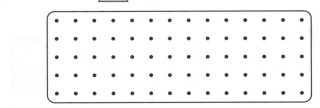

(   )

13 서로 다른 ▲ 모양을 2개 그려 보시오.

서술형

14 ▢, ▲, ● 모양을 이용하여 꾸민 모양입니다. 잘못 말한 사람은 누구인지 풀이 과정을 쓰고 답을 구하시오.

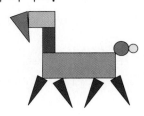

민준: ▢, ▲, ● 모양을 모두 이용했어.

진호: ▲ 모양은 6개야.

[풀이]

_____

_____

[답]

📖 ■, ▲, ● 모양을 이용하여 꾸민 모양입니다. 물음에 답하시오. [**15** ~ **16**]

15 ■, ▲, ● 모양을 몇 개씩 이용했는지 세어 보시오.

　　　■ 모양 (　　　　　　　　　　　)

　　　▲ 모양 (　　　　　　　　　　　)

　　　● 모양 (　　　　　　　　　　　)

16 이용한 모양의 수가 다른 하나에 ○표 하시오.

　　　■　　　　▲　　　　●

　(　　　) (　　　) (　　　)

17 그림에서 3개인 모양에 ○표 하시오.

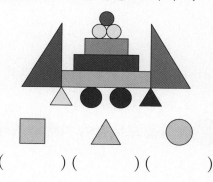

　　　■　　　　▲　　　　●

　(　　　) (　　　) (　　　)

18 보기 의 모양을 모두 이용하여 꾸민 모양에 ○표 하시오.

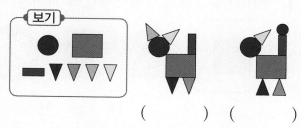

　　　　(　　　) (　　　)

📖 ■, ▲, ● 모양을 이용하여 꾸민 모양입니다. 물음에 답하시오. [**19** ~ **20**]

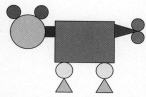

19 가장 많이 이용한 모양에 ○표 하시오.

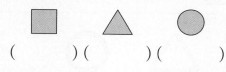

　　　■　　　　▲　　　　●

　(　　　) (　　　) (　　　)

서술형

20 ▲ 모양은 ■ 모양보다 몇 개 더 많이 이용했는지 풀이 과정을 쓰고 답을 구하시오.

[풀이]

[답]

1 왼쪽과 같은 모양의 물건에 ◯표 하시오.

(   ) (   ) (   )

2 ⊘은 어떤 모양인지 알맞은 모양에 ◯표 하시오.

(   ) (   ) (   )

3 △ 모양이 <u>아닌</u> 것을 찾아 기호를 쓰시오.

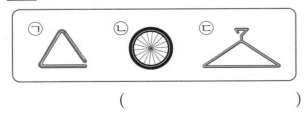

(   )

4 다음 물건에서 모두 찾을 수 있는 모양에 ◯표 하시오.

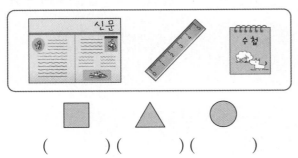

(   ) (   ) (   )

5 모양이 같은 것끼리 알맞게 이어 보시오.

📖 그림을 보고 물음에 답하시오. [**6 ~ 7**]

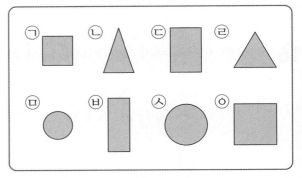

6 ▢ 모양을 모두 찾아 기호를 쓰시오.

(   )

7 ◯ 모양을 모두 찾아 기호를 쓰시오.

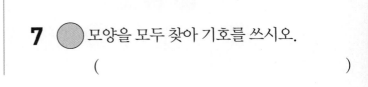

(   )

8 오른쪽은 어떤 모양의 부분을 나타낸 그림입니다. 알맞은 모양에 ○표 하시오.

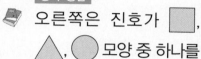

(   ) (   ) (   )

창의·융합

📖 오른쪽은 진호가 ⬜, △, ◯ 모양 중 하나를 손으로 나타낸 것입니다. 물음에 답하시오. [**9** ~ **11**]

9 진호가 손으로 나타낸 모양에 ○표 하시오.

(   ) (   ) (   )

10 진호가 손으로 나타낸 모양을 이야기한 것입니다. 알맞은 말에 ○표 하시오.

> 뾰족한 곳이 모두 (세 , 네) 군데입니다.

11 진호가 손으로 나타낸 모양과 같은 모양의 물건을 찾아 기호를 쓰시오.

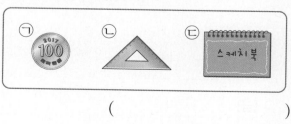

(   )

12 그림에서 ⬜ 모양을 몇 개 이용했는지 세어 보시오.

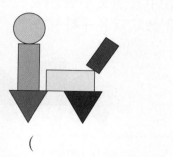

(   )

13 ⬜, △, ◯ 모양을 모두 이용하여 꾸민 모양에 ○표 하시오.

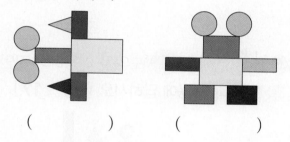

(   ) (   )

14 그림에서 ⬜, △, ◯ 모양을 몇 개씩 이용했는지 세어 보시오.

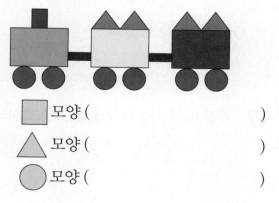

⬜ 모양 (   )

△ 모양 (   )

◯ 모양 (   )

15 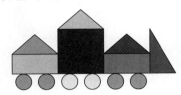 , ▲ , ● 모양을 이용하여 꾸민 모양입니다. 잘못 말한 사람은 누구인지 풀이 과정을 쓰고 답을 구하시오.

현주: ■ 모양은 3개야.

은서: ▲ 모양은 6개야.

[풀이]

[답]

16~17 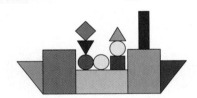 ■ , ▲ , ● 모양을 이용하여 꾸민 모양입니다. 물음에 답하시오. [**16 ~ 17**]

16 ■ , ▲ , ● 모양을 몇 개씩 이용했는지 세어 보시오.

■ 모양 (   )

▲ 모양 (   )

● 모양 (   )

17 가장 많이 이용한 모양에 ○표 하시오.

■   ▲   ●

(   ) (   ) (   )

18 보기 의 모양을 모두 이용하여 꾸민 모양에 ○표 하시오.

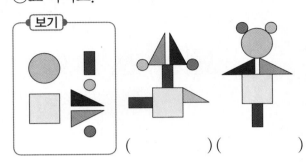

(   ) (   )

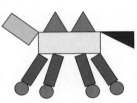 ■ , ▲ , ● 모양을 이용하여 꾸민 모양입니다. 물음에 답하시오. [**19 ~ 20**]

19 가장 적게 이용한 모양에 ○표 하시오.

■   ▲   ●

(   ) (   ) (   )

20 가장 많이 이용한 모양은 가장 적게 이용한 모양보다 몇 개 더 많이 이용했는지 풀이 과정을 쓰고 답을 구하시오.

[풀이]

[답]

3. 여러 가지 모양

점수　확인

초등학교　　학년　　반　　번　　이름:

📓 물건을 보고 물음에 답하시오. [**1** ~ **3**]

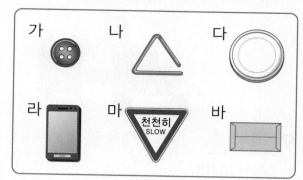

1 ⬜ 모양의 물건은 모두 몇 개인지 풀이 과정을 쓰고 답을 구하시오.

[풀이]

[답]

2 🔺 모양의 물건은 모두 몇 개인지 풀이 과정을 쓰고 답을 구하시오.

[풀이]

[답]

3 ⚫ 모양의 물건은 모두 몇 개인지 풀이 과정을 쓰고 답을 구하시오.

[풀이]

[답]

📓 그림을 보고 물음에 답하시오. [**4** ~ **6**]

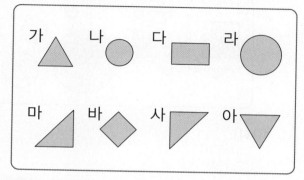

4 ⬜ 모양은 모두 몇 개인지 풀이 과정을 쓰고 답을 구하시오.

[풀이]

[답]

5 🔺 모양은 모두 몇 개인지 풀이 과정을 쓰고 답을 구하시오.

[풀이]

[답]

6 ⚫ 모양은 모두 몇 개인지 풀이 과정을 쓰고 답을 구하시오.

[풀이]

[답]

7 그림을 보고 뾰족한 곳이 <u>없는</u> 모양은 모두 몇 개인지 풀이 과정을 쓰고 답을 구하시오.

[풀이]
_____

_____

_____

_____

[답]
_____

8 오른쪽은 민기가 ⬜, △, ⬤ 모양 중 하나를 손으로 나타낸 것입니다. 민기가 손으로 나타낸 모양을 보고 바르게 말한 사람은 누구인지 풀이 과정을 쓰고 답을 구하시오.

> 진호: 뾰족한 곳이 모두 세 군데야.
> 민준: 뾰족한 곳이 모두 네 군데야.

[풀이]
_____

_____

_____

_____

[답]
_____

⬜, △, ⬤ 모양을 이용하여 꾸민 모양입니다. 물음에 답하시오. [**9 ～ 10**]

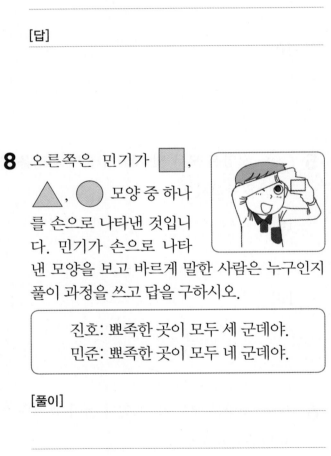

9 ⬜, △, ⬤ 모양을 몇 개씩 이용했는지 세어 보시오.

⬜ 모양 (　　　　　)

△ 모양 (　　　　　)

⬤ 모양 (　　　　　)

10 가장 많이 이용한 모양은 가장 적게 이용한 모양보다 몇 개 더 많이 이용했는지 풀이 과정을 쓰고 답을 구하시오.

[풀이]
_____

_____

_____

_____

[답]
_____

4. 덧셈과 뺄셈 (2)

초등학교   학년   반   번   이름:

점수 | 확인

1 공은 모두 몇 개인지 식을 써 보시오.

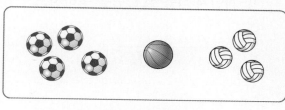

$4+\boxed{}+\boxed{}=\boxed{}$

📖 □ 안에 알맞은 수를 써넣으시오. [**2 ~ 3**]

2

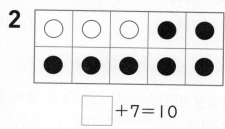

$\boxed{}+7=10$

3

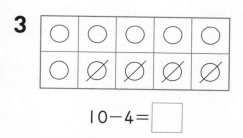

$10-4=\boxed{}$

📖 □ 안에 알맞은 수를 써넣으시오. [**4 ~ 5**]

4 $2+4+3=\boxed{}$

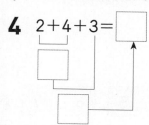

5 $8-4-1=\boxed{}$

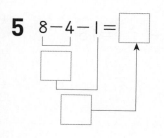

6 합이 같은 것끼리 이어 보시오.

$4+8$ ·   · $7+4$

$4+7$ ·   · $8+4$

7 합이 10이 되는 것에 모두 ○표 하시오.

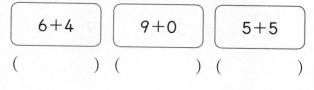

$6+4$ $9+0$ $5+5$

(   ) (   ) (   )

📖 계산을 하시오. [**8 ~ 9**]

8 $3+7+5$

9 $3+8+2$

10 빈칸에 알맞은 수를 써넣으시오.

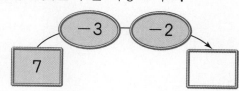

11 다음 수 카드의 세 수를 더해 보시오.

$\boxed{2}$ $\boxed{8}$ $\boxed{4}$

(   )

12 합을 구하여 이어 보시오.

| 3+3+3 | · | · | 8 |
| 2+1+5 | · | · | 9 |

13 계산 결과의 크기를 비교하여 ○ 안에 >, =, <를 알맞게 써넣으시오.

$$8-3-3 \bigcirc 9-5-3$$

14 더해서 10이 되는 두 수를 모두 찾아 ○표 하고, 덧셈식을 써 보시오.

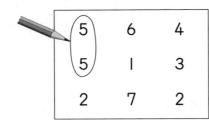

⑤	6	4
⑤	1	3
2	7	2

$5+5=10$

_____

_____

15 더해서 10이 되는 두 수를 찾아 ◯로 묶고, 세 수를 더하여 □ 안에 써넣으시오.

| 7 | |
| 6 | 4 | → □

16 사과가 7개 있었습니다. 그중에서 내가 2개, 동생이 1개를 먹었습니다. 남아 있는 사과는 몇 개인지 식을 쓰고 답을 구하시오.

[식] _____

[답] _____

17 진주는 어제 종이학을 4개 만들었습니다. 오늘 종이학을 6개 만들었다면 진주가 어제와 오늘 만든 종이학은 모두 몇 개입니까?

(   )

18 색종이가 10장 있었습니다. 그중에서 색종이 5장은 종이비행기를 접었습니다. 남아 있는 색종이는 몇 장인지 식을 쓰고 답을 구하시오.

[식] _____

[답] _____

19 승기는 빨간색 팽이 5개, 파란색 팽이 5개, 노란색 팽이 3개를 가지고 있습니다. 승기가 가지고 있는 팽이는 모두 몇 개입니까?

(   )

20 □ 안에 수 카드 4 , 5 , 6 , 7 중 알맞은 수를 써넣어 만들 수 있는 덧셈식을 써 보시오.

$$\boxed{} + 6 + \boxed{} = 15$$

_____

4. 덧셈과 뺄셈 (2)

점수　확인

초등학교　학년　반　번　이름:

1 남아 있는 새는 몇 마리인지 식을 써 보시오.

$$8-2-\boxed{}=\boxed{}$$

□ 안에 알맞은 수를 써넣으시오. [**2 ~ 3**]

2

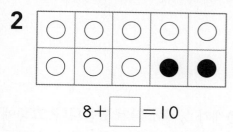

$$8+\boxed{}=10$$

3

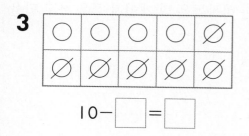

$$10-\boxed{}=\boxed{}$$

□ 안에 알맞은 수를 써넣으시오. [**4 ~ 5**]

4

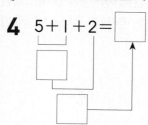

$$5+1+2=\boxed{}$$

5

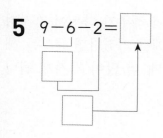

$$9-6-2=\boxed{}$$

6 7+5와 합이 같은 것에 ○표 하시오.

| 5+5 | 6+7 | 5+7 |

(　　　　) (　　　　) (　　　　)

7 합이 10이 되도록 □ 안에 알맞은 수를 써넣으시오.

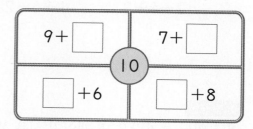

계산을 하시오. [**8 ~ 9**]

8 6+4+8

9 5+9+1

10 빈 곳에 알맞은 수를 써넣으시오.

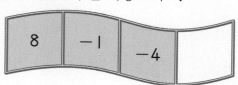

11 합이 같은 것끼리 이어 보시오.

$4+6+7$ · · $6+10$

$6+5+5$ · · $10+7$

12 계산 결과의 크기를 비교하여 ○ 안에 >, =, <를 알맞게 써넣으시오.

$2+4+3$ ◯ $1+6+2$

창의·융합
13 펴고 있는 손가락은 몇 개인지 식을 쓰려고 합니다. □ 안에 알맞은 수를 써넣으시오.

$10 - \boxed{} = \boxed{}$

📖 밑줄 친 두 수의 합이 10이 되도록 ○ 안에 수를 써넣고 식을 완성해 보시오. [**14** ~ **15**]

14 $9+6+\bigcirc = \boxed{}$

15 $2+\bigcirc+3 = \boxed{}$

16 안나는 방학 동안 동화책 1권, 위인전 3권, 만화책 3권을 읽었습니다. 안나가 읽은 책은 모두 몇 권입니까?

( )

서술형
17 진주가 빵을 9개 사 왔습니다. 그중에서 언니에게 4개, 동생에게 2개를 주었습니다. 남아 있는 빵은 몇 개인지 식을 쓰고 답을 구하시오.

[식]

[답]

서술형
18 바둑돌 10개가 상자에 담겨 있습니다. 그중에서 준서는 바둑돌 7개를 꺼냈습니다. 상자에 남아 있는 바둑돌은 몇 개인지 식을 쓰고 답을 구하시오.

[식]

[답]

19 파란색 풍선이 6개, 빨간색 풍선이 5개, 노란색 풍선이 5개 있습니다. 풍선은 모두 몇 개입니까?

( )

20 공깃돌 10개를 근우와 해주가 나누어 가지려고 합니다. 근우가 6개를 가졌다면 근우는 해주보다 공깃돌을 몇 개 더 많이 가지게 됩니까?

( )

1 계산에서 잘못된 부분을 찾아 이유를 쓰고 바르게 계산하시오.

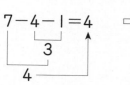　⇨　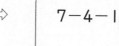

[이유]

2 원숭이가 바나나를 아침에 2개, 점심에 3개, 저녁에 1개 먹었습니다. 원숭이가 아침, 점심, 저녁에 먹은 바나나는 모두 몇 개인지 식을 쓰고 답을 구하시오.

[식]

[답]

3 버스에 7명이 타고 있습니다. 은행 앞에서 2명이 내리고, 구청 앞에서 3명이 내렸습니다. 버스에 남은 사람은 몇 명인지 식을 쓰고 답을 구하시오.

[식]

[답]

4 정윤이는 연필을 10자루 가지고 있습니다. 동생에게 연필을 8자루 주었습니다. 남아 있는 연필은 몇 자루인지 식을 쓰고 답을 구하시오.

[식]

[답]

5 ▢ 모양의 물건은 △ 모양의 물건보다 몇 개 더 많은지 풀이 과정을 쓰고 답을 구하시오.

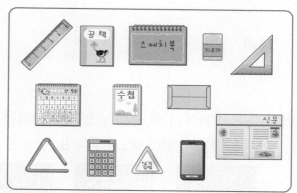

[풀이]

[답]

6 두 수의 차를 구하여 보기 에서 그 차의 글자를 찾아 쓰려고 합니다. 풀이 과정을 쓰고 답을 구하시오.

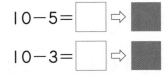

[풀이]

[답]

📖 축구 경기에서 몇 골을 넣었는지 나타낸 것입니다. 물음에 답하시오. [**7 ~ 8**]

7 I반이 넣은 골은 모두 몇 골인지 식을 쓰고 답을 구하시오.

[식]

[답]

8 I반과 3반의 축구 경기에서 3반은 I반보다 몇 골 더 넣었는지 식을 쓰고 답을 구하시오.

[식]

[답]

9 가현이와 친구들이 고리 던지기를 했습니다. 빨간색 고리는 6개, 파란색 고리는 6개, 노란색 고리는 4개 걸렸습니다. 걸린 고리는 모두 몇 개인지 식을 쓰고 답을 구하시오.

[식]

[답]

10 은서가 책을 읽고 책의 제목을 썼습니다. 은서가 읽은 책은 모두 몇 권인지 풀이 과정을 쓰고 답을 구하시오.

만화책	동화책	위인전
콩쥐 팥쥐 흥부와 놀부 홍길동전 빨간 머리 앤	피노키오 인어 공주 백설 공주 개구리 왕자 행복한 왕자 신데렐라	세종대왕 이순신 신사임당 정약용 유관순

[풀이]

[답]

5. 시계 보기와 규칙 찾기

초등학교   학년   반   번   이름:

📖 시각을 써 보시오. [1 ～ 2]

1

(   )

2

(   )

3 규칙에 따라 빈칸에 알맞은 모양을 그려 보시오.

○	◇	○	◇	○	◇	

4 규칙에 따라 □와 ○를 이용하여 나타내어 보시오.

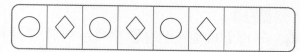

□	□	○	○				

5 규칙을 찾아 □ 안에 알맞은 말을 써넣으시오.

▮ : 풀   ✏ : 연필

[규칙] 풀－연필－□이 반복됩니다.

6 규칙에 따라 빈칸에 알맞은 수를 써넣으시오.

5	0	5	0	5		

7 8시 30분을 나타낸 시계에 ○표 하시오.

(   )   (   )

📖 규칙에 따라 빈칸에 알맞은 수를 써넣으시오.
[8~9]

8

1	9	1	9		

9

| 20 | 25 | 30 | | | 45 |

📖 시각에 알맞게 시곗바늘을 그려 넣으시오.
[10~11]

10

8시

11

10시 30분

12 수 배열에서 규칙을 써 보시오.

| 90 | 80 | 70 | 60 | 50 | 40 |

[규칙]

13 규칙에 따라 빈칸에 알맞은 모양을 그려서 무늬를 꾸며 보시오.

▼	○	▼	○	▼			
○	▼	○	▼	○			

서술형

14 수 배열표에서 색칠한 수에는 어떤 규칙이 있는지 써 보시오.

31	32	33	34	35	36	37	38	39	40
41	42	43	44	45	46	47	48	49	50
51	52	53	54	55	56	57	58	59	60

[규칙]

15 규칙에 따라 빈칸에 주사위를 그리고 수를 써 넣으시오.

·	∷	·	∷	·		·	
1	5	1	5		5	1	

창의·융합

16 규칙을 알맞게 말한 사람은 누구입니까?

○ ○ ● ○ ○ ● ○ ○ ●

흰색과 검은색 바둑돌이 한 개씩 반복돼.
근우

흰색 바둑돌 두 개와 검은색 바둑돌 한 개가 반복돼.
진주

( )

17 어느 날 진호, 민준, 아라가 점심을 먹은 시각을 시계에 나타낸 것입니다. 점심을 1시에 먹은 사람은 누구입니까?

진호   민준   아라

( )

18 규칙에 따라 시곗바늘을 그려 보시오.

19 규칙에 따라 빈칸에 알맞은 수들의 합을 구하시오.

5	5	2	5	5	2		5	

( )

20 규칙에 따라 빈칸에 알맞은 수를 써넣으려고 합니다. 빈칸에 알맞은 수 중 더 큰 수를 구하시오.

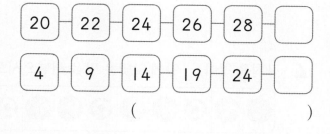

20	22	24	26	28	

4	9	14	19	24	

( )

5. 시계 보기와 규칙 찾기

점수 확인

초등학교   학년   반   번   이름:

1 시각을 써 보시오.

(   )

📖 규칙에 따라 빈칸에 알맞은 모양을 그려 보시오. [2 ~ 3]

2

3

| ♡ | △ | ♡ | △ | ♡ | △ | |

4 규칙을 찾아 □ 안에 알맞은 말을 써넣으시오.

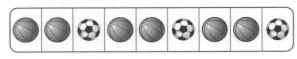

🏀 : 농구공   ⚽ : 축구공

[규칙] 농구공 — [   ] — 축구공이 반복됩니다.

5 규칙에 따라 빈칸에 알맞은 수를 써넣으시오.

👉	✊	👉	✊	👉	✊	👉	✊
2	0	2	0	2			

6 같은 시각끼리 이어 보시오.

7 규칙에 따라 빈칸에 알맞은 수를 써넣으시오.

20 — 19 — 18 — 17 — [ ] — [ ]

시각에 알맞게 시곗바늘을 그려 넣으시오.
[8 ~ 9]

8

10시

9

4시 30분

12 시곗바늘을 그려 넣고 시각을 써 보시오.

긴바늘 ⇨ 12
짧은바늘 ⇨ 7

( )

10 규칙에 따라 빈칸에 알맞은 모양을 그려서 무늬를 꾸며 보시오.

◇	☆	◇	☆	◇	☆		
☆	◇	☆	◇	☆	◇		
◇	☆	◇	☆	◇	☆		
☆	◇	☆	◇	☆	◇		

📖 수 배열표를 보고 물음에 답하시오.
[13 ~ 14]

21	22	23	24	25	26	27	28	29	30
31	32	33	34	35	36	37	38	39	40
41	42	43	44	45	46	47	48	49	50

13 규칙에 따라 색칠해 보시오.

서술형

11 수 배열에서 규칙을 써 보시오.

| 10 | 15 | 20 | 25 | 30 | 35 |

[규칙]

서술형

14 색칠한 수에는 어떤 규칙이 있는지 써 보시오.

[규칙]

5. 시계 보기와 규칙 찾기 ∥ 31

15 규칙에 따라 빈칸에 주사위를 그리고 수를 써 넣으시오.

⚃	⚃	⚃	⚃		⚃	⚃	
2	4	2	4	2		2	

16 시곗바늘이 알맞게 그려진 시계를 모두 찾아 ○표 하시오.

( ) (　　　) (　　　)

17 규칙에 따라 빈칸에 들어갈 모양과 같은 모양 의 물건을 찾아 기호를 쓰시오.

△ ○ ○ △ ○ ○ △ ○

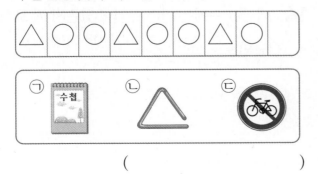

㉠ 수첩　　㉡ △　　㉢ 🚲

(　　　　　　　　)

18 어느 날 지혜와 성태가 아침에 일어난 시각을 시계에 나타낸 것입니다. 6시와 7시 사이에 일어난 사람은 누구입니까?

지혜　　　　　　성태

(　　　　　　　　)

19 규칙에 따라 빈칸에 들어갈 펼친 손가락은 모 두 몇 개입니까?

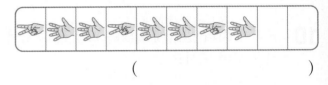

(　　　　　　　　)

20 규칙에 따라 빈칸에 알맞은 수를 써넣으려고 합니다. 빈칸에 알맞은 수 중 더 작은 수를 구 하시오.

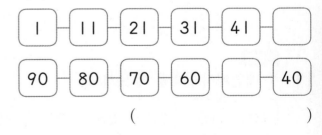

1	11	21	31	41	
90	80	70	60		40

(　　　　　　　　)

5. 시계 보기와 규칙 찾기

초등학교   학년   반   번   이름:

1 9시 30분을 나타낸 시계의 기호를 쓰려고 합니다. 풀이 과정을 쓰고 답을 구하시오.

[풀이]

[답]

2 규칙을 찾아 써 보시오.

✂ : 가위   📎 : 클립

[규칙]

3 규칙에 따라 빈칸에 들어갈 펼친 손가락은 몇 개인지 풀이 과정을 쓰고 답을 구하시오.

[풀이]

[답]

4 수 배열에서 규칙을 써 보시오.

[규칙]

오른쪽은 안나가 6시를 시계에 잘못 나타낸 것입니다. 물음에 답하시오. [**5 ~ 6**]

5 잘못된 이유를 써 보시오.

[이유]

6 6시에 알맞게 시곗바늘을 그려 넣으시오.

7 규칙에 따라 빈칸에 알맞은 수를 구하려고 합니다. 풀이 과정을 쓰고 답을 구하시오.

| 1 | 6 | 11 | 16 | 21 | |

[풀이]

[답]

8 어느 날 해주와 현철이가 아침을 먹은 시각을 시계에 나타낸 것입니다. 아침을 9시에 먹은 사람은 누구인지 풀이 과정을 쓰고 답을 구하시오.

해주   현철

[풀이]

[답]

9 수 배열표에서 색칠한 수에는 어떤 규칙이 있는지 써 보시오.

51	52	53	54	55	56	57	58	59	60
61	62	63	64	65	66	67	68	69	70
71	72	73	74	75	76	77	78	79	80

[규칙]

10 규칙을 알맞게 말한 사람은 누구인지 풀이 과정을 쓰고 답을 구하시오.

검은색 바둑돌 한 개와 흰색 바둑돌 두 개가 반복돼.

검은색과 흰색 바둑돌이 한 개씩 반복돼.

민주   준서

[풀이]

[답]

1 10을 이용하여 모으기와 가르기를 해 보시오.

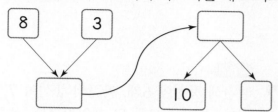

8　　3　　□

□　　10　　□

2 □ 안에 알맞은 수를 써넣으시오.

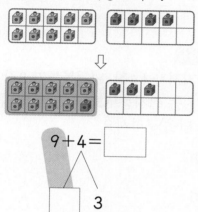

9＋4＝□

□　3

□ 안에 알맞은 수를 써넣으시오. [3 ～ 4]

3　7＋8＝□

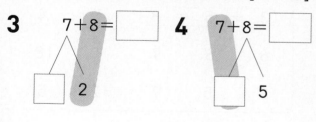

□　2

4　7＋8＝□

□　5

5 □ 안에 알맞은 수를 써넣으시오.

12－6＝□

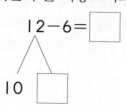

10　□

6 □ 안에 알맞은 수를 써넣으시오.

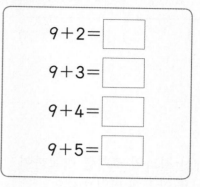

9＋2＝□

9＋3＝□

9＋4＝□

9＋5＝□

7 빈 곳에 알맞은 수를 써넣으시오.

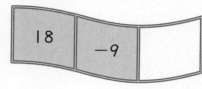

18　　－9

8 두 수의 합을 구하시오.

8　　5

(　　　　　　)

9 관계있는 것끼리 이어 보시오.

8＋9 ・

8＋8 ・

・ 15

・ 16

・ 17

10 차가 6인 뺄셈식의 기호를 쓰시오.

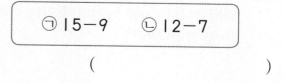

㉠ 15－9　　㉡ 12－7

(　　　　　　)

11 합이 다른 덧셈식에 ○표 하시오.

6+9	7+7	9+6
( )	( )	( )

12 계산 결과의 크기를 비교하여 ○ 안에 >, =, <를 알맞게 써넣으시오.

$$12-4 \bigcirc 14-6$$

13 빈칸에 알맞은 수를 써넣으시오.

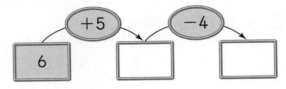

14 가장 큰 수와 가장 작은 수의 차를 구하시오.

2	8	11

( )

15 놀이터에 어린이가 8명 있었는데 4명이 더 놀러왔습니다. 지금 놀이터에 있는 어린이는 모두 몇 명입니까?

( )

16 진구는 떡 17개 중 8개를 먹었습니다. 남아 있는 떡은 몇 개입니까?

( )

서술형

17 빨간색 풍선이 6개, 파란색 풍선이 7개 있습니다. 풍선은 모두 몇 개인지 식을 쓰고 답을 구하시오.

[식]

[답]

서술형

18 편지지가 14장, 편지봉투가 8장 있습니다. 편지지는 편지봉투보다 몇 장 더 많은지 식을 쓰고 답을 구하시오.

[식]

[답]

창의·융합

19 옆으로 덧셈식이 되는 세 수를 모두 찾아 □+□=□표 해 보시오.

3 + 5 = 8		7	4
6	6	9	9	18
8	5	7	12	5

20 해주는 자두 맛 사탕 7개, 딸기 맛 사탕 8개를 가지고 있고, 근우는 자두 맛 사탕 9개, 딸기 맛 사탕 3개를 가지고 있습니다. 해주와 근우 중 사탕을 더 많이 가지고 있는 사람은 누구입니까?

( )

6. 덧셈과 뺄셈 (3)

점수   확인

초등학교   학년   반   번   이름:

1 10을 이용하여 모으기와 가르기를 해 보시오.

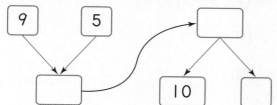

2 □ 안에 알맞은 수를 써넣으시오.

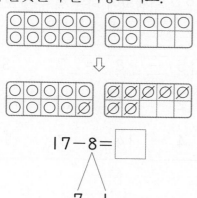

$17-8=$ □

7   1

📖 □ 안에 알맞은 수를 써넣으시오. [**3** ~ **4**]

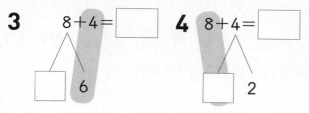

3 $8+4=$ □

6

4 $8+4=$ □

2

5 □ 안에 알맞은 수를 써넣으시오.

$13-4=$ □

$14-5=$ □

$15-6=$ □

$16-7=$ □

6 □ 안에 알맞은 수를 써넣으시오.

7 ➡ $+7$ ➡ □

7 빈칸에 알맞은 수를 써넣으시오.

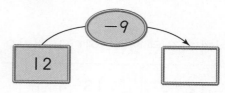

12   -9

8 빈칸에 두 수의 차를 써넣으시오.

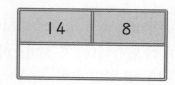

14	8

9 합이 12인 덧셈식을 모두 찾아 ○표 하시오.

$5+7$ $4+9$ $6+6$

(　　　)　(　　　)　(　　　)

10 차가 같은 뺄셈식끼리 이어 보시오.

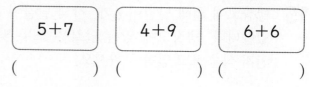

$11-4$ ·   · $15-9$

$13-7$ ·   · $12-5$

📖 계산 결과의 크기를 비교하여 ○ 안에 >, =, <를 알맞게 써넣으시오. [11 ~ 12]

11 2+9 ◯ 7+8

12 16-9 ◯ 14-7

13 차가 가장 큰 뺄셈식에 ○표 하시오.

| 12-6 | 13-4 | 15-7 |

(   ) (   ) (   )

14 버스에 7명이 타고 있었는데 이번 정류장에서 4명이 더 탔습니다. 지금 버스에 타고 있는 사람은 모두 몇 명입니까?

(   )

서술형
15 냉장고에 흰색 달걀이 6개, 갈색 달걀이 6개 있습니다. 냉장고에 있는 달걀은 모두 몇 개인지 식을 쓰고 답을 구하시오.

[식]

[답]

16 진주는 색종이 13장 중 4장을 썼습니다. 남아 있는 색종이는 몇 장입니까?

(   )

서술형
17 털모자가 16개, 목도리가 8개 있습니다. 털모자는 목도리보다 몇 개 더 많은지 식을 쓰고 답을 구하시오.

[식]

[답]

창의·융합
18 옆으로 뺄셈식이 되는 세 수를 모두 찾아 □-□=□표 해 보시오.

(15	−	8	=	7)	3	11
12		6		17	8	9
4		14		7	7	5

19 카드에 적힌 두 수의 차가 더 큰 사람이 이기는 놀이를 하였습니다. 진호는 12 와 3 을 골랐고, 민주는 14 와 6 을 골랐습니다. 이긴 사람은 누구입니까?

(   )

20 그림을 보고 알맞은 뺄셈식을 만들어 보시오.

☐ − ☐ = ☐

1 합이 13인 덧셈식을 모두 찾아 기호를 쓰려고 합니다. 풀이 과정을 쓰고 답을 구하시오.

> ㉠ 9+5   ㉡ 6+7
> ㉢ 7+6   ㉣ 8+8

[풀이]

[답]

2 차가 6인 뺄셈식을 모두 찾아 기호를 쓰려고 합니다. 풀이 과정을 쓰고 답을 구하시오.

> ㉠ 16−9   ㉡ 17−8
> ㉢ 14−8   ㉣ 12−6

[풀이]

[답]

📖 덧셈을 하면서 알게 된 점을 쓰려고 합니다. 물음에 답하시오. [**3 ~ 4**]

3 □ 안에 알맞은 수를 써넣으시오.

$$8+4=\boxed{}$$

$$8+5=\boxed{}$$

$$8+6=\boxed{}$$

$$8+7=\boxed{}$$

4 3번의 계산을 하면서 알게 된 점을 써 보시오.

[알게 된 점]

5 체육관에 농구공이 7개, 배구공이 5개 있습니다. 체육관에 있는 공은 모두 몇 개인지 식을 쓰고 답을 구하시오.

[식]

[답]

📖 뺄셈을 하면서 알게 된 점을 쓰려고 합니다. 물음에 답하시오. [6 ~ 7]

6 ☐ 안에 알맞은 수를 써넣으시오.

$$11-3=\boxed{}$$

$$12-4=\boxed{}$$

$$13-5=\boxed{}$$

$$14-6=\boxed{}$$

7 6번의 계산을 하면서 알게 된 점을 써 보시오.

[알게 된 점]

_____

_____

_____

_____

8 은주네 반 남학생은 11명, 여학생은 8명입니다. 남학생은 여학생보다 몇 명 더 많은지 식을 쓰고 답을 구하시오.

[식]

[답]

9 시우네 반 학생 15명에게 연필을 한 자루씩 나누어 주려고 합니다. 연필은 7자루 있습니다. 연필이 몇 자루 더 필요한지 식을 쓰고 답을 구하시오.

[식]

[답]

10 카드에 적힌 두 수의 합이 더 큰 사람이 이기는 놀이를 하였습니다. 아라와 희완이 중 이긴 사람은 누구인지 풀이 과정을 쓰고 답을 구하시오.

나는 5 와 9 를 골랐어.   나는 6 과 7 을 골랐어.

아라   희완

[풀이]

_____

_____

_____

[답]

정답과 풀이

1. 100까지의 수

1 9, 90   **2** 5, 5 ; 55
3 68 ; > ; 63   **4** <
5 >   **6** ✕ (선 연결)
7 4, 짝수에 ◯표   **8** 54, 56
9 17, 23, 31에 ◯표   **10** 74, 77
11 66, 68   **12** 쉰여섯에 ◯표
13 86
14 ⑩ 일흔둘―72
    따라서 다른 수 하나는 77입니다. ; 77
15 91에 ◯표   **16** 80개
17 31, 33, 35, 37, 39
18 ⑩ 58<65이므로 검은색 바둑돌이 더 많습니
    다. ; 검은색 바둑돌
19 88   **20** 진호, 초아, 진주

---

9 둘씩 짝을 지을 수 없는 수를 모두 찾아 봅니다.
10 75보다 1 작은 수: 74
    76보다 1 큰 수: 77
12 10개씩 묶음 5개와 낱개 6개는 56입니다.
    56은 오십육 또는 쉰여섯이라고 읽습니다.
13 팔십오―85
    85보다 1 큰 수: 86
15 10개씩 묶음이 85는 8개, 91은 9개, 79는 7개이
    므로 91이 가장 큽니다.
16 10개씩 묶음 8개는 80입니다.
17 31부터 40까지의 수 중에서 둘씩 짝을 지을 수 없는
    수를 모두 찾아 봅니다.
19 86보다 큰 수: 87, 88, 89, 90
    87, 88, 89, 90 중에서 10개씩 묶음이 8개인 수:
    87, 88, 89
    87, 88, 89 중에서 짝수인 수: 88
20 67보다 1 큰 수: 68
    ⇨ 초아가 딴 사과 수: 68개
    67, 72, 68을 큰 순서대로 써 보면 72, 68, 67입
    니다.

---

1 60   **2** 8, 2 ; 82
3 70, 일흔   **4** >
5 <   **6** ✕ (선 연결)
7 68, 70   **8** 20, 24, 42에 ◯표
9 97, 98   **10** 56, 58
11 육십사, 64에 ◯표   **12** ( )(✕)
13 ⑩ 야구공이 7개 있습니다. 7은 홀수입니다.
    ; 홀수
14 (위부터) 74, 77, 78, 84
15 83에 ◯표, 75에 △표   **16** 96개
17 ⑩ 82>59이므로 노란 콩이 더 적습니다.
    ; 노란 콩
18 79   **19** 65개
20 61 ; > ; 60

---

7 69보다 1 작은 수: 68
    69보다 1 큰 수: 70
9 96보다 1 큰 수: 97
    99보다 1 작은 수: 98
10 55보다 1 큰 수: 56
    57보다 1 큰 수: 58
11 육십사―64, 예순여섯―66
12 89<98
14

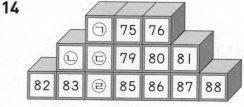

    ㉠ 75보다 1 작은 수: 74
    ㉢ 79보다 1 작은 수: 78
    ㉡ 78보다 1 작은 수: 77
    ㉣ 83보다 1 큰 수: 84
15 10개씩 묶음이 76은 7개, 83은 8개, 75는 7개이
    므로 83이 가장 큽니다. 76과 75는 10개씩 묶음은
    같지만 낱개가 76은 6개, 75는 5개이므로 75가 가
    장 작습니다.
16 10개씩 묶음 9개와 낱개 6개는 96입니다.

18 77보다 큰 수: 78, 79, 80
78, 79, 80 중에서 10개씩 묶음이 7개인 수: 78, 79
78, 79 중에서 홀수인 수: 79

19 10개씩 묶음 5개와 낱개 15개는 10개씩 묶음 6개와 낱개 5개이므로 65입니다.

20 62보다 1 작은 수: 61
59보다 1 큰 수: 60
⇨ 61 > 60

C형　　　　　　　　5~6쪽

1 ⑩ ㉠ 아흔셋 − 93　㉡ 83　㉢ 팔십삼 − 83
따라서 다른 수 하나는 ㉠입니다. ; ㉠

2 ⑩ 53 > 52이므로 두 수의 크기를 잘못 비교한 사람은 은주입니다. ; 은주

3 ⑩ 10개씩 묶음 6개와 낱개 9개는 69이므로 밤이 69개입니다. ; 69개

4 ⑩ 밤이 69개이고 69는 육십구 또는 예순아홉이라고 읽습니다. 따라서 알맞게 말한 사람은 진주입니다. ; 진주

5 ⑩ 감이 6개 있습니다. 6은 짝수입니다. ; 짝수

6 ⑩ 여든하나 − 81
81보다 1 큰 수: 82 ; 82

7 ⑩ 74 > 66이므로 사탕이 더 적습니다. ; 사탕

8 ⑩ 10개씩 묶음 7개와 낱개 3개는 73입니다. 73은 칠십삼 또는 일흔셋이라고 읽습니다.
; 칠십삼, 일흔셋

9 80, 81

10 ⑩ 80 < 81이므로 ㉠ < ㉡입니다. ; ㉡

---

2. 덧셈과 뺄셈 (1)

A형　　　　　　　　7~8쪽

1 3, 24　　　　**2** 58
3 63　　　　　**4** 36
5 48　　　　　**6** 65

---

7 ✕ (선 연결)　　　**8** ( )( )(○)
9 37　　　　　　**10** 84
11 54　　　　　　**12** <
13 15, 35
14 11 + 26 = 37 (또는 26 + 11 = 37) ; 37개
15 3, 12
16 26 − 11 = 15 ; 15개
17 42개
18 33 + 12 = 45 (또는 12 + 33 = 45)
19 진호
20 30 + 40 = 70 (또는 40 + 30 = 70)

---

5 88 − 40 = 48
6 69 − 4 = 65
8 72 − 30 = 42, 49 − 7 = 42, 65 − 13 = 52
9 25 + 12 = 37
10 44 + 40 = 84
11 52 + 2 = 54
12 66 − 16 = 50, 57 − 5 = 52
⇨ 50 < 52
17 56 − 14 = 42(개)
19 진호: 33에 10을 더해서 43을 구하고, 2를 더해야 합니다.

B형　　　　　　　　9~10쪽

1 34　　　　　　**2** 98
3 35　　　　　　**4** 33에 ○표
5 43　　　　　　**6** ( )( )(○)
7 ✕ (선 연결)　　**8** 37
　　　　　　　　　9 (△)( )
10 <　　　　　　**11** =
12 43　　　　　　**13** 13, 37
14 3 + 20 = 23 (또는 20 + 3 = 23) ; 23송이
15 13, 11
16 13 − 3 = 10 ; 10송이
17 25 − 13 = 12　　**18** 22, 3
19 야구공, 12개　　**20** 27명

---

5 $46-3=43$

6 $51+5=56$, $33+23=56$, $44+10=54$

7 $89-78=11$, $72-50=22$,
$55-33=22$, $46-35=11$

8 이십사: 24, 십삼: 13
⇨ $24+13=37$

9 $87-64=23$, $29-4=25$
⇨ $23<25$

10 $32+4=36$, $14+24=38$
⇨ $36<38$

11 $37-14=23$, $28-5=23$

12 가장 큰 수: 78, 가장 작은 수: 35
⇨ $78-35=43$

17 (성태가 가지고 있던 딱지 수)−(동생에게 준 딱지 수)
를 계산합니다.

19 $24>12$이므로 야구공이 $24-12=12$(개) 더 많
습니다.

20 (지혜네 반 학생 수)$=11+14=25$(명)
(은주네 반 학생 수)$=25+2=27$(명)

1 ⑩ ㉠ $50+6=56$ ㉡ $42+17=59$
⇨ $56<59$이므로 ㉠<㉡입니다. ; ㉡

2 ⑩ 가장 큰 수: 64, 가장 작은 수: 40
⇨ $64-40=24$; 24

3 $15+13=28$ (또는 $13+15=28$) ; 28장

4 $37-20=17$; 17장

5 $24+13=37$ (또는 $13+24=37$) ; 37마리

6 $24-13=11$; 11마리

7 $26-11=15$; 15명

8 근우 ; ⑩ 나는 26에서 1을 빼서 25를 구하고,
10을 뺐어.

9 ⑩ $86>53$이므로 민주가 줄넘기를
$86-53=33$(번) 더 많이 했습니다.
; 민주, 33번

10 ⑩ $50+10=60$, $20+26=46$,
$40+30=70$
⇨ 합이 큰 순서대로 글자를 써 보면 사고력입니
다. ; 사고력

---

3. 여러 가지 모양

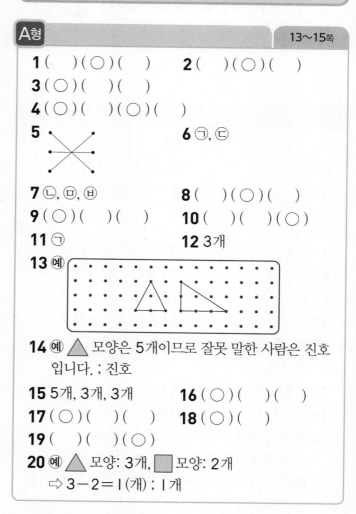

1 ( )(○)( )   **2** ( )(○)( )

3 (○)( )( )

4 (○)( )(○)( )

5 (교차선)

6 ㉠, ㉢

7 ㉡, ㉤, ㉰   **8** ( )(○)( )

9 (○)( )( )   **10** ( )( )(○)

11 ㉠   **12** 3개

13 ⑩ (점판에 삼각형 2개)

14 ⑩ △ 모양은 5개이므로 잘못 말한 사람은 진호
입니다. ; 진호

15 5개, 3개, 3개   **16** (○)( )( )

17 (○)( )( )   **18** (○)( )

19 ( )( )(○)

20 ⑩ △ 모양: 3개, ■ 모양: 2개
⇨ $3-2=1$(개) ; 1개

---

6 ■ 모양의 물건은 달력, 수첩입니다.

7 ● 모양의 물건은 표지판, CD, 500원짜리 동전입
니다.

11 ● 모양의 물건은 탬버린입니다.

12 빠뜨리거나 두 번 세지 않도록 주의하면서 ■ 모양을
세어 봅니다.

16 ■ 모양: 5개, △ 모양: 3개, ● 모양: 3개

17 ■ 모양: 3개, △ 모양: 4개, ● 모양: 5개

18

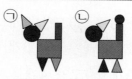

| 보기 | ■ 모양: 2개, △ 모양: 4개, ● 모양: 1개 |

(㉠, ㉡ 그림)

㉠ ■ 모양: 2개, △ 모양: 4개, ● 모양: 1개
㉡ ■ 모양: 2개, △ 모양: 3개, ● 모양: 2개

19 ☐ 모양: 2개, △ 모양: 3개, ⬤ 모양: 7개
⇨ 7>3>2이므로 가장 많이 이용한 모양은 ⬤ 모양입니다.

B형   16~18쪽

1 ( )(◯)( )   **2** ( )( )(◯)

3 ㉡   **4** (◯)( )( )

5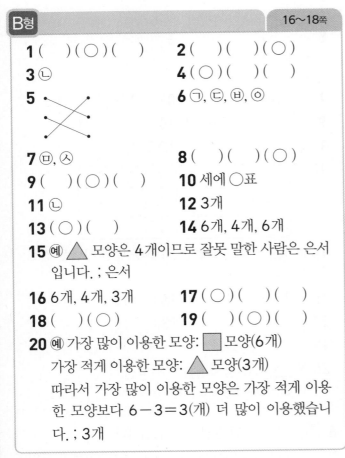

6 ㉠, ㉢, ㉥, ㉦

7 ㉤, ㉰   **8** ( )( )(◯)

9 ( )(◯)( )   **10** 세에 ◯표

11 ㉡   **12** 3개

13 (◯)( )   **14** 6개, 4개, 6개

15 ⑩ △ 모양은 4개이므로 잘못 말한 사람은 은서입니다. ; 은서

16 6개, 4개, 3개   **17** (◯)( )( )

18 ( )(◯)   **19** ( )(◯)( )

20 ⑩ 가장 많이 이용한 모양: ☐ 모양(6개)
가장 적게 이용한 모양: △ 모양(3개)
따라서 가장 많이 이용한 모양은 가장 적게 이용한 모양보다 6-3=3(개) 더 많이 이용했습니다. ; 3개

17 ☐ 모양: 6개, △ 모양: 4개, ⬤ 모양: 3개
⇨ 6>4>3이므로 가장 많이 이용한 모양은 ☐ 모양입니다.

18

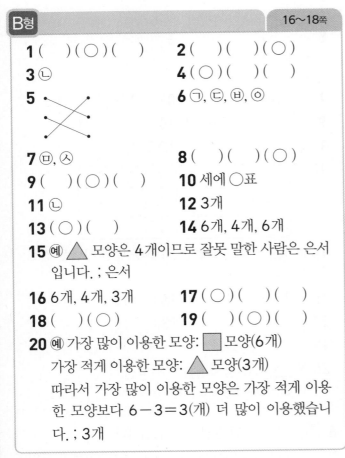

㉠ ☐ 모양: 3개, △ 모양: 3개, ⬤ 모양: 2개

㉡ ☐ 모양: 2개, △ 모양: 2개, ⬤ 모양: 3개

19 ☐ 모양: 6개, △ 모양: 3개, ⬤ 모양: 4개
⇨ 3<4<6이므로 가장 적게 이용한 모양은 △ 모양입니다.

C형   19~20쪽

1 ⑩ ☐ 모양의 물건은 라, 바로 모두 2개입니다. ; 2개

2 ⑩ △ 모양의 물건은 나, 마로 모두 2개입니다. ; 2개

3 ⑩ ⬤ 모양의 물건은 가, 다로 모두 2개입니다. ; 2개

4 ⑩ ☐ 모양은 다, 바로 모두 2개입니다. ; 2개

5 ⑩ △ 모양은 가, 마, 사, 아로 모두 4개입니다. ; 4개

6 ⑩ ⬤ 모양은 나, 라로 모두 2개입니다. ; 2개

7 ⑩ 뾰족한 곳이 없는 모양은 ⬤ 모양입니다.
⬤ 모양은 모두 4개입니다. ; 4개

8 ⑩ 민기가 손으로 나타낸 모양은 ☐ 모양입니다.
☐ 모양은 뾰족한 곳이 모두 네 군데이므로 바르게 말한 사람은 민준입니다. ; 민준

9 5개, 3개, 6개

10 ⑩ 가장 많이 이용한 모양: ⬤ 모양(6개)
가장 적게 이용한 모양: △ 모양(3개)
따라서 가장 많이 이용한 모양은 가장 적게 이용한 모양보다 6-3=3(개) 더 많이 이용했습니다. ; 3개

---

4. 덧셈과 뺄셈(2)

A형   21~22쪽

1 1, 3, 8 (또는 3, 1, 8)

2 3   **3** 6

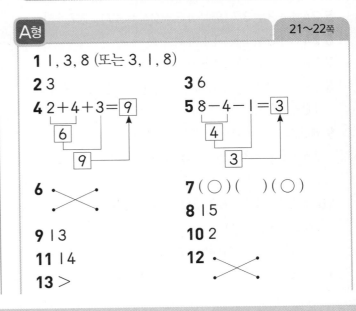

4 2+4+3= 9
    6
      9

5 8-4-1= 3
    4
      3

6 (선잇기)

7 (◯)( )(◯)

8 15

9 13   **10** 2

11 14   **12** (선잇기)

13 >

14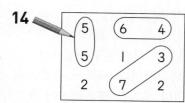

; $6+4=10$, $4+6=10$,
$7+3=10$, $3+7=10$

15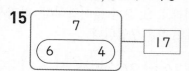

16 $7-2-1=4$; 4개 **17** 10개

18 $10-5=5$; 5장 **19** 13개

20 $4+6+5=15$, $5+6+4=15$

11 $2+8+4=10+4=14$

12 $3+3+3=9$, $2+1+5=8$

13 $8-3-3=2$, $9-5-3=1$
⇨ $2>1$

15 더해서 10이 되는 두 수는 6과 4입니다.
⇨ $7+6+4=7+10=17$

17 $4+6=10$(개)

19 $5+5+3=10+3=13$(개)

20 ・□+6+□=15에서 밑줄 친 두 수의 합이 10이
되도록 식을 완성하면 $4+6+5=15$입니다.

・□+6+□=15에서 밑줄 친 두 수의 합이 10이
되도록 식을 완성하면 $5+6+4=15$입니다.

---

16 7권 **17** $9-4-2=3$; 3개

18 $10-7=3$; 3개 **19** 16개

20 2개

11 $4+6+7=10+7=17$,
$6+5+5=6+10=16$

12 $2+4+3=9$, $1+6+2=9$

13 전체 손가락 10개에서 접고 있는 손가락 4개를 빼면
펴고 있는 손가락은 6개입니다.
⇨ $10-4=6$

14 6과 더해서 10이 되는 수는 4입니다.
⇨ $9+6+4=9+10=19$

15 2와 더해서 10이 되는 수는 8입니다.
⇨ $2+8+3=10+3=13$

16 $1+3+3=7$(권)

19 $6+5+5=6+10=16$(개)

20 (해주가 가지는 공깃돌 수)=$10-6=4$(개)
⇨ 근우는 해주보다 공깃돌을 $6-4=2$(개) 더 많이
가지게 됩니다.

B형
23~24쪽

1 2, 4 **2** 2

3 6, 4

4 $5+1+2=\boxed{8}$
  $\boxed{6}$
    $\boxed{8}$

5 $9-6-2=\boxed{1}$
  $\boxed{3}$
    $\boxed{1}$

6 ( )( )(○) **7** (위부터) 1, 3, 4, 2

8 18 **9** 15

10 3 **11** ✕

12 = **13** 4, 6

14 4, 19 **15** 8, 13

C형
25~26쪽

1 (예) $7-4$를 먼저 계산하고 나온 수에서 1을 빼어
야 하는데 $4-1$을 먼저 계산해서 잘못됐습니다. ;

$7-4-1=2$
  3
    2

2 $2+3+1=6$; 6개

3 $7-2-3=2$; 2명

4 $10-8=2$; 2자루

5 (예) ▨ 모양의 물건: 10개
△ 모양의 물건: 3개
⇨ $10-3=7$(개) ; 7개

6 (예) $10-5=5$ ⇨ 해, $10-3=7$ ⇨ 법
; 해법

7 $3+4+1=8$; 8골

8 $10-4=6$; 6골

9 $6+6+4=16$; 16개

10 (예) 만화책: 4권, 동화책: 6권, 위인전: 5권
⇨ $4+6+5=10+5=15$(권) ; 15권

정답과 풀이

5. 시계 보기와 규칙 찾기

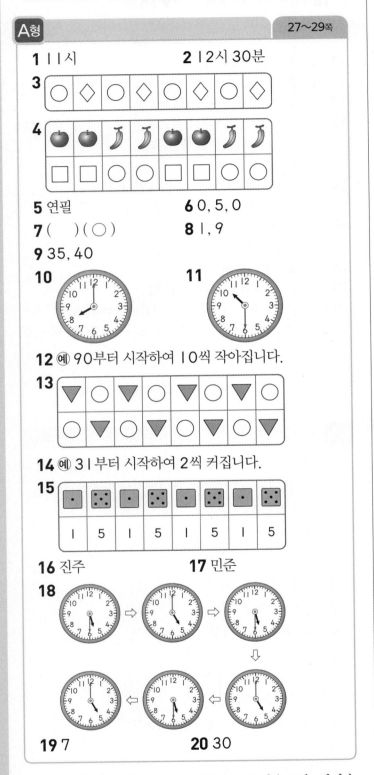

A형 27~29쪽

1 ㅣㅣ시 **2** ㅣ2시 30분

3 ○ ◇ ○ ◇ ○ ◇ ○ ◇

4 🍎 🍎 🍌 🍌 🍎 🍎 🍌 🍌
□ □ ○ ○ □ □ ○ ○

5 연필 **6** 0, 5, 0

7 ( ) (○) **8** ㅣ, 9

9 35, 40

10 (시계) **11** (시계)

12 ⑩ 90부터 시작하여 ㅣ0씩 작아집니다.

13 ▼ ○ ▼ ○ ▼ ○ ▼ ○
○ ▼ ○ ▼ ○ ▼ ○ ▼

14 ⑩ 3ㅣ부터 시작하여 2씩 커집니다.

15 (주사위) ㅣ 5 ㅣ 5 ㅣ 5 ㅣ 5

16 진주 **17** 민준

18 (시계들)

19 7 **20** 30

6 보—주먹이 반복됩니다. 보는 5, 주먹은 0을 써넣습
니다.

9 20부터 시작하여 5씩 커집니다.

15 ▪—⁙가 반복됩니다. ▪는 ㅣ, ⁙는 5를 써넣습
니다.

17 점심을 먹은 시각을 각각 알아보면
진호: 2시, 민준: ㅣ시, 아라: ㅣ시 30분
따라서 점심을 ㅣ시에 먹은 사람은 **민준**입니다.

18 5시 30분과 5시가 반복됩니다. 따라서 여섯 번째 시
계의 시각은 5시입니다. 5시는 짧은바늘이 5, 긴바
늘이 ㅣ2를 가리키게 그립니다.

19 보—보—가위가 반복됩니다. 보는 5, 가위는 2를 써
넣으면 빈칸에는 차례로 5, 2가 들어갑니다. 따라서
빈칸에 알맞은 수들의 합은 7입니다.

20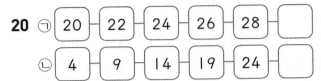
㉠ 20 — 22 — 24 — 26 — 28 — □
㉡ 4 — 9 — ㅣ4 — ㅣ9 — 24 — □

㉠ 20부터 시작하여 2씩 커지므로 빈칸에 알맞은 수
는 30입니다.
㉡ 4부터 시작하여 5씩 커지므로 빈칸에 알맞은 수
는 29입니다.
➪ 30>29

B형 30~32쪽

1 2시 30분

2 ← ↑ ← ↑ ← ↑ ← ↑

3 ♡ △ ♡ △ ♡ △ ♡ △

4 농구공 **5** 0, 2, 0

6 (선 잇기) **7** ㅣ6, ㅣ5

8 (시계) **9** (시계)

10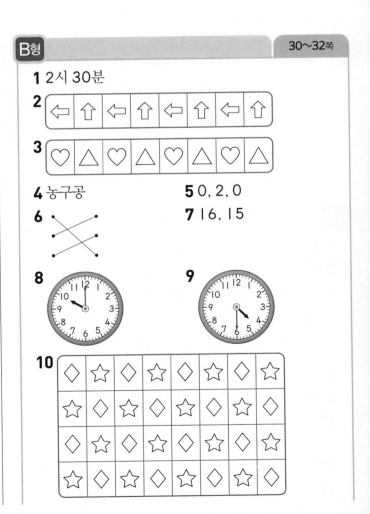
◇ ☆ ◇ ☆ ◇ ☆ ◇ ☆
☆ ◇ ☆ ◇ ☆ ◇ ☆ ◇
◇ ☆ ◇ ☆ ◇ ☆ ◇ ☆
☆ ◇ ☆ ◇ ☆ ◇ ☆ ◇

11 예 10부터 시작하여 5씩 커집니다.

12

; 7시

13

21	22	23	24	25	26	27	28	29	30
31	32	33	34	35	36	37	38	39	40
41	42	43	44	45	46	47	48	49	50

14 예 21부터 시작하여 3씩 커집니다.

15

⚁	⚃	⚁	⚃	⚁	⚃	⚁	⚃
2	4	2	4	2	4	2	4

16 (○) (　　) (○) 　 **17** ㉢
18 지혜 　　　　　 **19** 7개
20 50

15 ⚁—⚃가 반복됩니다. ⚁는 2, ⚃는 4를 써넣었습니다.

16 가운데 시계: 긴바늘이 6을 가리키려면 짧은바늘은 숫자와 숫자 사이에 있어야 하는데 그렇지 않으므로 잘못 그려졌습니다.

17 △—○—○ 모양이 반복됩니다. 따라서 빈칸에 들어갈 모양은 ○ 모양입니다. ○ 모양의 물건을 찾으면 ㉢입니다.

18 아침에 일어난 시각을 각각 알아보면
지혜: 6시 30분, 성태: 7시 30분
따라서 6시와 7시 사이에 일어난 사람은 **지혜**입니다.

19 펼친 손가락이 2개—5개—5개가 반복됩니다. 빈칸에는 차례로 펼친 손가락 5개, 펼친 손가락 2개 그림이 들어갑니다. 따라서 빈칸에 들어갈 펼친 손가락은 모두 **7개**입니다.

20 ㉠ [1]—[11]—[21]—[31]—[41]—[　　]
ㄴ [90]—[80]—[70]—[60]—[　　]—[40]

㉠ 1부터 시작하여 10씩 커지므로 빈칸에 알맞은 수는 51입니다.
ㄴ 90부터 시작하여 10씩 작아지므로 빈칸에 알맞은 수는 50입니다.
➪ 51 > 50

C형

1 예 짧은바늘이 9와 10 사이에 있고, 긴바늘이 6을 가리키는 시계를 찾으면 ㉠입니다. ; ㉠

2 예 가위—클립이 반복됩니다.

3 예 펼친 손가락이 5개—2개가 반복됩니다. 따라서 빈칸에 들어갈 펼친 손가락은 2개입니다.
; 2개

4 예 2부터 시작하여 2씩 커집니다.

5 예 짧은바늘이 6, 긴바늘이 12를 가리켜야 하는데 긴바늘과 짧은바늘의 위치가 바뀌었습니다.

6

7 예 1부터 시작하여 5씩 커집니다. 따라서 빈칸에 알맞은 수는 26입니다. ; 26

8 예 아침을 먹은 시각을 각각 알아보면
해주: 9시, 현철: 8시
따라서 아침을 9시에 먹은 사람은 해주입니다.
; 해주

9 예 52부터 시작하여 3씩 커집니다.

10 예 검은색과 흰색 바둑돌이 한 개씩 반복됩니다. 따라서 규칙을 알맞게 말한 사람은 준서입니다.
; 준서

6. 덧셈과 뺄셈 (3)

A형

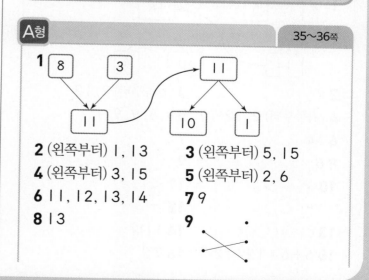

2 (왼쪽부터) 1, 13 　　**3** (왼쪽부터) 5, 15
4 (왼쪽부터) 3, 15 　　**5** (왼쪽부터) 2, 6
6 11, 12, 13, 14 　　**7** 9
8 13
9

10 ㉠

11 ( )(◯)( )

12 =

13 11, 7

14 9

15 12명

16 9개

17 6+7=13 ; 13개

18 14−8=6 ; 6장

19
3 + 5 = 8		7	4
6	6	9 + 9 = 18	
8	5 + 7 = 12		5

20 해주

10 ㉠ 15−9=6 ㉡ 12−7=5

11 6+9=15, 7+7=14, 9+6=15

12 12−4=8, 14−6=8

13 6+5=11, 11−4=7

14 11>8>2이므로
　　가장 큰 수: 11, 가장 작은 수: 2
　　⇨ 11−2=9

15 8+4=12(명)

16 17−8=9(개)

19 9+9=18, 5+7=12

20 (해주가 가지고 있는 사탕 수)=7+8=15(개)
　　(근우가 가지고 있는 사탕 수)=9+3=12(개)
　　⇨ 15>12이므로 사탕을 더 많이 가지고 있는 사람
　　은 **해주**입니다.

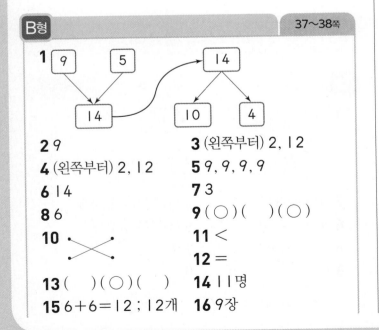

2 9

3 (왼쪽부터) 2, 12

4 (왼쪽부터) 2, 12

5 9, 9, 9, 9

6 14

7 3

8 6

9 (◯)( )(◯)

10 (선 교차)

11 <

12 =

13 ( )(◯)( )

14 11명

15 6+6=12 ; 12개

16 9장

17 16−8=8 ; 8개

18
15 − 8 = 7		3	11
12	6	17 − 8 = 9	
4	14 − 7 = 7		5

19 진호

20 예 11−5=6 (또는 16−5=11, 16−11=5)

10 11−4=7, 15−9=6,
　　13−7=6, 12−5=7

11 2+9=11, 7+8=15
　　⇨ 11<15

12 16−9=7, 14−7=7

13 12−6=6, 13−4=9, 15−7=8
　　⇨ 9>8>6

14 7+4=11(명)

16 13−4=9(장)

18 17−8=9, 14−7=7

19 진호: 12−3=9, 민주: 14−6=8
　　⇨ 9>8이므로 이긴 사람은 **진호**입니다.

1 예 ㉠ 9+5=14 ㉡ 6+7=13
　　㉢ 7+6=13 ㉣ 8+8=16 ; ㉡, ㉢

2 예 ㉠ 16−9=7 ㉡ 17−8=9
　　㉢ 14−8=6 ㉣ 12−6=6 ; ㉢, ㉣

3 12, 13, 14, 15

4 예 1씩 커지는 수를 더하면 합도 1씩 커집니다.

5 7+5=12 ; 12개

6 8, 8, 8, 8

7 예 1씩 커지는 수에서 1씩 커지는 수를 빼면 차는
　　항상 똑같습니다.

8 11−8=3 ; 3명

9 15−7=8 ; 8자루

10 예 아라: 5+9=14, 희완: 6+7=13
　　⇨ 14>13이므로 이긴 사람은 아라입니다.
　　; 아라

우리 아이만
알고 싶은
상위권의
시작

완 성

최고수준

초등수학

5-2

* 1~6학년 / 학기 별 출시
동영상 강의 제공

최고를
경험해 본 아이의 성취감은
학년이 오를수록
빛을 발합니다

단원평가
문 제 집

수학 전문 교재

- ●연산 학습
  빅터연산   예비초~6학년, 총 20권
  창의융합 빅터연산   예비초~4학년, 총 16권

- ●개념 학습
  개념클릭 해법수학   1~6학년, 학기용

- ●수준별 수학 전문서
  해결의법칙(개념/유형/응용)   1~6학년, 학기용

- ●단원평가 대비
  수학 단원평가   1~6학년, 학기용

- ●단기완성 학습
  초등 수학전략   1~6학년, 학기용

- ●상위권 학습
  최고수준 S 수학   1~6학년, 학기용
  최고수준 수학   1~6학년, 학기용
  최강 TOT 수학   1~6학년, 학년용

- ●경시대회 대비
  해법 수학경시대회 기출문제   1~6학년, 학기용

예비 중등 교재

- ●해법 반편성 배치고사 예상문제   6학년
- ●해법 신입생 시리즈(수학/영어)   6학년

맞춤형 학교 시험대비 교재

- ●열공 전과목 단원평가   1~6학년, 학기용(1학기 2~6년)

한자 교재

- ●해법 NEW 한자능력검정시험 자격증 한번에 따기   8~3급, 총 9권
- ●씽씽 한자 자격시험   8~5급, 총 4권
- ●한자 전략   8~5급Ⅱ, 총 12권

모든 유형을
다 담은
해결의 법칙